电子商务供应链
金融融资模式研究

范平平　肖海燕　周文娟　著

哈尔滨出版社
HARBIN PUBLISHING HOUSE

图书在版编目（CIP）数据

电子商务供应链金融融资模式研究／范平平，肖海燕，周文娟著. -- 哈尔滨 ：哈尔滨出版社，2025. 5.
ISBN 978-7-5484-8533-9

Ⅰ. F713. 36；F252. 1

中国国家版本馆 CIP 数据核字第 20251L5Y72 号

书　名：**电子商务供应链金融融资模式研究**
DIANZI SHANGWU GONGYINGLIAN JINRONG RONGZI MOSHI YANJIU

作　者：范平平　肖海燕　周文娟　著
责任编辑：费中会

出版发行：哈尔滨出版社（Harbin Publishing House）
社　址：哈尔滨市香坊区泰山路 82-9 号　邮编：150090
经　销：全国新华书店
印　刷：北京鑫益晖印刷有限公司
网　址：www. hrbcbs. com
E - mail：hrbcbs@ yeah. net
编辑版权热线：（0451）87900271　87900272
销售热线：（0451）87900202　87900203

开　本：787mm×1092mm　1/16　印张：13　字数：252 千字
版　次：2025 年 5 月第 1 版
印　次：2025 年 5 月第 1 次印刷
书　号：ISBN 978-7-5484-8533-9
定　价：58. 00 元

凡购本社图书发现印装错误，请与本社印制部联系调换。

服务热线：（0451）87900279

前　　言

在数字化浪潮的推动下,电子商务已渗透到全球经济的每一个角落,为商业活动带来了前所未有的便捷与高效。然而,随着电子商务的飞速发展,其背后的供应链也面临着日益复杂的资金流管理挑战。正是在这一背景下,供应链金融作为电子商务领域的一种创新融资模式应运而生,并且逐渐受到业界和学术界的广泛关注。

电子商务供应链金融融资模式,简而言之,就是依托电子商务平台,运用金融手段对供应链中的资金流进行优化管理,以实现资金的高效利用和风险的最小化。这种融资模式不仅有助于缓解供应链中各环节的资金压力,提升整个供应链的运作效率,还能为中小企业提供更加灵活多样的融资渠道,从而促进整个电子商务生态系统的健康发展。纵观国内外电子商务供应链金融的发展历程,可以发现其呈现出多样化、灵活性和创新性的特点。从最初的订单融资、库存融资,到后来的应收账款融资、预付账款融资,再到基于大数据和区块链技术的智能供应链金融,每一种融资模式的诞生都是对市场需求和技术进步的有力回应。这些融资模式不仅为供应链中的各方提供了个性化的金融解决方案,还在一定程度上重塑了电子商务行业的竞争格局。

当然,电子商务供应链金融融资模式的发展并非一帆风顺,其在实践过程中,也暴露出了一些问题和挑战,如信息不对称、风险控制难度大、法律法规不完善等。这些问题不仅影响了供应链金融的融资效率和风险控制能力,还可能对整个电子商务生态系统的稳定性构成威胁。因此,如何有效解决这些问题,推动电子商务供应链金融融资模式的持续创新与发展,成为当前业界和学术界亟待探讨的重要课题。

本书内容一共分为九章,主要以电子商务供应链金融融资模式为研究基点,通过本书的介绍让读者对电子商务供应链金融融资模式有更加清晰的了解,进一步摸清当前电子商务供应链金融融资模式的发展脉络,为电子商务的研究提供更加广阔的用武空间。在这样的一个背景下,电子商务供应链金融融资模式的理论研究仍然有许多空白需要填补,且需要运用现代的先进教育理论、观念和科学方法在已有的基础上进一步深入地开展研究工作,以适应不断发展的新形势。

目　　录

第一章　电子商务供应链概述与供应链金融基础理论 ·············· 1

第一节　电子商务供应链的定义与核心特点 ············· 1
第二节　供应链金融的基础概念与重要性 ··············· 7
第三节　电子商务与供应链金融的融合趋势 ············ 14

第二章　电子商务驱动的供应链金融模式创新 ·············· 23

第一节　电商平台在供应链金融中的角色定位 ·········· 23
第二节　电子商务供应链金融融资模式的主要类型 ······ 28
第三节　电子商务数据驱动的融资模式探索 ············ 37
第四节　电子商务环境下供应链金融的实践分析 ········ 43

第三章　物流供应链金融的基础框架 ·············· 59

第一节　物流供应链的定义与运作机制 ··············· 59
第二节　物流在供应链金融中的核心作用 ·············· 66
第三节　物流供应链金融的基本模式与流程 ············ 72

第四章　物流技术创新与供应链金融的融合 ·············· 78

第一节　物流信息技术在供应链金融中的应用场景 ······ 78
第二节　物联网、大数据等技术对供应链金融的赋能 ····· 88
第三节　物流技术创新推动供应链金融的升级路径 ······ 95

第五章　供应链金融融资模式概述 ·············· 101

第一节　传统供应链金融融资模式回顾 ··············· 101
第二节　电子商务环境下的供应链金融融资新模式 ······ 108
第三节　融资模式的选择依据与策略分析 ·············· 113

第六章　供应链金融融资的风险管理 ·············· 120

第一节　融资过程中的主要风险类型与识别方法 ········ 120
第二节　风险评估体系与量化模型构建 ··············· 126

第三节　风险防控策略与内部控制机制的完善 ················ 132

第七章　供应链协同与供应链金融的相互促进 ··········· 138

第一节　供应链协同的基本概念与重要性 ················· 138

第二节　供应链金融在促进供应链协同中的作用 ··········· 144

第三节　协同视角下的供应链金融融资模式创新 ··········· 149

第八章　供应链金融融资的效率提升与成本控制 ········ 157

第一节　融资效率的定义与评估方法 ···················· 157

第二节　提升融资效率与降低成本的策略分析 ············· 162

第三节　供应链金融融资的持续优化路径 ················· 168

第九章　电子商务供应链金融融资的市场需求与趋势 ········· 175

第一节　电子商务供应链金融融资模式的现状与挑战 ········· 175

第二节　市场需求分析与消费者行为影响 ················· 179

第三节　供应链金融融资的行业发展趋势预测 ············· 187

第四节　未来融资模式的战略建议与前景展望 ············· 193

参考文献 ·· 200

第一章　电子商务供应链概述
与供应链金融基础理论

第一节　电子商务供应链的定义与核心特点

一、电子商务供应链的基本概念

　　电子商务供应链作为一种现代商业管理模式,是指在电子商务环境下,围绕核心企业,通过对信息流、物流、资金流的控制,从采购原材料开始,到制成中间产品及最终产品,最后由销售网络将产品送达消费者的全过程。这一过程将供应商、制造商、分销商、零售商直至最终用户连成一个整体的功能网链结构。电子商务供应链不仅强调供应链各环节之间的紧密衔接和高效协同,更侧重于利用互联网、大数据等现代信息技术手段,提升供应链的透明度和反应速度,进而实现成本优化和服务质量的提升。在电子商务供应链的框架下,企业能够更加精准地把握市场需求,及时调整生产计划和采购策略,以应对市场的快速变化。同时,通过电子商务平台的集成服务,供应链各参与方能够更加便捷地共享信息、协调资源,共同应对供应链中的各种风险和挑战。因此,电子商务供应链不仅是企业提升竞争力的重要手段,也是推动产业转型升级、实现高质量发展的重要途径。

二、电子商务供应链与传统供应链的区别

(一)运作模式的差异

1.信息传递与共享方式

　　传统供应链的信息传递机制主要建立在纸质文档或传统的电子数据交换(EDI)基础之上,这种方式虽然在一定程度上实现了信息的电子化,但其信息共享程度仍然受限。由于信息传递的层级性和技术限制,信息在供应链各环节之间流动时,往往会出现延迟、失真或遗漏等问题,供应链各参与方难以实时获取准确的信息,进而影响供应链的整体运作效率。此外,纸质文档的管理也增加了企业的运营成本和时间成本。相比之下,电子商务供应链借助互联网和电子商务技术的支持,实现了信息的实时传递和高度共享。通过互联网

平台,供应链各环节可以无缝连接,形成一个紧密的信息网络。企业可以利用电子商务系统实时发布和更新订单信息、库存状态、物流动态等关键数据,确保各参与方能够及时获取所需信息,从而做出快速而准确的决策。

2. 供应链协同性

在传统供应链中,各环节之间的协同性相对较弱,主要体现在信息孤岛和决策滞后两个方面。信息传递的局限性,使供应链各环节往往各自为政,形成信息孤岛,导致信息的碎片化和不一致性。同时,由于缺乏有效的信息沟通和协同机制,各环节在做出决策时往往难以考虑整体供应链的利益,从而出现决策滞后或失误的情况。而电子商务供应链则通过信息技术手段打破了这种局面。它利用先进的电子商务平台和供应链管理系统,实现了各环节之间的紧密连接和高效协同。企业可以通过系统实时共享和交换信息,确保各环节在做出决策时能够充分考虑到整体供应链的情况和需求。同时,电子商务供应链还支持多方协同决策和优化,使得各环节能够共同应对市场变化和挑战,实现供应链的整体最优。

(二) 效率和响应速度

1. 流程效率

电子商务供应链借助自动化和数字化技术的支持,对传统供应链中的诸多繁琐流程进行了显著简化。在订单处理环节,通过电子商务平台,企业可以实现订单的自动接收、处理和确认,大大缩短了订单处理周期,同时减少了人为操作中的错误和延误。在库存管理方面,利用先进的库存管理系统,企业可以实时监控库存状态,自动进行库存补充和调整,从而避免了库存积压和缺货现象的发生。在物流配送环节,通过智能化的物流管理系统,企业可以优化配送路线,提高配送效率,确保产品能够及时准确地送达消费者手中。这些自动化和数字化的手段不仅提升了供应链的流程效率,还降低了企业的运营成本,增强了企业的市场竞争力。

2. 市场需求响应

传统供应链在面对市场变化时,往往受限于信息获取和传递的速度,导致生产和采购计划的调整滞后于市场需求的变化。而电子商务供应链则具备快速响应市场变化的能力。通过大数据和实时分析技术的运用,企业可以实时捕捉和分析市场需求的变化趋势,预测消费者的购买行为和偏好。基于这些数据和分析结果,企业可以迅速调整生产和采购计划,以满足消费者的实际需求。这种快速响应市场变化的能力使得电子商务供应链在效率和灵活性方面展现出显著优势,进而帮助企业更好地把握市场机遇,应对市场挑战,从而实现持续稳健的发展。

三、电子商务供应链的核心特点

(一)高度信息化

1. 信息技术的深度应用

电子商务供应链之所以能够实现高度信息化,根本原因在于信息技术的深度应用,这种深度应用体现在多个层面:一是通过先进的信息系统,如供应链管理系统(SCM)和企业资源计划系统(ERP),实现了供应链各环节数据的实时采集、传输与处理。这些系统集成了现代化的数据处理技术,确保了数据处理的精确性和时效性,从而大幅提升了信息处理的效率。二是信息技术在电子商务供应链中的应用不仅局限于数据的处理,更延伸到供应链的战略规划、运营管理和风险控制等各个领域。例如,利用大数据分析技术,企业可以对历史销售数据进行深入挖掘,以预测未来市场趋势,为供应链的战略规划提供科学依据。再如,通过物联网技术,企业可以实时监控物流动态,确保货物运输的安全与高效,从而提升供应链的风险控制能力。

2. 数据驱动的决策流程

在电子商务供应链中,数据驱动的决策流程已成为企业提升竞争力的关键,这一流程的核心在于,通过对海量实时数据的深入分析,企业能够精准把握市场动态和供应链运营状况,从而为决策提供科学依据。具体来说,数据驱动的决策流程具有以下几个显著特点:一是数据来源的多样性,包括市场需求数据、库存数据、物流数据等,这些数据共同构成了供应链运营的全景图;二是数据分析的实时性,借助先进的数据处理技术,企业可以实时分析各类数据,确保决策与市场变化保持同步;三是数据应用的广泛性,从战略规划到日常运营,从风险管理到绩效评估,数据都发挥着不可或缺的作用。通过数据驱动的决策流程,企业不仅能够提高供应链的响应速度和灵活性,更能降低决策风险,实现持续稳健的发展。

(二)灵活性

1. 快速调整供应链策略

电子商务供应链的显著特点之一,是其在面对市场变化时能够快速调整供应链策略,这一能力的实现,得益于对市场需求和销售数据的实时监测。通过运用先进的市场分析工具和数据挖掘技术,企业能够实时捕捉市场动态,迅速识别出消费者偏好的变化、销售趋势的波动以及竞争格局的演变。基于这些数据,企业可以及时调整生产计划,优化库存管理,改进物流配送策略,以确保供应链的顺畅运作和高效响应。这种快速调整供应链策略的能力,不仅提升了企业应对市场不确定性的灵活性,也显著增强了其在激烈竞争环境中的竞争力。通过迅速适应市场变化,企业能够更好地把握市场机遇,满足客户需求,从而在动态多变的市场中立于不败之地。

2. 多样化的供应链配置

电子商务供应链的灵活性,还通过其多样化的供应链配置得以体现,这种配置多样化源于市场需求和产品特性的差异。企业根据不同产品的市场需求、生命周期、销售季节性等因素,灵活选择适合的供应链模式。例如,对于需求稳定、销售量大的产品,企业可能采用直销模式,以减少中间环节,提高效率;而对于需求波动大或需要广泛覆盖市场的产品,分销模式可能更为合适。此外,混合模式则结合了直销和分销的优点,能够同时满足多种市场需求。这种多样化的供应链配置,使企业能够根据不同情况灵活调整,以最优的方式满足消费者需求。它不仅提高了企业的市场适应能力,也增强了供应链的韧性和抗风险能力。

(三) 协同性

1. 供应链各环节的紧密协作

在电子商务供应链中,协同性的一个显著表现就是供应链各环节之间的紧密协作,这种协作得以实现,主要归功于信息共享和协同工作的机制。通过高效的信息系统,供应链中的各个环节能够实时交换数据,确保信息的透明度和准确性。这种信息共享不仅减少了信息传递的延误和失真,还使得各环节能够基于共同的信息基础进行决策和行动。同时,协同工作的模式促使各环节在资源调配、任务分配和流程优化等方面形成合力,共同推动供应链的顺畅运作。这种紧密协作带来的好处是多方面的,它不仅提高了供应链的整体效率,还显著降低了运营成本。更重要的是,通过协同工作,资源得到了更为合理的配置,减少了浪费和重复劳动,从而实现了供应链的高效和可持续发展。

2. 共同应对市场挑战

电子商务供应链的协同性,还突出表现在共同应对市场挑战的能力上,面对市场的快速变化和激烈竞争,供应链中的各个环节必须团结一致,形成合力以抵御外部风险。这种协同应对市场挑战的方式,要求各环节之间建立紧密的合作关系,共同分析市场动态,制定应对策略。通过协同合作,供应链不仅能够更快地响应市场变化,还能够更有效地利用资源,增强整体竞争力和抗风险能力。这种协同性对于供应链的持续发展至关重要,它不仅有助于企业实现个体目标,更能够推动整个供应链的稳健成长。在面对市场波动和不确定性时,电子商务供应链的协同性成为一种重要的战略资源,为企业和整个供应链的稳定与发展提供了有力保障。

四、电子商务供应链中的关键流程

(一)采购与供应管理

1. 精准需求分析

在电子商务环境下,精准需求分析是采购与供应管理的基石,借助先进的大数据分析技术,企业能够深入挖掘市场需求的潜在规律,从而实现对市场趋势的精确预测。这不仅为采购计划的制订提供了有力的数据支撑,还能帮助企业更准确地把握市场动态,避免库存积压或缺货等风险。通过结合历史销售数据和市场趋势分析,企业能够制订出更为科学的采购计划,优化资源配置,提升整体运营效率。

2. 采购流程优化

采购流程的优化对于提高采购效率和降低采购成本具有重要意义,企业应致力于简化烦琐的采购流程,通过去除不必要的环节和减少重复性工作,实现采购过程的高效化。此外,引入电子化采购系统也是优化采购流程的有效手段。电子化采购系统能够实现采购流程的自动化和透明化,增强采购信息的准确性和可追溯性,便于企业对采购过程进行实时监控和管理,不仅有助于提升采购效率,还能在一定程度上降低采购成本,增强企业的市场竞争力。

(二)库存管理

1. 库存需求预测与补货策略

库存需求预测与补货策略的制定是库存管理中的关键环节,借助先进的预测模型,企业能够对未来的库存需求进行精确预测,从而制定出合理的补货策略。这一过程中,销售数据和当前库存状况的分析至关重要,它们为补货计划的制定提供了重要参考。通过动态调整补货计划,企业可以确保库存水平始终处于合理范围内,既避免了库存积压带来的成本增加,也防止了缺货导致的销售损失。

2. 库存成本控制

库存成本控制是企业管理中的重要一环,通过优化库存结构,企业可以降低不必要的库存成本,进而提高库存周转率。这需要定期对库存成本进行深入分析,识别出成本节约的潜力点。在此基础上,制定相应的改进措施,如调整库存量、优化存储方式等,以实现成本的有效控制。这不仅有助于提升企业的经济效益,还能增强企业的市场竞争力。

3. 库存风险管理与应对

库存风险管理对于企业运营至关重要,通过建立库存风险预警机制,企业可以及时发现和处理库存异常现象,从而避免潜在的风险。同时,制定应急预案也是必不可少的环节,它确保了在库存风险发生时,企业能够迅速而有效地应对,降低损失。这种前瞻性的风险管理策略不仅有助于保障企业的正常运营,还能提升企业的抗风险能力。

(三)物流配送

1. 配送模式优化与选择

在电子商务环境中,配送模式的优化与选择显得尤为重要,企业需综合考虑产品特性、客户需求及成本因素,以选定最合适的配送模式,如自建物流体系或依托第三方物流服务。自建物流可提供更高的自主可控性,而第三方物流则能减轻企业的运营压力。同时,对配送网络进行优化也是必不可少的环节,通过调整配送路线、节点布局等方式,旨在提升配送效率并降低相关成本,从而为企业创造更大的经济效益。

2. 配送过程监控与管理

配送过程的监控与管理是确保物流配送质量的关键,借助先进的物流管理系统,企业能够实时监控配送状态,确保货物按时、准确地送达客户手中。此外,建立配送异常处理机制也至关重要,以便在配送过程中出现问题时能够迅速响应并解决,如延误、丢失或损坏等情况。通过这种方式,不仅能有效提升客户满意度,还能维护企业的良好声誉和形象。

3. 配送服务质量提升

为持续提升配送服务质量,企业应定期对配送服务进行评估,并针对存在的问题制定相应的改进措施。这可能涉及优化配送流程、提升配送人员的专业技能和服务态度等方面。同时,加强配送人员的培训和管理也是关键,通过提高他们的专业素养和服务水平,确保每一次配送都能达到客户的期望,如此不仅能提升客户满意度,还能增强企业的市场竞争力。

第二节　供应链金融的基础概念与重要性

一、供应链金融概述

(一)供应链金融的概念

供应链金融,作为一种新兴融资模式,是银行及其他金融机构针对以供应链核心企业为轴心的整个供应链网络所提供的金融产品服务。该模式通过整合资金流进入供应链管理,旨在为贸易环节注入资金支持,特别关注为中小企业等市场弱势方提供贷款援助。在国际研究领域,这通常被称为供应链财务管理(Financial Supply Chain Management, FSCM)。我国早期对此的探讨多涉及金融物流概念,但随着深圳发展银行于 2006 年率先引入供应链金融理念,该领域在国内迅速崛起,各大银行及金融机构相继推出多样化的供应链金融产品。

供应链资金失衡的根源,多在于核心企业对上下游中小企业的贸易条件——如价格、交货期限及账期等——施加过于苛刻的要求,给这些企业造成沉重负担。而由于中小企业自身规模局限和经营挑战,它们往往难以获得银行贷款。供应链金融正是以核心企业为支点,向其上下游企业延伸资金支持,同时通过融入自身信用来强化商业信用体系,从而深化企业之间的战略合作伙伴关系,并最终增强整个供应链的综合竞争力。

(二)供应链融资模式及创新

1. 权利质押基础的供应链融资机制

权利质押融资亦被称为仓单质押融资,是一种企业融资方式,其中企业将产品交由金融机构指定的物流公司进行管控,并凭借物流公司签发的仓单向金融机构进行贷款申请。仓单,作为一种代表物权的凭证,在信贷体系中已有深厚的应用基础,并通过其担保功能来增强企业的信用状况。在供应链环境中,融资的期限、金额以及贷后管理均以仓单为基准进行。这种变革不仅拓展了潜在市场,也提升了风险管理效能。然而,在国内环境下,这种融资模式所依赖的市场条件尚未完全成熟,加之第三方物流企业的仓单认证权威性不足,因此,真正意义上的权利质押融资并不多见。多数情况下,仓单仅被视作存货的证明,其业务普及度远低于动产质押的融资模式。

2. 动产质押框架下的供应链融资策略

动产质押融资,也被称作存货质押融资,是指企业将动产交付给具备动产保管资质的第三方物流企业。在此过程中,核心企业与金融机构签署回购协议或担保合同,以确保在被担保企业出现违约情况时,能够回购质押的动产或进行代偿,从而协助被担保企业获取贷款。在这一流程中,物流公司主要承担起动产保管、价值评估以及动产流向监督等关键职责。图1-2-1详细展示了基于动产质押融资的具体操作流程。

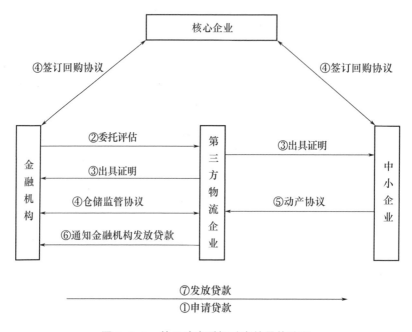

图1-2-1 基于动产质押融资的具体流程

(三)中小企业融资模式的创新

1. 应付账款融资模式

应付账款融资模式,亦被称作保兑仓融资模式,如图1-2-2所展示。在此融资框架内,中小企业作为核心企业的下游实体,扮演着资金供给和产品接收的双重角色。这些企业通过向核心企业支付款项以获取生产所必需的原材料、半成品及成品。若上游核心企业展现出良好的综合实力,便可通过应付账款融资模式为下游的中小企业提供融资支持。在上游核心企业做出回购承诺的基础上,下游中小企业需向金融机构缴纳占总额20%~30%的风险保证金。随后,金融机构向上游核心企业全额支付货款以采购物资,并委托第三方物流企业代为验收并运送至指定仓库进行管理。随着下游中小企业的还款进度,金融机构将逐步释放相应比例的提货权,直至待偿还金额降至与风险保证金相等为止。应付账款融资模式通过分期支付的方式,有效缓解了中小企业的资金周转压力。上游核心企业为下游中小企业提供信用担保,不仅降低了金融机构的风险敞口,也促进了自身产品的销售。此外,第三方物流企业因参与融资流程而推动了其储运和监管业务的增长,从而实现了供应链中各经济主体的共同利益最大化。

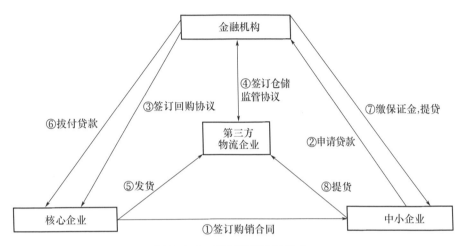

图 1-2-2　应付账款融资模式

2. 应收账款融资模式

应收账款融资模式,与应付账款融资模式相对,如图 1-2-3 所展示,在此模式下,中小企业担当上游产品提供者的角色,而核心企业则作为下游资金提供者。下游的核心企业需向上游的中小企业预付款项,以确保其生产流程顺畅进行。然而,下游核心企业亦可能遭遇资金周转的困境。因此,这些核心企业会向金融机构申请贷款,以便向上游中小企业支付预付款,并承诺在上游企业出现违约行为时代为偿还。此融资模式实质上是利用下游核心企业的信用作为反担保,相当于将其信用扩展至上游中小企业,而在此过程中,第三方物流企业的作用并不显著。这种融资模式主要惠及上游的中小企业,使它们能够获得维持生产所必需的资金;同时,下游核心企业也能在一定程度上缓解资金短缺的压力。此种新颖的质押担保模式具有还款灵活性、资金易变现性及较低的信用风险等优势。鉴于第三方物流企业在该融资方式中的参与度较低,因此相关的融资成本也相应减少,成为中小企业与下游实力雄厚的核心企业进行合作的理想选择。

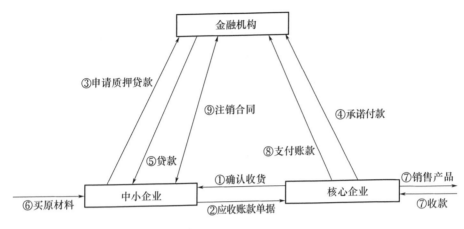

图 1-2-3　应收账款融资模式

(四)物流企业参与的供应链金融特点

1. 标准化

在物流金融领域,标准化不仅体现在物流产品的质量和包装上,更深入动产质押品的管理流程中。这一标准的实施,确保了所有动产质押品都按照统一、规范的程序进行监管。这种做法有效地避免了传统动产质押模式中可能出现的不规范行为,如金融机构派人看管或授信客户自行看管,从而大大增强了质押的有效性和安全性。通过第三方物流企业的专业看管,动产质押品得到了更为严格的保障,这也进一步提升了金融交易的透明度和可信度,标准化的实施,为物流金融行业的健康发展奠定了坚实的基础。

2. 信息化

信息化是现代物流金融管理的重要特征,通过物流企业的信息管理系统,金融机构能够实时、准确地掌握质押品的详细信息,包括品种、数量和价值等。这种信息化的管理方式,不仅提高了工作效率,还大大提升了风险管理的能力。金融机构的业务管理人员可以随时通过系统查看质押品的实时情况,为决策提供了及时、准确的数据支持。信息化的推进,使得物流金融管理更加科学、高效,为行业的持续发展注入了新的活力。

3. 远程化

动产质押业务的远程化操作,得益于物流企业覆盖全国的服务网络和金融机构内部的资金清算网络。这一特点使得动产质押业务不再局限于某一地区,而是可以跨地区开展,极大地扩展了业务范围和灵活性。同时,远程化操作还保证了资金的快捷汇划和物流的及时运送,提高了整体业务效率,这种模式的创新,不仅满足了客户多样化的需求,也为金融机构和物流企业带来了更多的商业机会。

4.广泛性

物流金融服务的广泛性体现在多个方面,首先,在服务区域上,它不受地理位置的限制,既可以在金融机构所在地开展业务,也可以超出该范围进行服务。这种广泛的服务区域为更多的客户提供了便利。其次,在质押货物品种上,物流金融服务同样具有广泛性。无论是各类工业品、生活品,还是产成品、原材料等,只要物流企业能够看管,都可以作为质押品进行融资,这种广泛的质押品种类为更多的企业和个人提供了融资的可能。

二、供应链金融的风险

(一)商品选择风险

在供应链金融服务的运作中,商品选择风险是一个不可忽视的要素,金融机构在提供此类服务时,必须审慎选择用于抵押的商品。理想的抵押商品应具备一系列特性,如市场通用性、易保存性、价格与质量的稳定性、可分割性及便于计量,以及高度的流动性。这些特性有助于金融机构在必要时迅速处置抵押物,从而降低潜在损失。例如,钢铁和有色金属等大宗商品就符合这些标准,因此常被金融机构选为抵押品。然而,仅仅关注商品本身是不够的,金融机构还需深入考察供应链中的核心企业。核心企业的规模、与贷款企业的关联程度以及业务水平等因素,都会直接影响抵押商品的质量和价值。

(二)质押监管风险

质押监管风险是供应链金融服务中的另一大关键风险,这种风险的大小主要取决于物流公司的管理水平以及质物在出入库过程中的风险规避措施。为了有效降低这一风险,金融机构在与物流公司建立合作关系前,应进行全面的评估。评估的重点应包括物流公司的资产规模、偿付能力、专业化与信息化水平、仓库管理标准以及监管网络的覆盖范围等多个方面。这些因素的综合考量,有助于金融机构选择出具备强大实力和高效运营能力的物流公司作为合作伙伴。在此基础上,金融机构还需制定严格的质物出入库风险规避方案,以确保质押物在整个流程中的安全与完整。此外,由于入库单常被用作质押凭证,因此金融机构需通过科学的管理手段来确保其唯一性和物权凭证的性质,从而进一步降低质押监管风险。

（三）质物变现风险

质物变现风险,也被称为流动性风险,是供应链金融服务中需要特别关注的风险类型。这种风险主要体现在质物无法顺利变现,或者变现后的价值低于金融机构的授信敞口余额。为了有效规避这种风险,金融机构在选取质物时应谨慎考虑。理想的选择是市场交易量大且需求稳定的商品,这样的商品通常具有较高的流动性和广泛的市场接受度,从而在需要变现时能够更快速地找到买家,并以合理的价格成交。此外,设置合适的质押率也是降低质物变现风险的重要手段。质押率过高可能导致金融机构在质物价值下跌时面临损失,而质押率过低则可能影响借款人的融资额度。因此,金融机构需要根据市场情况动态调整质押率,以确保其合理性。同时,对质物的价格和供需水平进行实时监控也是必不可少的。通过及时掌握市场动态,金融机构可以在质物价值出现大幅波动时采取相应的应对措施。最后,利用金融衍生产品,如期货、期权等,可以有效分散风险,为金融机构提供额外的风险保障。

（四）宏观经济风险

对于金融机构而言,在提供供应链金融服务时,必须充分考虑宏观经济因素对整个供应链以及其中每个企业运营的影响。宏观经济因素包括但不限于利率、汇率以及宏观经济政策等,这些因素的变化可能导致供应链中的成本结构、市场需求以及资金流动性等方面发生显著变化。因此,金融机构需要综合运用各种金融工具来规避这些风险。例如,通过利率互换等衍生产品来对冲利率风险,或者利用外汇期权等工具来管理汇率风险。此外,金融机构还应密切关注宏观经济政策的变化,及时调整信贷政策和风险管理策略,以消除宏观经济波动可能带来的不良影响。只有这样,金融机构才能在复杂多变的宏观经济环境中保持稳健运营,为客户提供持续、稳定的供应链金融服务。

三、供应链金融的重要性

（一）供应链金融对企业融资的促进作用

1.缓解企业融资难题

供应链金融作为一种创新的融资模式,显著地缓解了企业融资难题,通过深度整合供应链各环节的资源与信息,构建了一个透明、高效的金融生态系统。在这个系统中,核心企业与上下游中小企业形成了紧密的合作关系,共同分享供应链运营中的数据与风险。这种机制不仅为企业提供了更多元化的融资渠道,还有效地降低了融资门槛。通过供应链金融,企业能够更便捷地获得所需资金,从而支持其日常运营与业务拓展。

2. 提高资金使用效率

供应链金融在优化企业现金流管理方面发挥着重要作用,进而提高了资金使用效率,在传统的融资模式下,企业往往面临着资金占用过多、周转不灵等问题。而供应链金融通过精确匹配供应链中的资金流与物流,实现了资金的高效利用。企业可以根据实际业务需求,灵活调整融资期限与金额,从而最大限度地减少资金闲置。此外,供应链金融还通过降低融资成本、提高融资速度等方式,进一步提升了企业的资金使用效率,为企业的可持续发展奠定了坚实基础。

(二)供应链金融对供应链稳定性的增强

1. 加强供应链合作伙伴间的信任

供应链金融作为一种金融与产业深度融合的模式,显著加强了供应链合作伙伴间的信任关系。它通过提供透明、高效的金融服务,促进了供应链各环节之间的信息共享与风险共担。在这种机制下,核心企业与上下游企业形成了更为紧密的合作关系,共同应对市场变化与风险挑战。这种深度合作不仅提升了供应链的整体运营效率,还进一步巩固了合作伙伴间的信任基础,为供应链的长期稳定发展提供了有力保障。

2. 降低供应链风险

供应链金融在降低供应链风险方面发挥着至关重要的作用,通过引入金融机构的专业风险管理能力,对供应链中的资金流、物流和信息流进行全面监控与评估。这种全方位的风险管理机制有助于及时发现并应对潜在的风险点,从而有效减少因资金链断裂而导致的供应链中断风险。此外,供应链金融还通过提供多样化的融资产品和服务,帮助企业优化资金结构、提升风险抵御能力,进一步增强了供应链的整体稳健性。

(三)供应链金融对产业升级的推动作用

1. 促进产业升级和创新

供应链金融在推动产业升级和创新方面发挥着举足轻重的作用,产业升级和创新是经济持续发展的关键动力,而资金的支持是实现这一目标不可或缺的因素。供应链金融通过提供灵活的融资解决方案,为各类企业,尤其是中小企业,注入了强大的资金动力。这些资金不仅用于维持企业的日常运营,更重要的是,它们被投入新产品研发、技术升级、市场拓展等关键领域,从而直接推动了产业的升级和创新。通过这种方式,供应链金融为产业结构的优化和升级提供了有力的资金支持,促进了整个产业链的进步与发展。

2. 增强产业链整体竞争力

供应链金融在优化资金流的同时,也显著增强了整个产业链的竞争力,资金流是产业链运转的"血液",其流畅与否直接影响产业链的稳定性和效率。供应链金融通过提供高效的融资服务,确保了资金在产业链各环节之间的顺畅流动,从而提高了整个产业链的运作效率。此外,供应链金融还促进了产业链各环节之间的紧密协作,使得整个产业链在面对市场变化时能够迅速调整,保持灵活性和竞争力。这种整体竞争力的提升,不仅有助于产业链上的企业个体发展,更对整个经济的稳定增长起了积极的推动作用。

(四)供应链金融的社会经济价值

1. 支持中小企业发展

中小企业作为经济体系中的重要组成部分,其活力和创新力对经济增长具有显著影响。然而,这些企业往往面临融资难的问题,限制了其发展和创新潜力。供应链金融通过整合产业链资源,为中小企业提供了更多的融资机会,不仅降低了中小企业的融资门槛,还通过灵活的融资方式满足了这些企业的多样化需求。这种金融支持有助于中小企业拓展业务、提升技术水平和加强市场竞争力,从而促进了中小企业的发展和创新。

2. 促进就业和经济增长

供应链金融对于促进就业和经济增长具有显著的社会经济价值,通过为企业提供金融支持,供应链金融助力企业扩大生产规模、提升运营效率,进而创造了更多的就业机会。随着企业的发展壮大,其对劳动力的需求也随之增加,从而为社会提供了更多的就业岗位。同时,供应链金融通过优化资金配置、降低融资成本等方式,推动了企业的快速发展,进而促进了整体经济的增长,这种经济增长不仅提升了国民生活水平,还为国家的繁荣稳定做出了积极贡献。因此,供应链金融在促进就业和经济增长方面具有不可替代的重要作用。

第三节　电子商务与供应链金融的融合趋势

一、电子商务与供应链金融的互补优势

(一)融资渠道的拓展与成本优化

1. 电子商务平台的融资渠道多样性

(1)线上融资渠道的开拓

电子商务平台的崛起,为企业融资开辟了一种全新的线上渠道,标志着金

融科技与商业模式的深度融合。借助平台所具备的大数据分析能力及精细化的信用评估体系,企业现在能够更为便捷地获取必要的融资支持。这一变革性的融资渠道,彻底摒弃了传统银行贷款流程中的烦琐与耗时,实现了资金的高效匹配和快速流通。其核心优势在于,通过提高融资效率,显著降低了企业的融资成本,使得原本可能因资金瓶颈而受限的中小企业,也能享受到与大型企业同等的融资服务。这一创新不仅促进了整个供应链的资金流动,更注入了新的活力,推动了商业生态系统的持续繁荣与发展。

（2）跨界合作与金融机构的连接

电子商务平台正通过积极的跨界合作,与各类金融机构建立起紧密的连接,这种合作模式在丰富企业融资渠道的同时,也深刻改变了传统金融服务的格局。平台与银行、保险公司等金融机构的深度融合,不仅为企业提供了更为多元化的金融产品和服务选择,更借助金融机构在风险管理方面的专业素养,有效地降低了融资过程中的各类风险。这种跨界合作的模式,不仅拓宽了企业的视野和选择空间,更推动了电子商务与金融行业的深度融合。通过这种合作,供应链金融得以创新发展,为整个商业生态注入了新的动力,也为企业的发展提供了更为坚实的金融支持。

2. 供应链金融降低融资成本的方式

（1）批量融资与成本分摊

供应链金融中的批量融资策略显著地降低了企业的融资成本,在这一策略下,核心企业凭借其卓越的信用状况,为供应链中的上下游中小企业提供融资支持,从而形成了一种批量融资的规模效应。此种模式的有效性在于,它通过集合多个中小企业的融资需求,实现了资金的集中调配和优化配置,进而提升了资金的整体使用效率。同时,通过成本分摊机制,将整体融资成本均摊到各个参与融资的企业,从而有效地降低了单个企业需要承担的融资成本。这一机制的成功实施,得益于供应链金融对供应链整体信用风险的精准把控和高效管理,体现了金融创新与供应链管理的深度融合。

（2）风险共担与成本降低

供应链金融所倡导的风险共担理念,在降低融资成本方面发挥了关键作用,在供应链金融生态系统中,核心企业、金融机构、物流公司等多元主体共同参与融资活动,通过多方协作与风险分担,有效地降低了单一主体所承担的风险水平。这种风险共担机制的形成,不仅显著提升了供应链的稳定性与抗风险能力,还通过降低风险溢价等方式,实质性地减少了企业的融资成本。同时,这种机制也促进了供应链各方之间的紧密合作与协同发展,为供应链的持续健康运行提供了坚实的保障。从整体上看,风险共担不仅是一种金融策略,更是一种供应链管理哲学,它通过整合各方资源、分散风险,推动了整个供应链的优化与升级。

(二)供应链透明度的提升与信息不对称的减少

1. 电子商务提高供应链可见性的手段

(1)实时数据更新与共享

电子商务通过实时数据更新与共享机制,显著提升了供应链的可见性和透明度,在电子商务平台的支持下,供应链各环节所产生的数据能够被实时捕捉、精准整合,并迅速更新至共享数据库中,从而确保了信息的时效性和准确性。这种实时数据共享机制为供应链上的各方主体提供了一个共同的信息平台,使得各方能够随时掌握物流动态、库存状况、销售趋势等关键信息。基于这些信息,供应链参与者能够做出更加明智和及时的决策,有效应对市场变化。因此,实时数据更新与共享不仅大幅提高了供应链的管理效率,更在一定程度上降低了因信息不对称而引发的各类风险,为供应链的稳健运行提供了有力保障。

(2)供应链监控技术的运用

电子商务在提升供应链透明度方面,还广泛运用了先进的供应链监控技术,借助物联网、大数据分析等前沿技术,电子商务平台能够实时监控供应链各环节的运行状态,包括货物的运输轨迹、仓库的库存变动等。这种全方位的监控技术为供应链管理者提供了一双"透视眼",帮助他们及时发现潜在问题,并迅速做出响应。同时,通过对历史监控数据的深入分析,还能为供应链的优化提供科学依据,推动供应链向更高效、更灵活的方向发展。此外,监控技术的广泛运用也显著增强了供应链各方之间的信任基础,为构建更加紧密和稳固的合作关系奠定了坚实基础。

2. 供应链金融在减少信息不对称中的作用

(1)信息验证与真实性保障

供应链金融平台通过建立严格的信息审核机制,对供应链上各方提供的信息进行细致入微的核查,以确保其真实性和准确性。这一过程涉及对各类数据、文档和交易记录的详尽审查,旨在剔除虚假信息和误导性数据。信息验证的严谨性不仅显著降低了虚假信息的传播风险,保护了参与者的利益,也为金融机构提供了更为精确的信用评估依据。这种机制的实施,实质上增强了供应链各方的信任基础,为供应链内部的顺畅合作和高效运转铺设了坚实的基石。通过信息验证与真实性保障,供应链金融有效地减少了信息不对称现象,提升了整体交易的透明度和可信度。

(2)信用评估与信息共享机制

在供应链金融生态系统中,各参与方的信用状况对于融资决策具有举足轻重的影响。因此,供应链金融平台积极运用大数据分析和机器学习等尖端技术手段,对供应链各方的信用状况进行深入挖掘和全面评估。这种评估不仅涵盖了历史交易记录、财务状况等传统指标,还结合了市场动态、行业趋势等多元因素,以形成更为精准全面的信用画像。同时,平台通过建立信息共享机制,推动供应链各方之间的信息交流与合作,打破信息孤岛,实现数据互通。这一机制不仅显著提高了融资效率,降低了交易成本,更重要的是,它有效降低了因信息不对称而引发的信用风险,为供应链金融的稳健发展提供了有力支撑。

(三)客户黏性的增强与交易效率的提升

1. 电子商务通过供应链金融增强客户黏性

(1)个性化金融服务提供

电子商务通过深度运用大数据和人工智能技术,为客户提供了高度个性化的金融服务,这一创新举措显著地增强了客户黏性。具体而言,电子商务平台能够利用这些先进技术对客户数据进行全面而深入的分析,包括消费习惯、支付偏好以及信用状况等多个维度。基于这些精准的数据分析,平台能够为客户量身定制出符合其实际需求的供应链金融产品。这种个性化服务的推出,不仅充分满足了客户的多样化金融需求,更在无形中提高了客户对电子商务平台的依赖度和忠诚度。同时,这种服务模式也有效地帮助电子商务平台吸引了更多的新客户,从而进一步拓展了其在市场中的份额。

(2)供应链金融产品的嵌入与整合

电子商务通过将供应链金融产品深度嵌入平台服务中,实现了金融与商务的完美结合,这种无缝对接的服务模式为客户带来了前所未有的便利。电子商务平台通过整合各方供应链金融资源,成功地为客户提供了从采购到销售的全流程金融服务支持。这种全方位的金融服务不仅极大地简化了客户的操作流程,更在实质上降低了客户的资金成本和时间成本;同时,供应链金融产品的成功嵌入也显著提升了电子商务平台的服务能力,使其在激烈的市场竞争中展现出独特的优势。

2. 供应链金融助力电子商务交易效率

(1)自动化与智能化的交易流程

供应链金融通过自动化和智能化的交易流程,显著提升了电子商务的交易效率,借助先进的金融科技手段,供应链金融平台实现了交易信息的实时更新、自动对账以及智能风控等功能。这种自动化和智能化的交易处理不仅大大减少了人工干预和错误率,还缩短了交易周期,提高了资金周转率;同时,智能化的交易流程也有助于电子商务平台更好地应对市场变化和客户需求的快速变化。

（2）风险防控与交易安全保障

供应链金融在助力电子商务交易效率的同时，也注重风险防控和交易安全保障，通过建立完善的风险评估体系和监控机制，供应链金融平台能够及时发现并应对潜在风险，确保交易的安全性和稳定性。此外，供应链金融还采用先进的加密技术和安全防护措施，保护客户的交易信息和资金安全。这种风险防控和交易安全保障不仅提升了电子商务平台的信誉度和客户满意度，还为平台的长期发展奠定了坚实基础。

二、电子商务平台在供应链金融中的角色转变

（一）从信息提供者到金融服务整合者

1. 电子商务平台的数据优势与资源整合能力

电子商务平台在日常运营中积累了海量的数据，这些数据不仅规模庞大，而且维度多样，包括用户行为数据、交易记录数据、物流信息数据等。这些数据优势为电子商务平台提供了深入洞察供应链动态和市场趋势的能力。通过高级数据分析和挖掘技术，平台能够识别出供应链中的潜在机会和风险，进而为供应链金融提供更加精准和高效的服务。同时，电子商务平台还展现出强大的资源整合能力。通过先进的信息技术和网络架构，平台能够有效地连接和整合供应链上的各方资源，包括金融机构、物流企业、供应商和分销商等。这种整合不仅优化了供应链的流程，还提高了整体协同效率。电子商务平台利用数据优势和资源整合能力，成功地从单一的信息提供者转变为综合的金融服务整合者，从而在供应链金融领域发挥着越来越重要的作用。

2. 构建以电子商务为核心的供应链金融生态圈

借助其数据优势和资源整合能力，电子商务平台正积极推动以自身为核心的供应链金融生态圈的建设。在这个生态圈内，电子商务平台发挥着枢纽和桥梁的作用，不仅提供基础的信息服务，更重要的是通过深度整合金融、物流等多方面的资源，为供应链上的各类企业量身定制全方位的金融服务解决方案。这种生态圈的构建，不仅显著提升了供应链的整体运行效率，降低了企业的融资成本和时间成本，还极大地增强了供应链的韧性和稳定性。同时，对于电子商务平台而言，这种生态圈的打造也为其带来了更多的商业机会和增值空间。通过深度参与供应链金融的各个环节，电子商务平台能够更好地理解和服务于供应链上的各类企业，进而开发出更多符合市场需求的创新产品

和服务,实现自身的持续发展和价值提升。

(二)风险管理与合规性挑战

1. 电子商务平台在风险管理中的角色定位

在供应链金融的运作过程中,电子商务平台担任着至关重要的角色,特别是在风险管理方面。作为金融服务整合者,电子商务平台的职责远超出对自身运营风险的监控与管理。平台必须对供应链上其他参与方的各类风险,如信用风险、市场风险等,进行全面的评估与监控。这意味着电子商务平台需要具备高度专业的风险评估能力和先进的风险管理工具,以确保能够准确及时地识别、评估并控制各类潜在风险。通过建立完善的风险管理体系,包括风险识别机制、风险评估流程以及风险控制策略,电子商务平台能够为供应链金融的稳健运行提供坚实保障。

2. 合规性要求与监管政策的适应

随着供应链金融行业的蓬勃发展,监管部门对电子商务平台的合规性要求日益提高,为确保行业的健康、稳定和持续发展,电子商务平台必须密切关注相关监管政策的变化,并根据政策要求及时调整自身的业务模式和操作流程。这包括更新内部管理制度、完善风险控制机制以及加强信息披露等方面。同时,电子商务平台还应主动与监管部门保持密切沟通,积极参与行业规则的制定和完善,共同推动供应链金融行业向着更加规范、透明的方向发展。在适应合规性要求和监管政策的过程中,电子商务平台需要不断增强自身的合规意识和风险管理能力,以确保在激烈的市场竞争中保持领先地位,并为客户提供更加安全、高效的供应链金融服务。

三、数据驱动的供应链金融服务创新

(一)大数据技术在供应链金融中的应用

1. 客户信用评估与风险控制

在供应链金融中,客户信用评估与风险控制是确保资金安全、降低信贷风险的关键环节,大数据技术的广泛应用为这一领域带来了革命性的变革。通过高效的数据收集机制,大数据技术能够汇集供应链各环节产生的海量交易数据、实时物流信息以及企业的详细财务状况。这些数据不仅规模庞大,而且具备高度的多样性和实时性,为信用评估提供了丰富的信息基础。利用先进的数据分析模型和算法,金融机构可以对客户的信用状况进行全面、深入的评估,从而更准确地判断其偿债能力和信贷风险。同时,基于大数据构建的风险预警系统能够实时监控供应链中的动态变化,及时发现异常情况,如交易波动、物流延误等,为金融机构提供及时的风险提示,帮助其采取有效措施应对潜在风险。

2. 供应链金融产品的个性化与定制化

随着市场竞争的日益激烈,金融机构纷纷寻求创新以增强自身竞争力,在供应链金融领域,大数据技术为金融产品的个性化与定制化提供了前所未有的可能。通过对海量客户数据进行深入挖掘和分析,金融机构能够更精准地把握客户的需求特征、偏好以及行为模式。基于这些洞察,金融机构可以设计出更加符合客户实际需求的供应链金融产品,如定制化的融资方案、个性化的支付结算服务等。这种个性化与定制化的服务不仅显著提升了客户的满意度和忠诚度,还帮助金融机构在激烈的市场竞争中脱颖而出;同时,大数据技术的持续进步也为金融机构提供了更多创新的空间和可能性,推动供应链金融行业不断向前发展。

(二)数据驱动下的业务模式创新

1. 基于实时数据的动态融资服务

在数据驱动的环境下,供应链金融的业务模式正在经历一场深刻的变革,其中,基于实时数据的动态融资服务成为一种显著的创新趋势。这种服务模式的核心在于实时捕捉并分析供应链各环节的数据变化,从而为客户提供更加灵活且高效的融资解决方案。实时数据的引入,使得金融机构能够迅速响应市场的动态变化,及时调整融资策略,以满足客户对资金需求的时效性要求。这不仅提升了客户的满意度,也提升了金融机构的风险管理能力。通过实时监控和分析数据,金融机构可以更准确地评估信贷风险,进而制定出更为合理的融资方案。

2. 供应链金融与物联网技术的结合

物联网技术的迅猛发展,为供应链金融领域带来了前所未有的机遇,通过将物联网技术与供应链金融相结合,可以实现更精准的数据采集和更高效的信息传递,从而极大地提升了供应链金融的运作效率和服务质量。物联网设备,如 RFID 标签、传感器等,能够实时监控货物的运输状态和仓储情况,为金融机构提供更为准确、可靠的信贷担保。这不仅降低了信贷风险,还提升了金融机构对供应链的掌控能力。同时,基于物联网技术的智能分析系统,能够对收集到的大量数据进行深度挖掘和分析,帮助金融机构优化融资决策,提高资金的使用效率。

四、政策环境对电子商务与供应链金融融合的影响

(一)政策支持与引导作用

1. 优惠政策推动融合发展

政府为推动电子商务与供应链金融的融合发展,积极制定并实施了一系列优惠政策。这些政策主要包括税收减免和财政补贴,旨在切实降低企业在电子商务与供应链金融融合过程中的运营成本,进而提升其经济效益。税收减免政策能够减轻企业的税负,增加其可支配利润,从而鼓励企业有更多的资金投入到技术创新和市场拓展中。财政补贴则更为直接地为企业提供资金支持,助力其克服在融合初期可能面临的资金困难。这些优惠政策的实施,不仅为企业创造了更加宽松的经营环境,也传递出政府对电子商务与供应链金融融合发展的明确支持态度。在这种政策导向下,企业受到激励,更倾向于加大在技术创新方面的投入,以推动电子商务与供应链金融的深度融合。

2. 法律法规完善保障融合秩序

在推动电子商务与供应链金融融合的过程中,政府高度重视法律法规的完善工作,以此为融合发展提供坚实的法律保障。通过不断修订和增补相关法律法规,政府明确了电子商务与供应链金融融合中各方的权利义务,规范了市场秩序,有效减少了融合过程中的法律纠纷和潜在风险。这些法律法规的出台,不仅为市场参与者提供了明确的法律指引,也为其合法权益提供了有力保护。在法律法规的规范下,电子商务与供应链金融的融合发展得以在有序、稳定的市场环境中进行,这无疑为行业的健康发展创造了良好条件;同时,法律法规的完善还增强了市场参与者的信心,促进了更多资本和人才的流入,进一步推动了电子商务与供应链金融的深度融合与发展。

(二)监管政策对融合的影响

1. 监管政策明确融合方向

监管机构在推动电子商务与供应链金融融合中发挥着举足轻重的作用,通过精心制定并颁布具体、明确的监管政策,监管机构为这一融合过程指明了清晰的发展方向。这些监管政策不仅要求市场参与者严格遵守合规原则,确保所有业务运营均符合相关法律法规的严格要求,而且致力于推动整个行业朝着更加规范化、标准化的轨道发展。这种明确的政策导向,有助于市场参与者形成统一的行业标准和操作规范,进一步提升市场的透明度和公平性。同时,也为电子商务与供应链金融的深度融合提供了有力的政策支撑,促进了行

业内部的健康竞争与协作,从而推动了整个行业的持续、稳定发展。

2. 监管政策强化风险管理

在电子商务与供应链金融融合的过程中,监管机构对风险管理的重视达到了前所未有的高度。为了确保融合发展的稳健性和可持续性,监管机构不仅要求企业建立完善的风险防控体系,更通过定期评估、持续监测和及时预警,以及时发现并有效处置各种潜在风险。这种全方位、多层次的风险管理机制,极大地提高了企业在面对市场波动和不确定性时的应对能力。同时,监管机构还积极鼓励企业运用现代科技手段,如大数据、人工智能等前沿技术,来进一步提升风险管理水平。通过这些技术的深入应用,企业能够更精准地进行风险评估和预测,从而在市场竞争中占据有利地位,这种科技与政策的有机结合,为电子商务与供应链金融的融合发展提供了坚实的风险保障。

(三)政策环境对融合创新的促进作用

政策环境在推动电子商务与供应链金融融合创新中扮演着至关重要的角色,政府通过实施一系列支持性政策,为企业开展技术创新和模式创新活动提供了有力支撑。这些政策不仅鼓励企业积极探索新的融合路径和商业模式,以应对市场变化和挑战,还注重为企业提供创新资源对接和人才培养等全方位的支持。在创新资源对接方面,政府致力于搭建平台,促进企业之间的交流与合作,推动创新要素的共享与整合。这种资源对接有助于企业降低创新成本,提高创新效率,从而加速电子商务与供应链金融的融合进程。同时,政府还高度重视人才培养在融合创新中的作用。通过制定相关教育和培训政策,政府为企业提供了丰富的人才资源,帮助其解决在创新过程中可能面临的人才短缺问题。

第二章 电子商务驱动的供应链金融模式创新

第一节 电商平台在供应链金融中的角色定位

一、数据优势与信息提供者

(一)数据收集与整合能力

电商平台在运营过程中,展现出其卓越的数据收集与整合能力,这一能力主要得益于其完善的交易系统、精准的用户行为追踪机制以及高效的物流信息监控体系。通过这些先进的技术手段,平台能够实时捕捉并记录供应链各个环节的动态数据,从而形成一个庞大且细致的数据集。这一数据集不仅包含了用户的购买偏好、销售趋势等市场信息,还涵盖了库存状态、物流效率等运营信息,为供应链金融提供了坚实的信息基础。电商平台所具备的高效数据收集机制,确保了所获取信息的及时性,使得金融机构能够随时掌握供应链的最新动态。同时,其整合能力又保证了数据的准确性和完整性,避免了信息碎片化和数据冗余的问题。这种能力对于金融机构而言至关重要,因为它不仅有助于机构更精准地评估信贷风险,还能为其制定更为合理的融资策略提供有力的数据支撑。

(二)数据分析与挖掘价值

在积累了丰富的数据资源后,电商平台进一步展现出其在数据分析与挖掘方面的专业能力,借助先进的大数据分析技术,如机器学习算法和预测模型,平台能够深入探索海量数据背后的潜在价值,揭示出供应链中的隐藏规律和趋势。这种深度数据分析的能力,对于发现供应链中的潜在风险具有重要意义。通过挖掘数据中的异常模式和关联规则,电商平台能够帮助金融机构及时识别并应对可能的风险点,从而增强整个供应链金融系统的稳健性。此外,数据分析还为金融机构提供了宝贵的市场洞察,使其能够更准确地把握市场动态和消费者需求,进而做出更为明智的决策。

（三）信息共享与透明度提升

作为供应链金融的信息枢纽,电商平台在推动信息共享与提升透明度方面发挥着关键作用,通过构建一个开放且安全的信息共享平台,电商平台促进了供应链各方之间的数据互通与高效协作。这种信息共享机制不仅增强了供应链的可见性,使得各个环节的信息更为透明,还有效降低了由信息不对称所带来的风险。对于金融机构而言,信息共享意味着其能够更全面地了解供应链的整体运营状况,包括供应商的生产能力、物流效率、市场需求等多方面信息。这种全面的信息掌握有助于金融机构做出更为明智的信贷决策,降低不良贷款的风险;同时,透明度的提升也提升了金融机构对供应链的信任度,为其提供了更大的融资信心。

二、金融服务整合者

（一）金融服务产品线丰富

电商平台在金融服务领域中的角色日益凸显,其作为金融服务整合者所展现出的金融服务产品线丰富性,堪称行业内的佼佼者。这一丰富性不仅体现在产品种类的多样性上,更在于其能够满足供应链上各类企业的差异化需求。从传统的融资服务,如贷款、信用证等,这些历史悠久的金融产品为企业提供了稳定的资金支持,到创新的金融产品,例如供应链融资、订单融资等,这些新型融资方式则更加灵活,能够根据企业的实际经营情况和市场需求进行定制化的融资安排。这种多样化的金融服务产品线设计,充分考虑了供应链上不同环节、不同类型企业的独特需求。无论是上游的供应商、生产商,还是下游的分销商、零售商,都能在电商平台的金融服务产品线中找到适合自己的解决方案。企业可以根据自身的经营状况、市场环境以及资金需求,灵活选择最适合的金融产品,从而有效地优化资金流,提升整体运营效率。这种以客户需求为导向的产品设计理念,不仅增强了电商平台的市场竞争力,也为整个供应链金融行业的创新发展注入了新的活力。

（二）一站式金融服务解决方案

电商平台在金融服务领域的另一大亮点,在于其致力于为供应链企业提供一站式金融服务解决方案,这种一站式的服务模式,源于平台对内外部资源的深度整合能力。通过与金融机构、物流企业等多方合作伙伴的紧密协作,电商平台能够为企业提供从融资申请、额度审批到资金放款、还款管理等全流程的金融服务。一站式服务模式极大地简化了企业的融资流程,降低了融资成本,并显著提高了融资效率。企业无须再耗费大量时间和精力在多个机构间奔波协调,只需通过电商平台的统一接口,即可轻松解决融资问题,不仅提升了企业的运营效率,也为其在激烈的市场竞争中赢得了宝贵的时间成本优势。

(三)跨界合作与生态构建

在金融服务整合的过程中,电商平台积极寻求跨界合作与生态构建,这一战略举措不仅拓宽了金融服务的应用场景,更为供应链金融注入了新的活力。通过与各行业领先企业的深度合作,电商平台得以将金融服务渗透到更多领域,满足不同行业、不同企业的多样化需求。同时,电商平台还致力于构建一个开放、共赢的金融生态。在这个生态中,各方合作伙伴能够共同参与、共同发展,共同推动供应链金融的繁荣与进步。这种跨界合作与生态构建的策略,不仅提升了电商平台自身的竞争力,使其能够在激烈的市场竞争中脱颖而出,更为整个供应链金融行业的繁荣做出了积极贡献。通过这种策略的实施,电商平台正逐步成为引领供应链金融行业发展的重要力量。

三、风险管理者

(一)风险评估与监测机制

在供应链金融领域,电商平台扮演着至关重要的风险管理者角色,其核心职责之一便是构建和完善风险评估与监测机制。这一机制的建立,对于确保供应链金融的稳定运行具有不可或缺的作用。电商平台通过深入剖析供应链的各个环节,能够精确地识别出潜在的风险点。这些风险点可能源自供应商的信用状况、市场需求的波动、物流运输的稳定性等诸多方面。为了更为精准地把握这些风险,电商平台借助大数据和人工智能等先进技术,对供应链进行实时监控。这种监控不仅覆盖了供应链的各个环节,还能对异常情况做出迅速且准确的反应。风险评估与监测机制的建立,为金融机构提供了更为全面的供应链状况了解途径。基于这一机制,金融机构能够制定出更为精准的风险管理策略,从而在保障资金安全的同时,促进供应链金融的健康发展。

(二)风险预警与应对措施

在风险评估与监测的基础上,电商平台进一步展现出其在风险预警与应对方面的专业能力。一旦通过监控机制检测到潜在的风险信号,电商平台会立即触发预警机制,确保相关方能及时获悉并作出响应。预警机制的启动,往往伴随着一系列应对措施的实施。电商平台会根据风险的性质和影响程度,提供具体的应对策略。这些策略可能包括调整融资额度以降低风险敞口,加强物流监控以确保货物安全,或者采取其他必要的风险管理措施。通过这种快速且有针对性的响应,供应链企业在面临风险时能够迅速调整自身策略,从而保障业务的稳定运行。

(三)风险分散与转移策略

为了进一步提升供应链金融的稳健性,电商平台还致力于推动风险分散与转移策略的实施。这些策略旨在通过多元化的方式来降低单一风险点可能带来的整体影响。具体而言,电商平台会引导供应链企业采用多元化的供应商,从而避免对单一供应商的过度依赖。同时,通过拓展销售市场,企业能够分散地域和市场风险,增强业务的灵活性和适应性。此外,电商平台还积极与保险公司等金融机构展开合作,提供保险服务作为风险转移的重要手段。通过为供应链企业提供定制化的保险产品,电商平台帮助企业在面临不可抗力因素时,能够有效地减轻损失并保障业务的连续性。这种风险分散与转移策略的实施,不仅提高了供应链企业的抗风险能力,也为供应链金融的稳定发展提供了坚实的保障。

四、合规与监管的践行者

(一)合规意识与内部管控

在供应链金融领域,电商平台作为关键的一环,深刻认识到合规经营对于企业和整个行业持续健康发展的重要性。因此,平台在日常运营中始终贯彻合规意识,确保所有业务活动均符合法律法规的要求。为了实现这一目标,电商平台建立了一套完善的内部管控机制。这包括制定和实施严格的业务操作规范,以确保每一项金融服务的提供都在法律框架内进行。同时,平台设立了专门的合规管理部门,该部门负责监控业务活动的合规性,并及时识别和纠正任何可能的违规行为。此外,电商平台还定期开展合规培训和检查活动,以提高员工的合规意识和操作能力。通过这些举措,平台不仅有效防范了合规风险,还为供应链金融的稳健发展奠定了坚实的基础。

(二)监管政策响应与配合

电商平台在运营过程中,始终积极响应国家的监管政策,并与监管部门保持密切的沟通与配合。平台会及时关注监管政策的动态变化,以确保其业务操作始终符合最新的监管要求。为了进一步提高透明度和可信度,电商平台还会主动向监管部门报送业务数据和信息,接受其监督和指导。这种积极的响应和配合态度,不仅有助于电商平台自身的合规经营,也为整个供应链金融行业营造了一个健康、有序的发展环境。

（三）行业自律与规范倡导

在推动供应链金融行业发展的过程中，电商平台积极倡导行业自律与规范，平台通过参与行业协会、组织行业交流活动等方式，致力于推动行业内部建立统一的业务标准和操作规范。为了实现这一目标，电商平台不仅积极参与相关标准的制定和修订工作，还主动分享自身在合规与监管方面的实践经验。通过引导其他企业共同遵守行业规则，电商平台努力提升整个供应链金融行业的合规水平和市场竞争力。此外，电商平台还倡导建立行业内的信息共享和合作机制，以促进供应链金融行业的协同发展。通过这些举措，电商平台为供应链金融行业的健康、稳定发展做出了积极的贡献，并提升了行业的整体市场信誉度。

五、创新推动者

（一）技术创新与应用引领

在供应链金融的演进过程中，电商平台始终站在技术创新的前沿，引领着行业的技术变革。平台深知技术对于提升金融服务效率与安全性的重要性，因此不断引入并融合新技术，如区块链、大数据分析和人工智能等，以推动供应链金融服务的升级。具体而言，区块链技术的运用确保了交易数据的透明性、不可篡改性和可追溯性，从而大大增强了供应链金融中的信任机制。大数据分析技术则使得平台能够深入挖掘供应链中的各类数据，提升风险评估的精准度和效率，为更科学的决策提供有力支撑。而人工智能技术的应用，进一步助力电商平台实现智能化的风险管理、客户服务和运营优化，提升了金融服务的整体效能。这些技术创新的应用，不仅显著优化了电商平台的自身运营，更为整个供应链金融行业带来了深远的影响。电商平台通过技术创新，成功引领了行业的技术进步和服务升级，为供应链金融的健康发展注入了强大的动力。

（二）业务模式创新与升级

电商平台在供应链金融领域的另一个突出贡献体现在业务模式的创新与升级上，传统的供应链金融模式受限于信息不对称、操作流程烦琐以及高昂的交易成本，难以满足日益复杂多变的市场需求。为此，电商平台积极探索并实践了一系列创新的业务模式。通过深度整合线上线下资源，电商平台打造了一站式、全方位的金融服务模式。这种新模式不仅简化了烦琐的融资流程，降低了交易成本,还增强了金融服务的可获得性和便捷性。此外,基于真实交易数据的融资模式、动产质押融资等新型业务模式的探索与实践,更进一步丰富了供应链金融的服务内涵,拓宽了其服务边界。这些业务模式的创新与升级,不仅提升了电商平台自身的市场竞争力,也为整个供应链金融行业带来了新的发展机遇。在电商平台的引领下,供应链金融正逐步走向更加高效、便捷和多元化的发展路径。

(三)市场培育与拓展策略

在推动技术创新和业务模式创新的同时,电商平台也高度重视市场的培育与拓展工作。深知市场认知度和接受度对于供应链金融发展的重要性,平台通过多渠道、多形式的市场推广活动,积极向各类市场主体普及供应链金融的理念、优势和实践案例。具体而言,电商平台通过举办行业研讨会、高峰论坛等活动,聚集业界精英共同探讨供应链金融的发展趋势和挑战;通过发布研究报告、行业洞察等成果,向市场传递专业的声音和独到的见解;同时,还积极与政府、行业协会等权威机构合作,共同推动供应链金融市场的规范化、标准化发展。在拓展市场方面,电商平台不仅深耕细作国内市场,还积极拓展海外市场。通过与国际金融机构、跨国公司等建立战略合作关系,平台力求将供应链金融的服务范围延伸至全球各个角落,以满足更多企业的多元化、个性化融资需求。这种全球化的市场布局和拓展策略,不仅为电商平台自身带来了更广阔的发展空间,也为全球供应链金融市场的繁荣与发展做出了积极贡献。

第二节　电子商务供应链金融融资模式的主要类型

一、预付账款融资模式

(一)预付账款融资的基本原理

1. 定义

预付账款融资,作为供应链金融的一种重要模式,特指在供应链条中处于下游位置的企业,诸如经销商或零售商等,在面对资金流动性不足的挑战时,向金融机构提出融资申请,以筹措必要的资金支付给其上游供应商,如生产商或分销商等,作为预先支付的货款。此模式的提出与应用,深刻地反映了现代供应链管理对于资金流优化的需求。其核心目的在于有效缓解下游企业在采购环节因资金短缺而引发的支付难题,进而保障整个供应链的持续、稳定运作。通过预付账款融资,供应链中的资金瓶颈得以突破,企业间的协同合作更为紧密,整体供应链的竞争力与抗风险能力得到显著增强。

2. 运作机制

预付账款融资的运作机制建立在供应链交易的真实性和下游企业信用状况的基础之上,具体而言,当下游企业因采购需求而面临资金缺口时,会依据与上游供应商签订的采购合同,向金融机构递交预付账款融资的申请。金融机构在接到申请后,会启动一系列严谨的审核流程,包括对下游企业信用记录的评估、供应链交易背景的真实性以及上游供应商的信誉状况等。只有通过这些审核,金融机构才会为下游企业提供必要的融资支持。一旦融资款项到位,下游企业便可及时将资金支付给上游供应商,确保采购活动的顺利进行,从而维护整个供应链的稳定与高效运行。

(二)预付账款融资的操作流程

1. 申请与审核

在预付账款融资流程中,申请与审核环节是至关重要的第一步,下游企业需向金融机构正式递交预付账款融资申请,该申请必须详尽包含采购合同、交易背景等核心资料。这些资料不仅证明了融资需求的合理性,也是金融机构评估风险的重要依据。金融机构在接收申请后,会立即启动对下游企业信用状况的深入调查,包括对其历史信用记录、当前财务状况及未来偿债能力的全面分析。同时,交易的真实性也是审查的重点,金融机构需确保所融资项确实用于实际发生的供应链交易,避免任何形式的欺诈行为。此外,上游供应商的信誉同样受到严格审查,以确保整个供应链条的稳定性与可靠性。

2. 融资发放

融资发放环节是预付账款融资流程中的核心步骤,在通过前期严格的申请与审核后,金融机构会根据下游企业的实际融资需求,及时将融资款项发放至指定账户。这一过程中,金融机构可能会选择直接将资金支付给上游供应商,以确保货款支付的及时性和准确性,从而维护供应链的稳定运行。下游企业在获得融资支持后,便能够利用这笔资金顺利支付货款,保障采购活动的无障碍进行。融资的及时发放不仅缓解了下游企业的资金压力,更为整个供应链的顺畅流转提供了有力支撑。

3. 货款回笼与融资偿还

货款回笼与融资偿还是预付账款融资流程的终结环节,也是评估融资效果与风险控制效果的关键步骤。下游企业在完成商品销售后,所获得的销售收入将首先用于偿还金融机构的融资款项。这一过程中,金融机构会密切监控货款回笼的情况,包括回笼速度、金额与预期的匹配度等,以确保融资资金的安全回收。同时,金融机构还会根据下游企业的实际偿还情况,调整其信用评级和未来的融资额度,实现动态的风险管理。货款回笼与融资偿还的顺利进行,不仅标志着单次融资活动的圆满结束,也为未来更多的供应链金融合作奠定了坚实基础。

(三)预付账款融资的风险控制

1. 信用风险管理

信用风险管理是金融机构在进行预付账款融资时必须严格把控的关键环节,在这一过程中,金融机构需要对下游企业进行深入且全面的信用评估,以确保其具备足够的偿债能力。这种评估不仅涉及企业的历史信用记录,还包括对其当前财务状况、经营效率以及未来盈利预期的详细分析。此外,定期的信用状况复查机制也是不可或缺的,它有助于金融机构及时捕捉下游企业信用状况的变化,从而相应地调整融资额度或采取其他必要的风险控制措施。通过这种方式,金融机构能够在有效控制风险的前提下,为下游企业提供更为灵活和高效的融资服务。

2. 交易真实性核查

在预付账款融资中,交易真实性核查是防范虚假交易和降低融资风险的重要手段,金融机构在审核融资申请时,必须对采购合同的真实性和合法性进行严格的核实。这包括审查合同条款的合理性、交易双方的资质以及合同签署的规范性等方面。同时,通过与上游供应商直接沟通确认交易细节,金融机构能够进一步确保融资款项确实用于实际存在的供应链交易,而非虚构或夸大的项目。这种核查机制不仅有助于保护金融机构的资金安全,还能维护整个供应链金融体系的稳健运行。

3. 货款回笼监控

货款回笼监控是预付账款融资流程中的又一关键环节,它直接关系着金融机构能否安全、及时地回收融资款项。在这一过程中,金融机构需要密切关注下游企业的销售情况和货款回笼进度。通过定期收集和分析销售数据,金融机构能够评估下游企业的还款能力,并据此调整融资策略。一旦发现货款回笼出现异常或延迟情况,金融机构应立即启动应急预案,采取相应措施以保障融资款项的安全回收。这些措施可能包括加强与下游企业的沟通协调、要求提供额外的担保物或提前终止融资合同等。通过货款回笼监控,金融机构能够在最大程度上降低融资风险,确保资金的安全与稳定回报。

二、动产质押融资模式

(一)动产质押融资的基本概念

动产质押融资,作为一种创新的金融手段,允许企业将自身所拥有的动产,包括但不限于存货、原材料以及设备,作为担保物质押给金融机构,从而获取必要的融资。这一模式不仅为企业开辟了新的融资渠道,更重要的是,它有效地激活了企业的沉淀资产,增强了资产的流动性,为企业经营与发展注入了新的活力。动产质押融资的实质在于将动产转化为现金流,从而帮助企业解决短期内的资金缺口问题。然而,此种融资方式并非无风险,其成功的关键在于对质押物的精准价值评估以及与之相关的风险控制措施。只有确保质押物的真实价值与融资额度相匹配,并采取相应的风险管理策略,才能最大程度地保障融资双方的权益不受损害。

(二)动产估值与质押率的确定

动产估值在动产质押融资中扮演着举足轻重的角色,它是决定融资额度的基础,为确保估值的准确性,通常会邀请具备专业知识和丰富经验的评估机构进行操作。这些机构会综合考虑市场动态、质押物的特性及其使用状况,通过科学的方法和严谨的流程来评估动产的实际价值。质押率,作为连接动产价值与融资额度的桥梁,其确定并非简单依据估值结果,还需融入金融机构对风险的容忍度以及融资申请方的信用背景。质押率的高低直接决定了企业能够从金融机构获得的资金量,因此,其确定过程必须严谨而精准。一个恰当的质押率既能满足企业的资金需求,又能确保金融机构的资金安全,实现双赢。

(三)质押物的管理与风险控制

在动产质押融资的框架内,质押物的管理显得尤为重要,它直接关系着融资活动的安全性与稳定性。金融机构为确保质押物的完好无损,往往会借助第三方监管机构的专业服务。这些机构会对质押物实施持续且严密的监控,确保其数量、品质和价值始终与融资合同中的规定保持一致。此外,金融机构还会设计并实施一系列的风险控制措施,旨在预防和应对可能出现的各种风险情景。例如,通过设置风险预警线,金融机构能够在质押物价值出现大幅波动时及时作出反应;而定期的巡查和评估则有助于发现并解决潜在的问题,从而确保质押物的安全。

(四)质押物的释放与处置流程

当融资期限届满或融资方选择提前偿还融资款项时,这一流程便被正式启动。金融机构会依据事先在合同中明确约定的程序,对质押物进行逐一核查与释放,确保其数量、质量与价值与融资时的状态相符。此过程不仅要求金融机构具备高度的专业性和严谨性,还需严格遵守相关法律法规,以确保各方权益不受损害。若融资方因种种原因无法按时履行还款义务,金融机构则有权根据合同条款对质押物进行合法处置。处置方式可能包括但不限于拍卖、变卖或折价抵偿等,旨在通过合理手段弥补因融资方违约而带来的损失。在这一过程中,金融机构同样需遵循相关法律规定,并充分考虑市场行情与质押物的实际状况,以确保处置的公正性与有效性。

(五)动产质押融资的优缺点分析

动产质押融资作为一种创新的融资模式,其优点显而易见,它赋予了企业更多的融资选择,使其能够充分利用闲置的动产资源,将其转化为流动资金,从而有效缓解资金压力并提升资产利用效率。此外,相较于其他融资方式,动产质押融资通常具有更低的成本,这为企业节省了大量的财务费用,有助于其实现更为稳健与可持续的发展。然而,动产质押融资并非完美无缺。其缺点同样不容忽视,主要体现在质押物的估值、管理及处置等环节存在的风险。由于动产的价值易受市场波动、技术更新等因素影响,因此其估值的准确性往往难以保证。同时,质押物在管理过程中可能面临损坏、丢失等风险,这无疑增加了金融机构的贷款风险。再者,一旦融资方违约,金融机构在处置质押物时可能面临市场接受度低、处置成本高等问题。

三、应收账款融资模式

(一)应收账款融资的运作机制

应收账款融资作为一种独特的融资方式,其核心在于企业利用自身未到期的应收账款作为融资的抵押物或出售给金融机构,从而获取必要的流动资金。这一机制的运作过程具有明确的步骤和逻辑。企业首先需要向金融机构提交与应收账款相关的详尽证明文件,这些文件包括但不限于销售合同、发票、应收账款明细等,旨在全面展示应收账款的真实性和合法性。金融机构在接收到这些文件后,会进行严格的评估和审核工作。评估过程中,金融机构会重点关注应收账款的债务人信用状况、账款金额、到期期限等关键因素,以此来判断应收账款的可靠性和回收风险。审核环节则是对企业提交的所有资料进行综合分析和比对,确保信息的真实性和完整性。基于评估和审核的结果,金融机构会为企业制定相应的融资方案,并提供资金支持。这一融资模式显著缩短了企业的资金回笼周期,使其能够提前回收部分或全部应收账款,从而有效加速资金周转,优化资金结构。

(二) 应收账款的真实性核实与评估

鉴于应收账款作为融资的核心抵押物,其真实性和有效性直接关系着金融机构的贷款安全和风险控制。因此,金融机构在进行这一环节时,会采取多种手段和方法来确保信息的准确无误。具体而言,金融机构会细致审查企业提供的销售合同、发货单、验收单等关键文件。这些文件不仅是验证交易真实性的直接证据,还能够反映出应收账款的产生背景和交易细节。通过对这些文件的逐一核查,金融机构能够初步确认应收账款的真实性。此外,金融机构还会深入挖掘和分析应收账款的债务人信用状况、账龄结构以及历史回款情况等重要信息。债务人信用状况的好坏直接影响应收账款的回收可能性和风险水平,而账龄结构和历史回款情况则能够揭示出应收账款的流动性和回收周期。通过综合评估这些因素,金融机构能够更为准确地把握应收账款的实际价值和潜在风险,从而为后续的融资决策提供坚实的数据支撑。

(三) 融资额度与期限的确定

在应收账款融资过程中,融资额度与期限的确定显得尤为关键,这两个因素直接关系着融资双方的利益与风险分配。金融机构在确定融资额度时,并非简单地依据应收账款的账面金额,而是会进行一系列深入细致的综合考量。其中,应收账款的实际金额无疑是核心因素,但除此之外,应收账款的质量、回款期限以及债务人的信用状况等也会被纳入评估范畴。通过这些综合因素的分析,金融机构能够更准确地评估出应收账款的实际价值,并据此设定合理的融资额度。这一做法旨在确保融资活动的安全性,避免因应收账款高估而引发的潜在风险。与此同时,融资期限的设定同样需要精心策划。金融机构会根据应收账款的回款期限来合理安排融资期限,以确保资金的及时回收和循环利用。

(四) 风险管理与坏账处理策略

鉴于融资活动本身所蕴含的不确定性,金融机构必须建立起一套完善的风险管理体系来加以应对。这一体系通常包括定期评估融资企业的信用状况、实时监测应收账款的回款情况等多个环节。通过这些措施,金融机构能够及时发现并应对潜在风险,从而确保融资活动的稳健进行。然而,即便有了完善的风险管理体系,坏账情况的发生仍然难以完全避免。因此,金融机构还需要制定相应的坏账处理策略来减轻损失。这些策略可能包括采取法律手段追讨欠款、要求融资企业提供额外的担保措施,或者通过资产重组等方式来盘活不良资产。通过这些多元化的处理手段,金融机构能够在最大程度上降低坏账损失,保障自身的合法权益。

四、订单融资模式

(一)订单融资的基本流程

订单融资作为一种依托有效订单进行的融资方式,其流程具有明确的步骤和逻辑,企业作为融资方,首先需要向金融机构递交相关的订单及其详细资料。这些资料包括但不限于订单的详细内容、交易双方的背景信息以及预期的销货款回收计划等,这些都是金融机构评估融资申请的重要依据。金融机构在接收到申请资料后,会进行全面的评估与审核。评估过程中,金融机构将深入剖析订单的商业价值、交易双方的信用状况以及订单执行的风险点,以此来决定融资的可行性和额度。审核环节则是对所有提交的资料进行真实性和完整性的核查,确保融资申请的合规性和有效性。审核通过后,金融机构将与企业签订详细的融资合同,明确双方的权利和义务。随后,金融机构将根据核定的融资额度发放相应的融资款项,为企业提供必要的资金支持。在订单执行期间,金融机构将保持持续的跟踪和监督,确保资金按照既定用途使用,并及时回收;订单完成后,企业需严格按照融资合同的约定进行还款,至此,整个订单融资流程圆满结束。

(二)订单真实性与有效性的确认

金融机构在核实订单信息时,会采取多元化的方法和手段。一方面,金融机构会直接与订单的买方进行沟通,详细确认订单的各项细节,包括但不限于订单的数量、价格、交货期限等关键信息。这种直接的沟通方式有助于揭露潜在的虚假订单或欺诈行为。另一方面,金融机构还会仔细查验与订单相关的各类交易文件。这些文件可能包括销售合同、发货单、运输单据等,它们能够提供关于订单执行的直接证据。通过对这些文件的仔细审查,金融机构可以进一步验证订单的真实性和合法性。此外,对订单双方的交易历史和信用记录进行深入评估也是不可或缺的环节。金融机构会全面分析交易双方过去的合作情况和信用表现,以此来判断订单的真实性和可靠性。同时,金融机构还会关注订单是否符合相关的法律法规和行业标准,确保其具有法律效力和商业可行性。

(三)融资额度与资金用途的监管

在订单融资的实践中,融资额度与资金用途的监管构成了核心的管理环节,金融机构在确定为企业提供融资支持时,必须对融资额度进行精细化的考量,这一考量过程涉及订单的实际金额、企业的历史信用表现、还款能力的评估以及市场环境的动态变化等诸多因素。通过对这些因素的综合分析和权衡,金融机构能够设定一个既满足企业融资需求,又符合自身风险控制要求的合理融资额度。同时,资金用途的监管也是不容忽视的一环。金融机构在发放融资款项后,会采取一系列措施来确保资金能够严格按照合同约定的用途进行使用。这包括但不限于对企业资金账户的监控、定期的资金使用报告审查以及必要的现场检查等。通过这些监管措施,金融机构能够及时发现并纠正任何可能的资金挪用或滥用行为,从而确保融资资金能够在推动企业订单执行和业务发展中发挥最大效用。

(四)订单执行的跟踪与风险控制

金融机构在提供融资服务后,会建立一套完善的跟踪机制,持续监测订单的执行进度和相关风险点。这包括密切关注企业的生产进度、物流配送状况以及买方的支付情况等关键环节。通过实时的数据分析和定期的风险评估,金融机构能够准确把握订单执行的动态变化,及时发现并应对可能出现的风险事件。例如,在订单执行过程中若出现生产延误、物流障碍或买方支付违约等情况,金融机构会迅速与企业进行沟通,并根据实际情况调整融资方案、采取必要的风险控制措施或寻求法律途径来保障自身权益。这种全程跟踪与动态风险控制的机制不仅有助于降低金融机构面临的信用风险和市场风险,还能提高融资服务的整体效率和客户满意度。通过持续优化这一机制,金融机构能够在保障资金安全的同时,更好地促进企业之间的贸易往来和经济发展。

五、信用融资模式

(一)信用融资的核心理念

信用融资作为一种重要的融资方式,其核心理念主要体现在对企业信用状况的重视和依赖上,在这种融资模式下,金融机构将企业的信用状况视为决定融资与否的基础和关键依据。具体而言,金融机构会深入考察并评估企业在过去的经营活动中所展现出的信用历史,包括其履约情况、偿债能力记录等。同时,企业的经营能力、财务状况以及所在行业的市场前景等因素也是评估的重要方面。这些因素综合起来,构成了一个全面反映企业信用状况的评价体系。信用融资的核心理念强调,企业无须提供传统的实物资产,如房产、设备等作为抵押物,而是可以凭借其长期积累的良好信用记录来获得金融机构的资金支持,该理念的实施,不仅有助于降低企业在融资过程中的门槛和成本,更提高了资金获取的效率和灵活性。

(二)信用评估与授信流程

信用评估是金融机构对企业进行全面风险分析的过程,旨在量化企业的信用风险并据此做出合理的融资决策。在这一过程中,金融机构会运用多种专业的信用评估方法,结合定量分析与定性判断,深入剖析企业的经营状况、财务结构以及市场竞争力等关键要素。通过科学、客观的评估,金融机构能够更准确地把握企业的信用状况,为后续的授信活动提供有力支撑。授信流程则是金融机构在信用评估基础上,为企业设定信用额度并做出融资决策的一系列程序。这一流程通常包括资料收集、初步审查、现场调研、综合评估以及最终授信决策等多个步骤。在资料收集阶段,金融机构会要求企业提供详尽的财务报表、经营数据以及其他相关证明材料。初步审查则是对这些资料进行形式上的核查,确保其真实性和完整性。现场调研是金融机构对企业进行实地考察的过程,旨在更直观地了解企业的运营情况和信用环境。综合评估阶段,金融机构会结合信用评估结果和现场调研情况,对企业的信用状况进行全面分析和判断。最终,在授信决策环节,金融机构会基于前述分析,为企业设定合理的信用额度,并做出是否提供融资支持的决定。

(三)融资额度与利率的确定

在信用融资的框架下,融资额度与利率的确定显得尤为重要,它们是金融机构与企业之间融资协议的核心要素。融资额度的设定并非随意而为,而是基于对企业深入全面的信用评估结果。金融机构会仔细考量企业的还款能力、现金流状况以及未来的发展前景,以此来决定可提供的最大融资额度。这一额度的设定旨在确保企业在获得必要资金支持的同时,也能保持良好的偿债能力,从而维护双方的利益。与此同时,利率的确定同样是一个复杂而精细的过程。它受到市场资金成本、企业的信用等级、贷款期限以及金融机构自身的盈利目标等多重因素的共同影响。市场资金成本是制定利率的基础,而企业的信用等级则直接反映了其偿债能力和信誉状况,进而影响利率的高低。贷款期限的长短也会对利率产生影响,一般而言,长期贷款的利率会相对较高。金融机构在综合考虑这些因素后,会为企业量身定制一份个性化的融资方案,其中便包括具体的融资额度和利率。

(四)风险管理与违约处理措施

金融机构深知融资活动所伴随的风险,因此会建立一套完善的风险管理体系来应对各种潜在威胁。这一体系通常包括定期的风险监测、灵敏的风险预警机制以及周密的应急预案。通过这些措施,金融机构能够及时发现并解决可能出现的风险问题,从而确保融资活动的安全性与稳健性。然而,即便有再完善的风险管理体系,也难以完全杜绝违约情况的发生。因此,金融机构还需要准备一系列有效的违约处理措施。这些措施包括但不限于要求企业提前还款以降低风险敞口、降低企业的信用额度以防止进一步的损失、追加担保物以增强债权保障等。在极端情况下,金融机构甚至可能需要采取法律手段来维护自身权益,这些违约处理措施的实施旨在最大限度地降低金融机构因企业违约而遭受的损失,并确保整个信用融资市场的稳定与健康发展。

第三节　电子商务数据驱动的融资模式探索

一、电子商务数据与融资模式的结合点

(一)电商数据的特性与价值

1. 数据的实时性与动态更新

电商数据所具备的实时性和动态更新特性,在金融领域展现出了显著的价值,这类数据能够迅速捕捉市场的微妙变化,为金融机构提供及时、准确的市场情报。实时数据流的不断更新,确保了金融机构所获取的信息始终与市场现状保持同步,从而使其能够在快速变化的市场环境中迅速做出策略调整。例如,在商品销售的高峰期间,电商平台上的实时交易数据能够精确反映各类商品的受欢迎程度和销售趋势。金融机构通过分析这些数据,可以迅速识别出具有潜力的产品或市场细分领域,并据此为相关企业提供更为精准和及时的融资支持。这种基于实时数据的决策模式,不仅提升了金融机构的响应速度,也提升了其把握市场机遇的能力。

2. 数据的全面性与多维度

电商数据的全面性和多维度特性为金融机构提供了深入洞察企业经营状况和风险情况的机会,这种数据不仅覆盖了销售、库存等传统财务指标,还延伸到了用户行为、物流效率等多个非财务领域。这种全方位的数据视角使得金融机构能够更全面地评估企业的运营效率和市场竞争力。同时,多维度数据的交叉比对和验证,也有助于揭示潜在的风险点和机会所在。例如,通过分析用户行为数据,金融机构可以了解消费者对产品的真实需求和偏好,从而更准确地评估企业的市场定位和发展前景。这种基于多维度数据的综合评估方法,不仅增强了风险评估的精确性,也为金融机构制定更为科学合理的融资决

策提供了有力支撑。

3. 数据在融资模式中的潜在价值

在融资模式中,电商数据不仅记录了企业的历史经营情况,更蕴含着未来市场发展的诸多线索。通过深入挖掘和分析这些数据,金融机构有望发现新的融资机会、优化现有的融资产品,甚至开发出全新的基于数据的融资模式。例如,借助先进的大数据分析技术,金融机构可以根据企业的历史销售数据和库存周转情况,构建出精准的预测模型。这些模型不仅能够预测企业未来的资金需求,还可以为其量身定制个性化的融资解决方案。这种基于数据的创新融资模式不仅提升了金融服务的针对性和效率,也为金融机构开辟了新的业务领域和盈利空间。同时,对于企业而言,这种基于数据的融资模式也有助于其更便捷地获取所需资金,从而推动业务的持续发展和创新。

(二)融资模式对电商数据的需求分析

1. 风险评估的数据支持

电商数据以其独特的信息优势,为风险评估提供了强有力的数据支持,通过深入分析销售数据、用户评价以及退换货率等关键指标,金融机构能够更精确地洞察企业的运营状态、市场定位及产品竞争力。这些数据信息不仅反映了企业当前的经营状况,更在一定程度上预示了其未来的发展趋势和潜在风险。因此,借助电商数据进行风险评估,金融机构能够更准确地判断企业的信用风险水平,进而制定出更为合理的融资条件和风险控制策略。这种基于数据的评估方法不仅增强了风险评估的准确性和有效性,也为金融机构在复杂多变的市场环境中稳健经营提供了有力保障。

2. 融资额度的数据依据

确定融资额度是融资决策中至关重要的一环,它直接关系着资金使用的效率和安全性,通过分析企业的历史销售数据,金融机构可以了解其销售能力的稳定性和增长潜力,从而合理预估其未来的资金需求。同时,考察库存周转情况有助于评估企业的运营效率和资金周转速度,进一步揭示其对资金的需求紧迫性。此外,市场趋势的分析则有助于预测行业未来的发展方向和竞争格局,为金融机构确定融资额度提供更为宏观的视角。综合这些数据信息,金融机构能够更科学地设定融资额度,确保在满足企业资金需求的同时,也保障资金的安全性和效益性。

3. 还款能力的数据预测

还款能力的评估是融资决策中的核心环节,直接关系着金融机构的资产质量和风险控制水平,电商数据中的销售趋势和用户行为等信息为还款能力的预测提供了有力支持。销售趋势反映了企业产品或服务的市场需求和变化趋势，是预测未来现金流的重要依据。而用户行为数据则揭示了消费者的购买偏好、消费习惯以及忠诚度等信息，有助于金融机构更深入地了解企业的市场地位和盈利能力。通过构建基于这些数据的预测模型，金融机构能够更准确地评估融资项目的风险与收益水平，从而做出更为明智的融资决策。相较于传统的信用评估方法，这种基于数据的预测方式更为客观、准确且具备前瞻性，有助于金融机构在激烈的市场竞争中保持领先地位。

二、数据驱动下的融资决策流程优化

（一）传统融资决策流程的痛点分析

1. 信息不对称问题

在融资过程中，借款方与贷款方之间的信息不平衡往往导致决策失误，借款方可能拥有更多关于自身经营状况和未来发展前景的内部信息，而这些信息可能并未完全披露给贷款方。这种信息不对称使得贷款方在评估融资项目时难以做出准确判断，增加了信贷风险。此外，市场环境的变化也可能导致信息的不对称，贷款方难以及时获取和更新借款方的最新信息，从而影响融资决策的有效性。

2. 决策效率低下

传统融资决策流程的另一个痛点是决策效率低下，主要体现在两个方面：一是信息收集和分析的时间成本较高，贷款方需要花费大量时间和精力去搜集、整理和分析借款方的相关信息，以评估其信用状况和还款能力；二是决策流程烦琐，涉及多个部门和层级，导致决策周期延长。这种低效率不仅影响了金融机构的业务拓展能力，还可能使金融机构错失市场机遇，降低整体竞争力。

3. 风险识别能力有限

风险识别能力有限也是传统融资决策流程面临的一个重要问题，由于市场环境的多变性和复杂性，以及借款方可能存在的道德风险和操作风险，金融机构在识别潜在风险方面面临巨大挑战。传统的风险评估方法往往依赖于历史数据和静态模型，难以准确预测未来风险。此外，金融机构内部的风险管理体系也可能存在漏洞和不足，导致风险识别不及时或不准确。

（二）数据驱动对融资决策流程的影响

1. 提高信息的透明度与准确性

数据驱动显著提高了融资决策流程中的信息透明度和准确性，通过大数据技术的运用,金融机构能够实时获取、整合和分析来自多个渠道的数据,包括企业的财务报表、市场动态、用户反馈等。这种全方位的数据收集和分析使得借款方的信息更加全面、真实和可信,从而有效减少了信息不对称问题。数据驱动的方法不仅能够帮助金融机构更准确地评估借款方的信用状况和还款能力,还能够及时发现潜在的风险点,为融资决策提供更加可靠的依据。

2. 实现快速决策与响应

数据驱动对融资决策流程的另一个显著影响是实现了快速决策与响应,传统的融资决策流程往往烦琐而耗时,而数据驱动的方法则通过自动化和智能化的数据分析工具,大大简化了决策流程。金融机构可以利用预先设定的算法和模型,对收集到的数据进行快速处理和分析,从而迅速得出决策结果。这种快速决策的能力不仅提高了金融机构的工作效率,还使其能够更及时地抓住市场机遇,对外部环境的变化做出迅速响应。

3. 提升风险识别与预警能力

驱动还显著提升了金融机构在融资决策中的风险识别与预警能力,通过大数据和机器学习等技术的结合应用,金融机构可以构建更为精准的风险评估模型,实现对潜在风险的实时监测和预警。这些模型能够基于历史数据和当前市场动态,预测借款方未来的信用表现和还款能力变化趋势,从而帮助金融机构提前识别并应对可能的风险事件。这种基于数据的风险识别方法不仅提高了风险管理的效率和准确性,还为金融机构的稳健经营提供了有力保障。

(三)优化后的融资决策流程设计

1. 数据收集与整合环节

在优化后的融资决策流程中,数据收集与整合环节是基石,此环节要求全面、系统地搜集与融资项目相关的各类数据,包括但不限于企业财务数据、市场数据、用户行为数据等。数据的来源应多元化,确保信息的广泛性和客观性。同时,数据整合工作也至关重要,它需要将不同来源、不同格式的数据进行清洗、转换和标准化,以形成一个统一、可用的数据集,为后续的数据分析与评估提供坚实基础。

2. 数据分析与评估环节

数据分析与评估环节是优化后融资决策流程的核心,在这一环节中,需要运用先进的数据分析技术,如机器学习、数据挖掘等,对整合后的数据进行深入探索。目的是发现数据间的关联规则、预测趋势,并评估融资项目的风险与收益。此外,该环节还应包括对借款方的信用评估、还款能力预测以及市场风险分析等内容,以确保融资决策的科学性和准确性。

3. 决策制定与执行环节

决策制定与执行环节是将数据分析结果转化为实际行动的关键步骤,在此环节中,金融机构需根据数据分析与评估的结果,结合自身的风险承受能力和业务发展战略,制定出具体的融资决策。决策应包括融资额度、融资期限、利率等关键要素。一旦决策确定,就需高效执行,确保资金能够及时、准确地投放到位,满足借款方的资金需求。

4. 反馈与调整机制

反馈与调整机制是优化后融资决策流程的闭环环节,在执行融资决策后,金融机构需要建立有效的监控和反馈系统,实时跟踪融资项目的执行情况,评估决策效果。若发现实际情况与预期存在偏差,或市场环境发生变化,就应及时调整融资策略,以控制风险并优化收益。此外,反馈机制还能帮助金融机构不断学习和总结,提升未来融资决策的质量和效率。

三、电商数据驱动下的供应链融资创新

(一)电商数据在供应链融资中的应用价值

随着电子商务的迅猛发展,电商数据已成为金融机构评估供应链状况与融资需求的重要依据。通过深入挖掘和分析电商交易数据、用户评价以及物流信息等多元化数据,金融机构能够更为精确地掌握供应链各环节的实际运作情况。这种数据的细致分析不仅有助于评估供应链的整体稳定性和运营效率,而且为金融机构提供了企业融资需求的真实、可靠依据。更为关键的是,基于电商数据的分析还能有效预测未来的销售动向和现金流状况,从而为金融机构制定更为合理的融资策略和风险控制措施提供有力支持。此外,电商数据具有实时更新的特性,这保证了金融机构能够及时获取最新的市场信息,进而快速响应市场变化,为供应链中的各类企业提供及时、有效的融资支持,进一步促进供应链的流畅运作和整体效率的提升。

(二)基于电商数据的供应链融资模式创新

基于电商数据的供应链融资模式正在经历前所未有的创新,传统的供应链融资模式往往依赖于核心企业的信用背书来进行风险评估和融资决策。然而,随着电商数据的广泛应用,金融机构得以更加全面地了解和评估整个供应链的信用状况,从而打破了传统模式的局限。例如,金融机构现在可以通过深入分析供应链上下游企业的交易数据,来精确掌握各环节的资金流、物流和信息流情况。基于这些数据,金融机构能够开发出更为灵活多样的融资产品,如

预付账款融资、存货融资等,以满足不同企业的实际融资需求。

(三)供应链融资风险管理与控制策略

在电商数据的驱动下,供应链融资的风险管理与控制策略得到了显著的提升和完善,通过对电商数据进行实时监控和深度分析,金融机构能够及时发现供应链中可能出现的异常情况,如销售量的突然下滑、库存的异常积压等,从而迅速采取相应的风险控制措施来规避潜在风险。此外,基于电商数据构建的信用评估模型也为金融机构提供了更为精准的风险预警机制。这些模型能够识别出供应链中的薄弱环节和潜在风险点,帮助金融机构制定更为有效的风险防范和应对策略。通过这些策略的实施,金融机构不仅能够有效降低信贷风险,还能确保供应链融资业务的稳健发展,为整个供应链的持续稳定运行提供有力保障。

四、客户行为数据在融资模式中的应用

(一)客户行为数据的收集与处理技术

客户行为数据的收集在构建有效的融资模式中扮演着基石的角色,为实现这一目标,需要综合运用多种先进的技术手段。网络爬虫技术在这一过程中发挥着关键作用,它能够自动化地抓取用户在电商平台上的各种行为数据,如浏览记录、搜索历史以及购买信息等。此外,API接口的应用也进一步丰富了数据来源,通过与电商平台的数据接口对接,可以直接获取到更为准确和全面的用户行为数据。然而,数据的收集仅仅是第一步,数据的清洗和预处理同样重要。这一阶段涉及去除重复数据以确保信息的唯一性,填补缺失值以提升数据的完整性,以及转换数据格式以适应后续分析的需要。这些步骤对于保证数据的质量和可用性至关重要。在数据预处理的基础上,数据挖掘和机器学习技术的运用能够进一步挖掘客户行为数据中的深层信息,通过这些技术,可以发现数据间的潜在关联和规律,从而为后续的信用评估和融资方案设计提供更为精准的数据支持。

(二)客户行为特征分析与信用评估关联

客户行为特征分析在连接客户数据与信用评估之间起了至关重要的作用,深入剖析客户的购买频率、消费金额以及商品偏好等行为特征,不仅能够帮助更全面地理解客户的消费习惯,还能揭示其背后的经济实力和信用状况。例如,一个频繁购买高价值商品的客户,往往意味着其具有较强的购买力和稳定的经济基础,这可能预示着更高的信用等级。相反,购买行为较为保守或波

动的客户,则可能在信用评估中得分较低。同时,这些行为特征并不是孤立的,它们可以与其他传统的信用评估指标,如征信记录和收入情况,进行有机融合。通过这种多维度、全方位的评估方法,可以构建出一个更为全面和准确的信用评估体系。

(三)基于客户行为数据的个性化融资方案设计

基于客户行为数据的个性化融资方案设计,在现代金融服务中显得愈发重要,这种方案设计的核心在于,通过对客户行为数据的深入分析,精准地把握客户的资金需求和风险承受能力,从而为其量身打造符合其特性和需求的融资方案。例如,对于那些购买力强、信用历史清白的客户,金融机构可以提供更高额度的融资服务,以满足其更大的资金需求,同时体现了对这些优质客户的信任和认可。而对于那些消费习惯偏保守、风险厌恶型的客户,金融机构则可以设计更为稳健、风险较低的融资方案,以确保其资金安全并满足其稳定的投资回报期望。这种个性化的融资方案设计,不仅显著提升了客户的满意度和忠诚度,还有助于金融机构更加合理地优化资源配置,降低因信息不对称或客户风险评估不准确而带来的信贷风险。

(四)客户行为数据在融资风险控制中的作用

通过实时监控和分析客户的行为数据,金融机构能够敏锐地捕捉到任何异常情况的蛛丝马迹。例如,消费模式的突然转变或购买力的显著下滑,这些都可能是客户信用风险上升的警示信号。基于这些实时、动态的数据,金融机构得以迅速调整其融资策略,如适度降低融资额度、上调利率等,以有效地控制潜在风险,防止损失扩大。此外,客户行为数据还可用于深入评估融资项目的后续表现,为金融机构提供及时的风险预警和决策支持,从而确保其融资业务能在安全、稳健的轨道上持续运行。这种以数据为驱动的融资风险控制方法,不仅提升了金融机构的风险管理水平,也为其在复杂多变的市场环境中保持竞争优势提供了有力保障。

第四节　电子商务环境下供应链金融的实践分析

一、基于电商平台的跨境供应链金融

基于电商平台的跨境供应链金融是以跨境电商平台为核心企业,依托于跨境电商平台的信用体系完成买卖双方与银行等金融机构等的信用等级评级,对各参与主体的相关信息进行透明共享,进而实现商流、资金流、物流和信

息流的四流合一的过程,并在跨境电商平台上进行监督与管理的一种金融服务模式。跨境金融模式与传统以融资为核心的供应链模式不同,它是以企业的交易过程为核心。跨境供应链金融是互联网供应链金融的进一步发展与演化升级,即"N+I+M"模式,是多个资金供应者对平台商提供资金,平台商对多个平台企业提供贷款。在最近几年里,国内的部分大型电商平台都陆续加入了跨境供应链金融,例如阿里巴巴、淘宝、天猫、京东和苏宁等电商平台。

跨境供应链金融将跨境电商平台作为核心企业,是将众多的供应链参与企业的相关信息(企业基础信息、财务运营、信用等级、运营规模等信息)反映到平台上,针对融资企业需求提供相应的服务。在跨境供应链金融中,参与主体主要包括供应商企业、跨境电商平台、购买商、物流企业和银行等金融机构,各参与主体在供应链中的作用如表2-4-1所示。

表2-4-1 跨境供应链金融各参与主体作用分析表

参与主体	作用
供应商企业	有资金需求,通过平台交易获得信贷支持供应链运行的基础,整合相关信息,挖掘客户,控制风险
跨境电商平台	融通资金(让资金在供应链中流动以获得资金增值),信用等级评价,控制风险,进行财务优化
购买商	流通资金与货物
物流企业	信息提供,提供一定的仓储服务,完成货物的运输配送
银行等金融机构	提供资金,进行融资、理财等相应服务

二、电商环境下的跨境供应链金融模式

(一)跨境供应链金融 B2B 模式流程

以电商平台为核心的跨境供应链金融交易中,由跨境电商平台自身提供保理业务,这可以在很大程度上减少融资企业的融资手续与耗时,但也将一部分的风险转移到了跨境电商平台中。具体的模式流程图如图2-4-1所示。

跨境供应链金融以跨境电商平台为核心银企合作的 B2B 模式出口贸易流程具体如下:

(1)采购代理,下订单。海外销售商在跨境电商平台上下达货物订单,由跨境电商平台作为代理商与国内供应商完成生产等的洽谈协商合作。跨境电商平台也可为购买商企业提供保理业务。

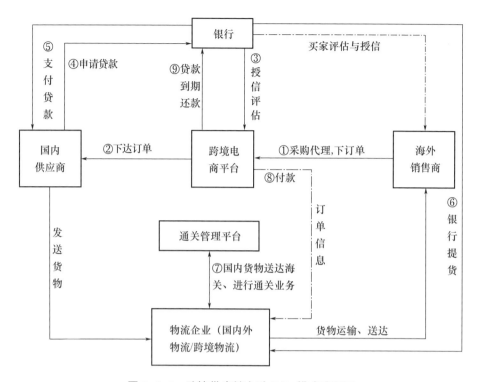

图 2-4-1　跨境供应链金融 B2B 模式流程图

（2）下达订单。跨境电商平台根据境外销售商的订单要求向与平台或银行合作的国内供应商下订单。

（3）授信评估。银行根据跨境电商平台的运营状况、财务现状以及债务状况、合作企业等做出最终的信用评级，再决定合作与否。对可以合作的跨境电商平台授信，并对海外销售商做出相应的信用评估。购买商企业也可在跨境电商平台上进行保理业务，从而获得融资资金。

（4）申请贷款。国内供应商向上述步骤中的银行进行申请贷款。

（5）支付贷款。银行根据国内供应商的运营状况、财务现状以及债务状况、合作企业等做出的信用评级，企业合格后银行同意并支付贷款，供应商企业将货权转交给银行。

（6）银行提货单。银行将提货单等凭据发送给物流企业，物流企业凭据提取货物并根据要求安排运输方式与途径，并在通过海关后完成运输与配送。

（7）国内货物送达海关、进行通关业务。物流企业将货物运送至海关，进行海关审核，海关放行后运送至海关监管仓，等待盖有属地海关验讫章的海运提单或其复印件无误发放后，在已换单的正本提单上加盖放行章交收货人凭证提取货物,由物流企业继续进行货物的运输与配送。

(8)付款。收到货物,检审合格后,海外销售商向跨境电商平台付款。收到境外销售商以及国内供货商的货物售后的反馈信息,完成交易订单。

(9)贷款到期还贷。跨境电商根据海外销售商传来的信息,在贷款到期之前,根据合同支付所有贷款到银行。除此之外,购买商企业无法按时足额还款,则由跨境电商平台企业按保理合同还款,而企业的相关应收账款则归跨境电商平台。

跨境电商平台通过提供保理服务,可以显著提升其在供应链中的核心地位。这种服务使得与之合作的银行等资金供应方的风险在一定程度上得到降低。尽管跨境电商平台自身承担的风险可能有所增加,但随着保理业务的推进,其收益也会相应提升。此外,这一模式还能简化交易流程,消除与其他保理企业合作的必要性,从而提高融资效率。在供应链中,银行提供的资金支持对电商平台而言是至关重要的,它能有效缓解平台的资金压力,进而增强整个供应链的稳定性。然而,跨境电商平台与境外银行建立长期稳定的合作关系并非易事。这主要是因为,通常只有大宗商品交易才需要银行提供大额资金,而这类交易涉及的银行数量有限,且受多种因素影响,合作难度较大。

(二)跨境供应链金融 B2B 模式的系统动力学模型

1. 跨境供应链金融 B28 模式的因果回路图

根据图 2-4-2 的因果回路图,购买商在跨境电商平台下订单,订单增长推动企业生产量提升。供应商在接收订单后向平台申请融资,平台则基于初始交易信用数据评估其信用等级,随后由平台或合作银行提供贷款。随着生产量的提升,物流企业的货运量也相应增加,进而提高其经营效益,促使其提升管理水平和物流能力。物流企业在运输方式和过程管理上的优化,可形成其独特的竞争优势,提升与跨境电商平台合作时的议价能力。货运量的增长意味着海关通关服务需求的提升。高效的海关通关流程,如缩短监管仓的监管时间,可提升通关效率,使商品更快投入市场,从而提高销售量和收入。快速投入市场不仅能抢占先机,减少竞争,还能降低货物囤积风险。跨境电商平台现金流的增加有助于提升其运营和盈利能力,进一步刺激订单量的增长,然而,订单量的激增可能超出平台的运营能力,导致交易完成量下降。因此,为应对潜在的订单增长,跨境电商平台需持续提升其运营和管理水平,同时加强品牌建设,以增强整体竞争力。

2. B2B 模式的 SD 流图

从 B2B 模式的流程图来看,物流企业的库存水平是由货物入库率和出库

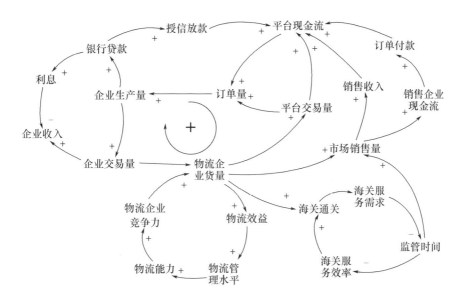

图 2-4-2 跨境供应链金融 B2B 模式因果回路图

率共同决定的。其中,入库率受到多个因素的影响,包括库存调整时间、库存偏差、供应商库存状况以及生产周期,而订购量则与货物入库率紧密相关。在跨境电商平台上,购买商下达并支付订单后,平台会将这些订单转发给相应的供应商。对于大宗交易的供应商而言,他们可以通过与平台合作的银行申请贷款,银行则依据电商平台提供的信用数据来审批和发放贷款。供应商在接收到订单信息后,会按照要求将货物交付给物流企业,再由物流企业负责将货物运送至购买商。市场销售量与库存状况及市场价格密切相关。由于不同货币之间的汇率波动,市场价格也会随之发生变化。而销售收入则不仅受市场价格和销售量的影响,还与关税税率有关。在跨境供应链金融中,跨境电商平台的现金流量是一个至关重要的指标。平台的现金流来源多样,包括银行贷款、销售收入以及订单付款等。这些现金流共同构成了平台运营和发展的基础。

三、跨境供应链金融各参与主体效益分析

(一)跨境电商平台收益探析

随着金融全球化与供应链金融的深入推进,跨境贸易市场呈现辐射式扩展态势,企业在供应链中的核心链差日益凸显。跨境电商平台,作为跨境供应链金融的核心,其运营状况直接关乎供应链的完整性和整体效益。一旦平

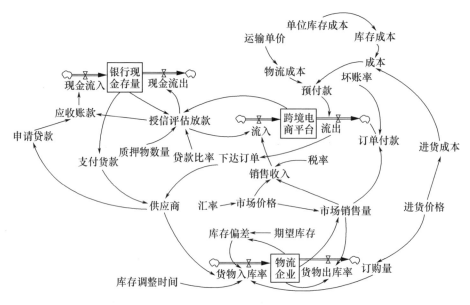

图 2-4-3　B2B 模式的 SD 流图

台出现问题,整个供应链将面临瘫痪风险,凸显了跨境电商平台在供应链风险中的核心地位。融入跨境电商平台的供应链不仅增强了资金流动性,还提升了企业融资效率。平台通过持续优化运营能力、信息处理及后台管理体系,显著降低了因信息不对称和商业欺诈引发的坏账及运营风险。随着平台知名度和品牌影响力的提升,更多商家和企业将入驻平台,消费者黏性也将随之增强,从而推动交易量和平台收益的增长。在跨境电商平台注册的企业,其信用数据将被平台收集整理并进行信用评级,以降低企业融资门槛,提高融资效率和交易量。贷款业务的加速处理有助于减少在途库存,加快资金回笼,从而提升企业的核心竞争力,并优化供应链企业间的关系,实现互利共赢。此外,跨境电商平台还为购买商和供应商提供保理服务,通过收取利息增加收入。虽然平台面临企业无法按时还款的坏账风险,但高风险往往伴随着高收益,为平台带来更多盈利机会。

(二)供应商等融资企业收益探析

当前,中小企业融资难题亟待解决。跨境电商平台中的小贷业务以及基于平台信用数据的银行信贷业务,为这一问题提供了有效的解决路径。这些方法显著降低了企业融资的门槛,增强了融资的可及性。在跨境供应链金融的框架下,企业融资门槛的降低直接提升了融资效率,加速了资金流转,从而增加了企业的收益。电商平台小贷等创新型融资方式的涌现,为中小企业的成长、升级与转型开辟了新的道路。这些融资方式不仅大幅提升了中小企业的运营效率和偿债能力,还在推动企业规模扩张的同时,实现了收益的增长。更为重要的是,它们对供应链整体的质量与效益也产生了积极的推动作用。随着融资方式的持续改进和融资平台的日益增多,中小企业的创立和发展得到了有力的支持,这也在一定程度上抑制了垄断企业的形成,降低了供应链的整体风险。此外,在进出口贸易中,供应商和购买商通常会选择办理保理业务,以为自身的交易提供保障。当企业面临无法付款的困境时,其应收账款等资产可以依据合同规定转移给保理商,从而减轻企业的资金压力,保障其经营的稳定性。

(三)物流企业收益探析

随着跨境供应链金融的蓬勃发展,物流行业迎来了前所未有的机遇,同时也面临着更高的挑战。物流企业在与跨境电商平台携手合作的过程中,不仅受其调配与监督,更需依据订单详情来精准地安排运输、配送及监管环节,从而在供应链中稳固获取收益。然而,跨境贸易的物流运输不仅涉及国内物流企业,更要求物流企业具备开展跨境业务的能力。在跨境物流中,商品必须通过海关的严格检验检疫及监管仓的监管,这无疑增加了物流的耗时。因此,物流企业在运输方式的选择、后台管理能力的提升方面亟待改进。同时,跨境电商平台订单量庞大且配送地点各异,导致大量货物需进行仓储及相关管理,这在一定程度上影响了物流企业的效益。为了提升效益,物流企业正致力于优化后台管理体系、扩大运输规模、调整运输方式及配送路径,力求降低成本。值得一提的是,在诸如"双十一""女生节"等大型促销活动期间,物流企业会迎来订单量的激增,从而为其带来可观的收益。这种周期性的订单增长,不仅检验了物流企业的应对能力,也为其带来了显著的经济效益。

(四)银行收益探析

商业银行与跨境电商平台之间建立了稳固的合作关系,银行为平台内的企业提供金融借贷服务,并通过这些服务收取利息和其他费用,以促进自身的持续发展。在交易流程中,银行不仅获得了显著的经济收益,还获取了融资企业的相关信息,并将其储存为宝贵的客户资源。这种合作模式既降低了银行所承担的风险,又完善了其信用评价体系。首先,通过与跨境电商平台的合作,银行得以利用平台进行自身宣传,从而提升知名度,扩大影响力,显著增强其在同行业中的竞争优势。其次,跨境电商平台汇聚了丰富的企业资源,商业银行借此合作机会能够接触大量的潜在客户,从而大幅提高借贷交易量,并在实现可观收益的同时,进一步完善其金融服务体系。再者,借助跨境电商平台和自身先进的大数据处理系统,银行能够迅速筛选和审核客户企业,这不仅加快了收益的实现速度,还有效地规避了部分借贷融资风险。最后,通过为供应链中的企业提供金融服务,银行与供应链之间的联系更加紧密,相互依赖程度也得以加深。在跨境供应链金融中,商业银行的服务范围扩展至全球企业,且依赖于平台提供的信用信息,这不仅提高了融资业务的效率,还有效地降低了风险,使银行的收益能够在合理范围内实现最大化。

四、基于电子商务平台的供应链金融案例分析

(一)阿里巴巴供应链金融的融资模式分析

1. 阿里供应链金融的发展概况

(1)阿里巴巴产业生态的发展历程

阿里巴巴集团是中国最大的电子商务企业。集团经营多个领先的网上及移动平台,旗下业务 9 个,关联企业 2 个,分别是:阿里巴巴国际交易市场、1688、全球速卖通、淘宝网、天猫、聚划算、一淘、阿里云计算、支付宝,其中菜鸟网络为关联企业。阿里巴巴的业务结构如表 2-4-1 所示:

表 2-4-1　阿里巴巴业务结构图

核心商业	阿里云	数字媒体与娱乐	创新业务
淘宝网			
盒马生鲜			
天猫		优酷 UC 浏览器 土豆 阿里体育 阿里音乐 阿里游戏 大麦 天猫 TV	
银泰商业			
聚划算			高德地图 YUNOS(手机) 钉钉
阿里巴巴中国站	阿里云		
农村淘宝			
阿里巴巴国际站			
天猫超市			
菜鸟			
阿里妈妈			
全球速卖通			

1999 年,阿里巴巴在杭州成立,打造全球/国内批发贸易平台。2003 年,阿里创立了淘宝网,进军 C2C 电商市场。2004 年,阿里创立阿里旺旺和支付宝,极大地强化了平台基础设施。2006 年,阿里巴巴收购口碑网,开始在分类信息领域开展业务。2007 年,阿里巴巴联合中国建设银行、中国工商银行推出了中小企业贷款,与银行合作一起为中小企业建立信用评价体系和信用数据库。2008 年,阿里巴巴创立淘宝商城(2012 年改名天猫),开拓 B2C 业务。2009 年,阿里巴巴推出首款云计算业务,命名阿里云。2010 年,阿里巴巴推出手机淘宝,为阿里巴巴电商移动化迈出关键一步。2013 年,阿里巴巴推出菜鸟物流,菜鸟物流的目标是打造全国范围内任一地区实现 24 小时送达的商业基础设施。2016 年,阿里巴巴提出了新零售概念,通过内生和外延持续在新零售领域不断布局。阿里巴巴发展史如图 2-4-4 所示。

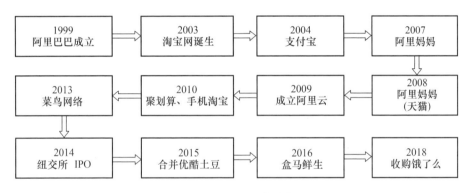

图 2-4-4　阿里发展史

2. 阿里巴巴金融服务的发展历程

(1)起步尝试阶段。2002 年,阿里巴巴推出了诚信通服务,为平台交易企业创建信用档案并公开展示。基于这些档案,阿里巴巴进一步推出了"诚信通指数",该指数根据商家的交易信息和经营状况来评价其信用状况。随着淘宝网的推出和支付宝的成立,阿里巴巴的电商业务迅速扩张,信用数据库也日益庞大。这一时期,阿里巴巴开始与银行合作,利用其丰富的企业信用信息为银行提供贷款决策的参考,该合作模式不仅为阿里巴巴发展供应链金融打下了基础,也标志着其金融业务的初步探索。

(2)自我探索阶段。由于银行贷款审批流程烦琐、放款慢,且阿里巴巴在贷款决策中缺乏主动权,阿里巴巴决定终止与银行的合作。2010 年,阿里巴巴成立了小额贷款公司,开始利用自有资金为平台上的小微企业提供快速、无抵押的贷款服务。随着支付宝获得支付业务许可证,以及众安在线财产保险公司的成立,阿里巴巴在金融领域的布局日渐完善,为其后续金融构架的形成奠定了基础。

（3）正式确立阶段。经过一系列战略调整和组织构架优化,阿里巴巴在2014年成立了蚂蚁金服,蚂蚁金服以支付宝为核心,致力于通过科技创新为小微企业提供普惠金融服务。除了继续运营小额贷款公司外,蚂蚁金服还成立了网商银行,进一步拓宽了其金融服务范围,这一阶段的发展为阿里巴巴在金融领域的确立了重要地位。

（二）阿里巴巴供应链金融的融资模式

1. 阿里巴巴一达通贷款

（1）一达通流水贷。一达通流水贷,作为一达通与中国银行等多家知名银行共同推出的融资产品服务,专为平台上的供应商提供资金支持。此服务要求供应商必须在一达通平台上完成至少半年的交易记录,以便平台能够基于这些交易数据对供应商的信用状况进行全面评估。在此机制下,供应商的出口额度可转化为授信额度,使其在申请贷款时无须提供抵押或担保,便可在线上完成融资贷款的申请与还款流程。具体流程见图2-4-5所示。

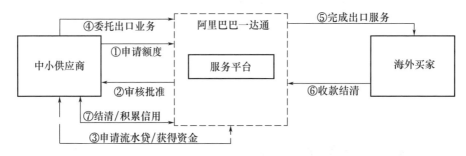

图2-4-5 一达通流水贷的具体流程

具体而言,阿里巴巴一达通平台上的中小供应商需通过在平台上积累至少半年的交易历史来构建信用记录。随后,这些供应商可依据自身信用状况向一达通平台申请贷款额度。阿里巴巴一达通会严格审核供应商的信用情况,并据此审批相应的贷款额度。一旦额度获批,供应商便可在需要时提交流水贷申请以获取所需资金。同时,这些供应商也会将出口业务委托给阿里巴巴一达通平台,由其负责将货物出口至海外买家并收取货款。最终,阿里巴巴一达通平台会与供应商进行货款和贷款的结算,并将整个交易过程中的数据纳入信用评价体系,以供未来参考。

（2）E-Credit Line。E-Credit Line（ECT）,亦被称作赊销贷,是阿里巴巴针对一达通平台上的中国供应商与海外买家之间的商品采购活动所推出的一项融资服务。当海外买家在采购过程中面临资金需求时,阿里巴巴可联合外资银行,基于平台上的交易信息,为这些买家提供融资解决方案。这些交易信息,经过阿里巴巴的系统处理和分析,转化为具有参考价值的信用信息。一旦海外买家提出融资申请,阿里巴巴便会将其信用信息提交至买家所在国家的金融机构,从而协助买家实现先购货、后根据销售进度分期偿还贷款的便利。整个操作流程如图 2-4-6 所详细展示,不仅提高了融资效率,还通过信用信息的透明化,增强了金融交易的安全性和可靠性。

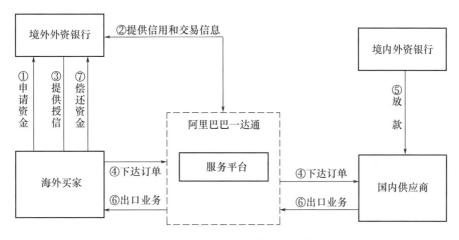

图 2-4-6　ECT 贷款的具体流程

（3）信用保障融资。信用保障融资,亦被业界称为尾款融资,是阿里巴巴基于其深度评估的供应商信用状况所提供的一项创新性融资服务。该服务允许供应商在接收订单后,就订单的尾款部分进行融资申请。在常规的采购流程中,采购商通常会在采购初期支付给供应商约 40% 的货款,而剩余的 60% 货款则可能因各种因素无法及时到账。在此背景下,信用保障融资服务应运而生,为供应商提供了一个便捷的解决方案。供应商可凭借有效订单在阿里巴巴平台上快速申请到剩余货款的融资,以确保订单生产的顺利进行和备货的及时性。值得一提的是,该融资产品的申请流程极为简便高效。供应商无须提交繁杂的证明材料,亦无须提供抵押或担保。整个融资申请过程由系统自动化审批,大大提高了审批效率和融资成功率。此外,随着供应商在平台上融资活动的不断积累,其信用保障额度也将相应提升,为供应商未来更大规模的融资需求奠定了坚实基础。具体业务流程如图 2-4-7 所示,详细展示了从融资申请到资金放款的每一个环节,为供应商提供了清晰明确的操作指南。

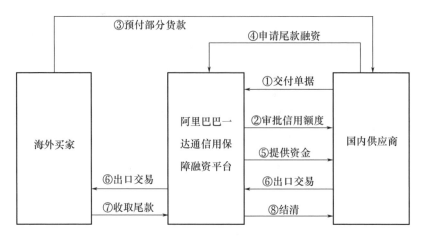

图 2-4-7　信用保障融资的具体流程

2. 淘宝(天猫)信用贷款

淘宝(天猫)信用贷款,乃是阿里巴巴集团依据淘宝与天猫平台商家的综合运营状况,为其提供的贷款信用额度服务。商家可根据自身需求,选择固定贷款或循环贷款两种模式。固定贷款即阿里巴巴根据商家的授信额度,一次性全额发放贷款;而循环贷款则允许商家在授信额度内,进行多次的借款与还款操作,灵活度更高。阿里巴巴所研发的信贷系统,能够智能化地根据平台上小微企业的实时交易数据进行贷款审核,极大地提升了审核效率。因此,商家从申请至资金到账,仅需3~5分钟,显著缩短了等待时间,为小微企业的资金周转提供了极大的便利。具体流程如图 2-4-8 所示。

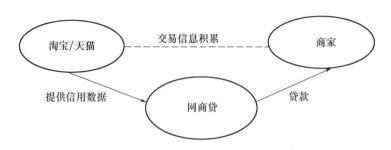

图 2-4-8　淘宝(天猫)信用贷款的具体流程

淘宝(天猫)信用贷款的具体分类如下。

表2-4-3　淘宝(天猫)信用贷款分类

	3个月短期贷款	6个月随借随还	12个月等额本金
贷款额度:	系统授信+人工提额	系统授信+人工提额	系统授信+人工提额
贷款期限:	3个月	6个月	12个月
计息方式:	按日计息	按日计息	按日计息
贷款利率:	0.05%/天	0.06%/天	0.06%/天
还款方式:	系统自动还款	随借随还	每月还本金和利息
申请入口:	淘宝贷款卖家后台	淘宝贷款卖家后台	淘宝贷款卖家后台

申请流程如图2-4-9所示。

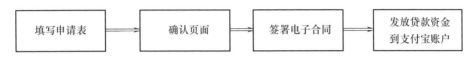

图2-4-9　淘宝(天猫)信用贷款的申请流程

3. 淘宝(天猫)订单贷款

淘宝(天猫)订单贷款是淘宝(天猫)平台通过审核平台上商家的信用和交易情况后,对其已经发货但是没有收到货款的订单提供的融资。每年的销售旺季特别是"双十一"的时候,淘宝(天猫)卖家会出现大量已发货但是没有收到货款的订单,而这时他们又需要资金进行采购,就会面临资金短缺。淘宝(天猫)订单贷款就可以帮助商家解决上述资金短缺的问题,商家可以依据销售的订单申请贷款,在收到货款后清偿贷款,解决资金周转困难的问题。具体流程如图2-4-10所示。

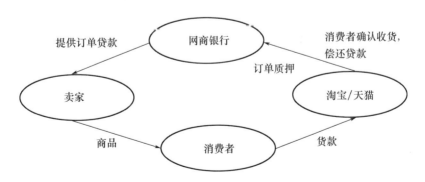

图2-4-10　淘宝(天猫)订单贷款的具体流程

4.聚划算专项贷款

聚划算专项贷款是阿里巴巴为参与聚划算活动的商家提供的一项融资产品。在聚划算促销期间,往往也是销售订单迅速增加的时候。而且,参与聚划算活动需要进行大量的备货,竞拍活动坑位,还要缴纳一定的保证金。这些支出都有可能使商家面临资金短缺的问题,阿里巴巴针对这些场景为参与聚划算的商家提供了信用贷款、保证金贷款和订单贷款。具体流程如图 2-4-11 所示。

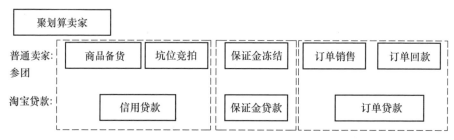

图 2-4-11 聚划算专项贷款具体流程

网商银行的供应链融资有"自保理"和"回款宝"两类产品,两类产品的融资模式分析如下。

(1)自保理。自保理服务,由蚂蚁金服的全资子公司商融(上海)商业保理有限公司负责提供,该服务依赖于浙江网商银行的先进技术,旨在为采购商打造高效的自保理解决方案。通过自保理,采购商能够显著提升其供应链管理效率,进而增强行业竞争力。同时,这一服务也为企业供应商带来了全流程在线的收款体验,大大简化了传统的收款流程。目前,自保理服务主要针对部分优质的采购商开放,诸如天猫的 KA 商家或国内其他知名企业。采购商在享受此项服务时,无须准备烦琐的材料。只需确保其对应的供应商已完成企业或个人支付宝账号的注册(该账号必须通过实名认证并绑定有效手机号码,同时需准备好相应的收款银行账户)。一旦完成这些准备步骤,供应商便可通过登录网商银行,在线完成提款操作,从而极大地提高了资金流转的效率和便捷性。自保理的产品流程如图 2-4-12 所示。

(2)回款宝。回款宝服务,是由蚂蚁金服的全资子公司商融(上海)商业保理有限公司推出的一项创新金融服务。该服务以供应商对采购商的应收账款为基础,通过浙江网商银行股份有限公司的先进技术,为供应商提供便捷的

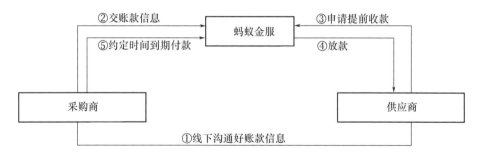

图 2-4-12 自保理产品流程

资金回款解决方案。回款宝的主要功能在于帮助供应商实现资金的快速回笼,从而提升其资金周转率,增加经营收益。此项服务采取定向开放策略,即只有当供应商的采购商为网商银行的合作伙伴时,供应商才有资格申请提前回款服务。申请过程简便高效,供应商只需与其采购商进行沟通,确认提前还款的需求,无须提交任何纸质材料。只要供应商合法经营且获得采购商的推荐,便可享受回款宝的全线上服务。值得注意的是,使用回款宝服务在回款时会产生一定的服务费用,并且可以开具相应的发票,每笔账款的服务费金额会在放款时确认,以确保费用的透明性和合理性。回款宝的操作流程如下:①完成企业实名注册;②通过支付宝账户登录网商银行系统;③在线确认收款信息,签署收款确认书后当天放款;④选择需要收款的订单;⑤确认信息;⑥确认协议书,输入支付宝密码;⑦收款成功。

5. 码商"多收多贷"

自 2017 年 6 月起,网商银行与支付宝收钱码共同推出了"多收多贷"服务,该服务旨在为线下小型商贩提供融资支持。经过一年的实施,"多收多贷"已成功服务于超过 300 万家使用支付宝收款码的线下商户,为小微商家解决融资难题提供了一种新的模式。从其名称可以看出,"多收多贷"的核心机制在于,商户通过支付宝收款码收取的资金量越大,其可获得的贷款额度也就越高。因此,无论商户所属行业如何,只要其使用支付宝收款码进行收款,均有机会获得支付宝的资金扶持。实质上,"多收多贷"是支付宝针对其口碑平台和收钱码用户推出的一种经营性贷款产品。对于口碑平台或收钱码的商户而言,只要在使用 30 天后,连续 30 天内完成 3 笔以上的收款,即有可能获得"多收多贷"的资格。此外,如果商户已经拥有网商贷或借呗的账户,那么其开通"多收多贷"的流程将会更加便捷。商户可以通过支付宝钱包的"我的—商家服务—多收多贷"路径,查看自己是否具备"多收多贷"的入口。初始阶段,

"多收多贷"提供的贷款额度通常位于 500~1 000 元的范围内,相对较低。然而,随着商户综合评估的不断提升,"多收多贷"有很大的可能性会升级为网商贷,届时其贷款额度也将得到相应的提升。

第三章　物流供应链金融的基础框架

第一节　物流供应链的定义与运作机制

一、物流供应链的基本概念

物流供应链,作为一个复合而多维度的管理系统,深植于产品从起始生产到终端消费的全流程之中,不仅涉及原材料、零部件、半成品以及成品的物流流动,更包括与之紧密相连的信息流与资金流的协同管理。这一过程起始于供应商的原材料采购,经过生产加工环节转化为具有市场价值的产品,再通过仓储管理的精细调控,确保物品在时间与空间上的最优配置。随后,物流配送环节将这些产品快速、准确地送达分销商与零售商手中,最终通过销售环节实现产品价值向消费者的传递。这一系列环节并非孤立存在,而是相互依存,共同构成了一个高度集成的链条。在这个链条中,每一个环节都承载着特定的功能与价值,任何环节的缺失或低效都将对整个供应链的性能产生影响。因此,物流供应链的管理不仅要求对每个环节的精细把控,更需要在全局视角下进行统筹规划,以实现整体效能的最大化。

二、物流供应链的核心要素

(一)供应商管理

1. 供应商选择与评估

在供应链管理中,供应商的选择与评估涉及对潜在供应商的全面审查,包括但不限于其财务状况、生产能力、质量控制体系以及交货期的可靠性。在评估过程中,需采用定量与定性相结合的方法,通过多维度的考核标准来确定供应商的综合实力。此外,对供应商的历史绩效、市场信誉及持续创新能力也应进行深入分析,以确保所选择的供应商能够满足企业的长期需求,并在激烈的市场竞争中保持优势地位。

2. 供应商合作关系建立与维护

建立稳固的供应商合作关系是确保供应链稳定的关键,这种关系的构建基于信任、透明沟通和共同目标,旨在实现双赢。维护这一关系需要定期的业务回访、质量反馈机制的建立,以及合同条款的明确和执行。设立有效的激励机制和问题解决流程,可以进一步提升供应商的合作意愿和响应速度。同时,定期的供应商大会或研讨会也是加强信息共享、促进双方深入了解的重要途径。

3. 供应商风险管理与应对策略

供应商风险管理涉及对供应链中潜在风险的识别、评估和应对,包括供应商的经营风险、质量风险、交货风险及合作风险等。为应对这些风险,企业应建立一套完善的风险管理机制,包括但不限于对供应商的定期审计、风险评估报告的制定,以及应急响应计划的建立。此外,多元化供应商策略、合同条款的明确以及质量保证金等制度的设立,也是降低供应商风险的有效手段。通过这些策略,企业可以确保供应链的持续稳定运行,从而保障生产和经营活动的正常进行。

(二) 生产商与制造商角色

1. 生产计划与排程管理

生产计划与排程管理是生产商与制造商运营中的核心环节,涉及对生产资源的有效配置,确保生产活动能够高效、有序地进行。这一管理过程包括制订详细的生产计划,明确各阶段的生产目标和时间节点,以及合理的排程安排,以优化生产流程和资源利用。通过科学的计划与排程,生产商和制造商可以最大限度地减少生产过程中的浪费,提高设备利用率,确保产品按时交付,从而满足市场需求,提升企业的竞争力。

2. 生产工艺与质量控制

生产工艺与质量控制是生产商与制造商不可或缺的管理要素,生产工艺的选择直接影响产品质量、生产成本和生产效率。因此,采用先进的生产工艺技术,不仅可以提高产品质量,还能降低生产成本。同时,质量控制体系的建立与实施是确保产品符合标准、满足客户需求的关键。通过严格的质量控制流程,包括原料检验、过程监控和成品检测等环节,企业可以有效减少产品缺陷率,提升客户满意度,进而增强企业的市场信誉和竞争力。

3. 生产效率提升与成本控制

提高生产效率和加强成本控制是生产商与制造商持续追求的目标。引入自动化设备、优化生产流程、提高员工技能和效率等手段,可以实现生产效率的显著提升。同时,成本控制也是企业管理的重要环节,包括降低原材料成本、减少生产过程中的浪费、提高设备综合效率等。通过精细化管理,企业可以在保证产品质量的前提下,有效降低生产成本,从而增强盈利能力。这两方面的持续改进对于提高企业的市场竞争力具有重要意义。

（三）分销与物流管理

1. 分销渠道选择与优化

在分销与物流管理中,分销渠道的选择与优化是确保产品顺畅流通至市场的关键环节,企业需综合考虑市场需求、渠道成本、覆盖范围及渠道伙伴的能力等因素,以选定最佳的分销路径。优化分销渠道涉及对现有渠道的绩效评估、对潜在渠道的探索以及渠道冲突的解决机制。通过科学的评估体系,识别并削减低效渠道,同时开拓具有高潜力的新渠道,实现分销效率的整体提升。此外,与渠道伙伴建立长期稳定的合作关系,也是确保分销渠道持续优化和稳定运行的重要基础。

2. 物流配送模式与策略

物流配送模式与策略的制定,直接关系着产品从生产地到消费地的流转效率与成本,企业应根据产品特性、市场需求、运输距离及成本预算等因素,合理选择配送模式,如直送、中转或集配等。同时,制定灵活的配送策略以应对市场变化,如采用定时配送、定量配送或按需配送等方式。优化配送路线、提高车辆装载率及引入先进的物流技术,可进一步降低配送成本,提升配送效率,从而确保产品在规定时间内被准确送到客户手中。

3. 库存管理与控制

库存管理与控制是分销与物流管理体系的核心组成部分,有效的库存管理旨在实现库存成本的最小化与服务水平的最大化之间的平衡。这要求企业建立科学的库存预测模型,以准确预测未来需求,并据此制订合理的库存计划。同时,通过实施严格的库存控制策略,如定期盘点、安全库存设定及库存周转率监控等,确保库存水平的合理性。此外,引入先进的库存管理技术,如实时库存跟踪系统和自动化补货系统,可进一步提高库存管理的精确性和效率。

（四）零售商与销售渠道

1. 零售店面管理与运营

零售店面管理与运营涵盖了店面的布局规划、商品陈列、销售策略以及顾客服务等多个方面。有效的店面管理需要精心设计商品展示,以吸引顾客的注意力并激发他们的购买欲望。同时,通过定期的市场分析和销售数据监控,调整商品组合和定价策略,以最大化销售利润。此外,提供优质的顾客服务也是至关重要的,包括友好的员工互动、快速的结账流程以及有效的售后支持,这些都有助于提升顾客满意度和忠诚度,从而促进销售业绩的增长。

2.线上销售渠道开发与运营

线上销售渠道的开发与运营在当今数字化时代具有举足轻重的地位,涉及电商平台的搭建、产品上架、营销推广以及物流配送等多个环节。线上销售的成功与否,很大程度上取决于用户体验的优化程度,包括网站的易用性、支付流程的便捷性以及售后服务的及时性等。通过运用大数据分析、搜索引擎优化(SEO)和社交媒体营销等手段,企业可以更有效地吸引目标客户,提高转化率,从而实现线上销售业绩的稳步增长。

3.销售渠道协同与整合

在多渠道销售的环境下,销售渠道的协同与整合显得尤为重要,包括线上与线下渠道的互补、实体店面与数字平台的互动以及不同销售渠道间的信息共享等。通过协同工作,企业可以确保品牌形象的一致性,提供无缝的购物体验,并有效利用各渠道的优势来扩大市场份额。整合不同渠道的数据还可以帮助企业更准确地洞察消费者行为,优化库存管理,提高运营效率,并最终实现销售增长和利润最大化。

(五)最终消费者需求管理

1.消费者需求分析与预测

在市场营销领域,对最终消费者需求进行深入分析与准确预测是至关重要的,这一过程涉及对消费者行为、购买动机、消费习惯以及市场趋势的综合考量。通过运用市场调研、数据分析等科学方法,企业能够洞察消费者的真实需求,预测未来市场走向,从而为产品开发和营销策略提供有力支撑。这种分析与预测不仅有助于企业把握市场机遇,还能在激烈竞争中保持先发优势,实现持续增长。

2.个性化需求满足与服务提升

随着消费者需求的日益多样化,个性化需求的满足已成为企业赢得市场的关键,这就要求企业不仅提供符合大众需求的产品和服务,更要关注每个消费者的独特需求。通过定制化产品、个性化服务以及灵活的营销策略,企业能够精准触达目标消费者,提升他们的满意度和忠诚度。同时,不断优化服务流程,提高服务质量,也是企业在激烈竞争中脱颖而出的重要因素。

3.消费者关系管理与忠诚度培养

消费者关系管理是企业与消费者建立长期、稳定关系的基础,通过有效的沟通、互动和反馈机制,企业能够深入了解消费者的需求和期望,进而调整经营策略,提升消费者满意度。在此基础上,培养消费者忠诚度成为企业的核心目标。忠诚度高的消费者不仅为企业提供稳定的利润来源,还能通过口碑传播带来更多潜在客户。因此,企业应重视消费者关系管理,持续优化服务体验,以赢得消费者的信任和支持。

三、物流供应链的运作机制

(一)供应链协同机制

1. 协同计划与信息共享

在物流供应链中,协同计划要求供应链上的各参与方,包括供应商、生产商、分销商和零售商等,共同制订并执行协同计划。通过共享关键信息,如需求预测、生产计划、库存状态和销售数据,各参与方能够更全面地了解供应链的运作状况,减少信息孤岛现象的发生。这种信息共享不仅增强了决策的准确性,使得各方能够基于共同的数据基础做出更为合理的决策,还大幅提升了响应速度。当市场需求或供应状况发生变化时,各参与方能够迅速做出调整,确保供应链的持续稳定运行。

2. 同步运作与流程对接

物流供应链的高效运作离不开各环节的同步进行和流程对接,同步运作意味着供应链上的各个环节需要紧密配合,确保物流、信息流和资金流的协调一致。为实现这一目标,流程对接成为关键所在。精细化的流程设计和管理,如订单处理、仓储管理和配送安排等环节的无缝衔接,可以显著减少运作过程中的延误和错误。这种流程对接不仅提升了整体运作效率,还增强了供应链的可靠性和灵活性。在面对复杂多变的市场环境时,同步运作和流程对接能够确保供应链迅速适应变化,满足客户需求,从而保持竞争优势。

(二)需求与供应匹配机制

1. 需求预测与灵活响应

在物流供应链管理中,需求预测是一项至关重要的任务,通过对市场需求的深入分析和精准预测,供应链管理者能够洞察未来需求的变化趋势,从而提前调整生产计划和资源配置。这种前瞻性的调整不仅有助于企业及时满足客户需求,还能在一定程度上减少库存积压和缺货风险。同时,建立灵活响应机制也是确保供应链稳定性和柔性的关键。面对市场的快速变化和需求的波动,供应链需要具备高度的灵活性和应变能力。通过构建灵活的生产和物流网络,以及采用先进的信息技术手段,供应链可以迅速调整自身的运作策略,以适应市场变化,并确保在激烈的市场竞争中保持领先地位。

2. 库存管理与补货策略

库存管理是物流供应链中的核心环节,对于平衡库存成本和服务水平具有举足轻重的作用,通过合理的库存设置,企业能够在满足客户需求的同时,最大限度地降低库存持有成本。这要求企业根据产品的特性、市场需求以及自身的运营能力,科学地确定各类产品的库存水平。此外,补货策略的制定也是库存管理的重要组成部分。企业采用先进的库存控制方法,如实时库存跟踪和安全库存设定,可以确保库存的及时性和充足性,从而避免因库存短缺而导致的销售损失。同时,通过与供应商建立紧密的合作关系,以及运用现代化的信息技术手段,企业还可以实现库存信息的实时共享和协同管理,进一步提高库存管理的效率和准确性。

(三)风险管理与应对机制

1. 风险识别与评估

在供应链管理中,风险识别与评估是确保供应链持续稳定运行的关键环节。供应链作为一个复杂的网络系统,面临着多种潜在风险,如供应中断、需求波动、价格波动等。这些风险若不及时被发现与评估,可能会对供应链造成严重影响,甚至导致整个供应链崩溃。因此,建立风险识别与评估机制显得尤为重要。通过该机制,供应链管理者能够系统地收集和分析相关数据,及时发现潜在风险,并对其可能的影响程度和发生概率进行评估。这不仅为供应链管理者提供了重要的决策依据,还有助于企业提前制定风险防范措施,减少风险事件带来的损失。

2. 应急预案与危机管理

在供应链管理中,应急预案与危机管理是应对潜在风险、确保供应链持续运作的重要策略。鉴于供应链可能面临的诸多不确定性,如自然灾害、供应商破产、物流中断等,制定一套科学有效的应急预案和危机管理流程显得至关重要。这包括建立专门的应急响应团队,负责在风险事件发生时迅速启动应急预案,协调各方资源以最小化损失。同时,制订备选供应商计划也是关键一环,以确保在主供应商出现问题时,能够及时切换到备选供应商,维持供应链的连续性。此外,设置安全库存也是危机管理的重要手段之一,通过提前储备一定量的关键物资,应对突发事件导致的供应中断风险。这些措施共同构成了供应链应急预案与危机管理的核心框架,为企业在复杂多变的市场环境中保驾护航。

(四)持续改进与优化机制

1. 性能监控与评估

在供应链管理中,性能监控与评估是确保供应链持续优化和高效运作的关键环节,通过对供应链性能的持续监控,企业能够实时掌握供应链的运作状况,及时发现存在的问题和瓶颈。这种监控不仅关注供应链的整体性能,还深入各个环节和流程,以确保每个部分都能达到预期的效果。同时,运用关键绩效指标(KPI)来衡量供应链的效率、成本和服务水平,为后续的改进提供了有力的数据支持。这些指标不仅量化了供应链的性能,还帮助企业明确了改进的方向和目标。通过定期的评估和分析,企业可以更加精准地识别出供应链中的短板和潜力所在,从而制定出更加有效的改进措施。

2. 流程优化与技术创新

在供应链持续改进的过程中,流程优化和技术创新发挥着举足轻重的作用,流程优化旨在简化供应链的复杂环节,提高运作的效率和灵活性。通过深入剖析现有流程,发现其中的冗余和不合理之处,进而进行有针对性的改进,企业可以实现供应链的高效运转。同时,技术创新是推动供应链性能提升的重要驱动力。引入先进的物流技术和信息系统,可以显著提高供应链的自动化和智能化水平。这些技术不仅降低了人工操作的错误率,还大大提高了工作效率,使得供应链能够在更短的时间内响应市场需求。此外,技术创新还有助于企业实现数据驱动的决策,进一步提高供应链的透明度和预见性。

四、物流供应链中的信息流与资金流管理

(一)信息流的整合与共享

信息流在物流供应链中扮演着至关重要的角色,它如同供应链中的神经系统,高效、准确地传递着各类关键数据和指令。通过系统地整合与共享这些信息流,供应链中的各个参与方能够实时地获取关于订单状态、库存变动、运输进度等核心信息,从而显著提高决策过程的精确性和响应速度。这种信息的透明度和即时性不仅优化了供应链内的沟通机制,更在实质上减少了信息传递过程中的延误和误差,有力地推动了整个供应链运作效率的提升。为了实现信息流的有效整合,企业需要构建一个集中化的信息管理平台,通过该平台,各参与方可以实时上传、查询和更新相关信息。这种整合不仅加强了各环节之间的衔接,还使得企业能够根据实时数据调整策略,应对市场的快速变化。同时,信息的共享也有助于增强供应链的可见性和可追溯性,为质量管理

和风险控制提供有力支持。

(二)资金流的规划与监控

资金流作为物流供应链中不可或缺的组成部分,其流动性与稳定性对于保障供应链持续、平稳运行具有决定性作用。通过精心规划和严格监控资金流,企业能够确保供应链中各环节获得及时、充足的资金支持,从而有效避免因资金匮乏而引发的运营中断。在这一过程中,合理的资金分配策略和高效的资金调度机制显得尤为重要。此外,对资金流的细致监控还有助于企业及时发现潜在的财务风险。借助先进的财务管理系统和风险预警机制,企业能够实时追踪资金流向,识别异常交易,并采取相应的风险防控措施。这不仅有助于保护企业资产安全,还能为供应链的长期稳定发展提供坚实保障。

(三)信息流与资金流的协同管理

在复杂的物流供应链环境中,信息流与资金流的紧密协同是实现高效管理的关键,两者之间的相互影响和依存关系要求企业必须采取一种综合性的管理策略,以确保供应链的稳定性和灵活性。通过实现信息流与资金流的协同管理,企业能够更全面地掌握供应链的实时运作状态,及时发现潜在问题,并迅速做出调整。例如,当信息流反映出某个供应链环节存在资金短缺的风险时,协同管理机制能够触发相应的财务预警系统。这使得企业能够迅速响应,调整资金分配计划,确保关键环节得到必要的资金支持,从而避免运营中断。同时,信息流与资金流的协同还有助于提升供应链的应变能力,使其能够更灵活地应对市场变化和外部冲击。

第二节 物流在供应链金融中的核心作用

一、物流是供应链金融的基础支撑

(一)物流确保商品顺畅流动

在供应链金融的复杂生态系统中,物流的作用不仅局限于实现商品的空间位移,更深层次地,它确保了商品价值链条的连续性和完整性。物流作为供应链中的核心环节,其顺畅流动对于整个供应链的稳定运行至关重要。这种流动性不仅体现在物质层面的转移,更深入地涉及资金与信息的同步流动,构成了一个多维度的动态交互网络。从学术角度来看,物流的顺畅性直接关系着供应链的连续性和稳定性。商品的顺畅流动意味着在供应链的每个环节，从原材料采购到最终销售，都能够实现高效的衔接与转换。这不仅有助于减少库存积压，提高资金周转速度，还能降低因延误或中断而导致的金融风险。同时，顺畅的商品流动也直接提升了客户满意度，因为及时的交付和优质的服务是维护客户关系的关键。这种商业基础的稳固，进一步强化了供应链金融体系的稳健性。

（二）物流与信息流的协同作用

在现代供应链管理中，物流与信息流的紧密结合为金融机构提供了丰富的数据资源和决策支持。物流过程中实时产生的信息，如货物的地理位置、运输状态、库存水平等，都是评估信用风险、制定融资策略的重要依据。从学术层面分析，物流与信息流的协同不仅提升了供应链的透明度，还增强了其可追溯性。透明度的提高意味着金融机构能够更准确地掌握货物的实际情况，包括其数量、质量以及运输过程中的任何变化。同时，可追溯性则有助于在出现问题时迅速定位原因，采取有效的补救措施。这种协同作用使得金融机构能够更有效地评估融资风险，制定出更为合理的信贷政策，从而在确保资金安全的同时，实现良好的投资回报。

（三）物流对供应链金融稳定性的影响

物流在供应链金融稳定性中扮演着举足轻重的角色，一个高效且可靠的物流系统不仅保障了商品、资金和信息的顺畅流转，更在降低供应链风险和不确定性方面发挥着关键作用。从更深层次的学术角度分析，物流系统的稳定性与效率直接关联着供应链金融的整体稳健性。一个优化的物流系统能够确保各环节之间的紧密衔接，减少延误和中断的可能性，从而维持供应链金融的平稳运行。反之，若物流环节存在效率低下或稳定性差的问题，将可能导致资金回笼的延迟、信息的不对称甚至商品的损失，这些都会对供应链金融的稳定性构成严重威胁。因此，从学术和实践的双重角度来看，不断优化物流管理、着力提升物流效率，是确保供应链金融稳定发展的关键环节。这不仅需要依托先进的技术手段，如物联网、大数据等，来提升物流的智能化和自动化水平，还需要通过科学的管理方法和策略来持续优化物流流程，以实现供应链金融的高效、稳定运行。

二、物流信息助力供应链金融风险控制

（一）物流信息在信用评估中的应用

在供应链金融领域，物流信息的重要性不容忽视，特别是在信用评估环

节,金融机构在评估融资方的信用状况时,高度依赖准确且及时的物流数据,这些数据涵盖了诸如发货时间、到货时间以及货物状态等关键指标,它们能够有效地揭示出企业的运营效率、交货的可靠性以及库存管理的专业能力。深入剖析这些物流信息,金融机构能够更为精确地评估企业的信用等级。例如,通过分析发货和到货时间的稳定性,可以推断出企业在供应链管理中的可靠性和效率。货物状态的记录则能够反映出企业对产品质量的控制能力。这些细致的洞察为金融机构制定更为贴合实际的信贷政策和风险控制措施提供了坚实的基础。物流信息在信用评估中的应用体现了数据驱动决策的现代金融理念,随着信息技术的发展,物流数据的获取和分析变得越来越便捷,这使得基于数据的信用评估方法更为科学和准确。

(二)实时物流数据对风险监测的重要性

实时物流数据在供应链金融风险监测中扮演着至关重要的角色,通过持续追踪货物的实时位置和状态,金融机构能够迅速识别出潜在的风险点,如交货延迟、货物损失或损坏等情况。这种对风险的即时监测能力,使得金融机构能够在第一时间作出响应,采取有效的措施以减轻或避免可能的损失。从风险管理的角度来看,实时物流数据不仅提升了风险识别的速度和准确性,还强化了金融机构对供应链整体风险的掌控能力。在动态变化的供应链环境中,这种实时的数据监测为金融机构提供了一种有效的风险管理工具,有助于其更好地应对各种不确定性和潜在风险。研究表明,实时物流数据的应用在提升供应链金融风险管理的效率和效果方面具有显著作用。随着物联网、大数据等技术的不断发展,实时物流数据的获取和分析将更加便捷和深入,这将进一步提升金融机构在风险管理方面的能力。

(三)利用物流信息进行信贷决策的流程

金融机构在决策过程中,首先会系统地收集并分析目标企业的历史物流数据,这些数据不仅揭示了企业的运营稳定性,还反映了其交货的可靠性,从而为评估企业的信用状况提供了重要依据。随后,金融机构会结合实时的物流信息,对企业当前的运营状况和货物流动情况进行深入判断。这种实时的数据分析使得金融机构能够更准确地预测企业未来的偿债能力,进而为信贷决策提供了更为坚实的数据支撑。最终,基于对历史数据和实时信息的综合分析,金融机构会制定出具体的信贷政策和贷款额度。在整个决策流程中,物流信息始终发挥着核心作用,为金融机构提供了有力的数据支持,确保其能够做出更为明智和准确的信贷决策,这种基于数据的决策方法不仅提升了决策的科学性和准确性,还提升了金融机构的风险管理能力。

三、物流服务增强供应链金融的灵活性

(一)定制化物流服务与供应链金融的适应性

定制化物流服务在供应链金融领域的应用中,展现出了显著的适应性和灵活性。企业能够根据自身独特的业务需求和金融策略,量身打造符合实际需求的物流解决方案。这种服务模式不仅贴合了企业的运营特点,还使得物流服务能够与金融操作形成更为紧密的配合。具体来说,定制化的物流服务在供应链金融中的适应性体现在多个方面。例如,在质押融资或应收账款融资等金融活动中,通过精确控制货物的流动,企业能够更有效地利用资金,提高资金使用的效率和灵活性。这种服务模式允许企业根据金融活动的特定要求,对物流环节进行精细化管理,从而进一步优化供应链金融的整体运作。定制化物流服务体现了以客户需求为导向的服务理念,在供应链金融背景下,这种服务模式有助于企业实现物流与金融的深度融合,进而提升供应链的整体效能。通过定制化物流服务,企业能够更好地满足金融活动的需求,增强供应链金融的稳定性和竞争力。

(二)灵活仓储和配送服务对市场需求的响应

在供应链金融环境中,灵活仓储和配送服务对于快速响应市场需求变化具有重要意义,随着市场竞争的加剧和消费者需求的多样化,企业必须具备迅速调整库存和配送策略的能力。灵活的仓储服务使企业能够根据市场需求的变化,及时调整库存量,从而避免库存积压带来的资金占用和缺货导致的销售损失。这种服务模式要求仓储管理系统具备高度的灵活性和智能化,以便实时跟踪库存状态并做出快速调整。同时,配送服务的灵活性也是确保货物及时送达客户手中的关键。通过优化配送路线、提高配送效率,企业能够更好地满足市场的即时需求,提升客户满意度。这种服务模式不仅有助于维护供应链金融的稳定性,还能为企业赢得更多的市场份额和竞争优势。灵活仓储和配送服务还体现了供应链管理的动态性和适应性,在供应链金融背景下,这种服务模式能够帮助企业更好地应对市场变化,提高供应链的响应速度和灵活性。

(三)物流服务在供应链金融中的调整策略

在供应链金融环境中,物流服务需要不断调整以适应不断变化的金融活动和市场需求,这种调整旨在提高物流效率,降低金融成本,并更好地与金融策略相协调。调整策略包括但不限于优化运输路线以减少运输时间和成本,

改变仓储布局以提高库存周转率和减少资金占用,以及调整配送频率以确保及时满足市场需求。这些调整需要根据实际情况灵活进行,以应对各种不确定性和市场变化。例如,在资金紧张的情况下,企业可以通过优化物流服务来减少库存占用资金,提高资金周转率,可能涉及更频繁地进行库存盘点,实施先进的库存管理技术,或者与供应商协商更灵活的供货条款。研究表明,物流服务在供应链金融中的灵活调整策略有助于企业更好地应对市场变化和金融风险,这种灵活性不仅提高了供应链的效率和响应速度,还为企业创造了更多的商业机会和价值。通过不断调整和优化物流服务,企业能够在激烈的市场竞争中保持领先地位,实现可持续发展。

四、物流优化降低供应链金融成本

(一)运输效率提升与成本降低的关系

在供应链金融的框架下,运输效率的提升与成本的降低之间存在着紧密的逻辑关系,提升运输效率是降低物流成本的关键因素,这一观点在供应链管理和金融领域已得到广泛认同。高效的运输系统能够显著缩短货物从起点到终点的在途时间,这不仅减少了货物在运输过程中的损耗,还直接降低了单位货物的运输成本。这是因为,更短的运输时间意味着更少的能源消耗、车辆维护和人员成本,从而实现了成本优化。此外,提高运输效率还带来了资金流方面的益处。加快的货物周转速度使得资金能够更快回笼,这对于依赖供应链金融的企业而言至关重要。资金的快速回笼意味着企业能够更快地偿还贷款或进行再投资,从而降低了金融成本,包括利息支出和资金占用成本。为了实现运输效率的提升,企业可以采取多种策略,如优化运输路线以减少不必要的行驶距离和时间,选择合适的运输方式以匹配货物的特性和运输需求,以及提升装载率以最大化每次运输的效益。

(二)库存优化管理对资金占用的影响

库存优化管理在供应链金融中扮演着举足轻重的角色,它直接关系着资金的有效利用和成本的精细控制。库存水平的高低不仅影响企业的运营成本,更与资金占用和金融成本紧密相连。过多的库存意味着大量的资金被占用在存货上,这无疑增加了企业的金融成本。资金被锁定在库存中,无法用于其他可能带来收益的投资或经营活动,从而影响了企业的整体盈利能力。另一方面,库存不足则可能导致缺货成本,即因无法满足市场需求而造成的销售损失和客户满意度的下降。因此,科学的库存管理方法显得尤为重要。实时库存监控能够帮助企业准确掌握库存动态,及时做出调整以满足市场需求。

需求预测与补货策略的结合则能够确保库存水平既不过高也不过低,从而在满足市场需求的同时,避免资金的过度占用。通过库存优化管理,企业可以更有效地利用资金,将有限的资源投入更能带来收益的领域,进而降低供应链金融成本,提升企业的整体运营效率和市场竞争力。

(三)物流成本控制在供应链金融中的重要性

精细化的物流成本管理不仅关乎企业运营效率的提升,更直接影响供应链金融的稳定性和盈利能力。通过准确掌握每一环节的物流成本,企业能够制定出更加合理的物流预算,从而对成本进行有效控制。这种控制不仅有助于降低直接的物流成本,如运输费用、仓储费用等,还能通过优化物流流程,减少浪费和损耗,进一步提高供应链的整体效率。在供应链金融的背景下,物流成本的有效控制还能为企业带来更为深远的利益。由于物流成本在供应链金融中占据着重要比重,因此,对其进行有效控制能够提升企业的信用评级,从而在融资过程中获得更有利的条件和更低的融资成本。

五、物流创新推动供应链金融发展

(一)物联网技术在供应链金融中的应用

物联网技术的迅猛发展,为供应链金融领域带来了前所未有的变革,通过物联网技术的深入应用,供应链中的各个环节得以实现高效、透明的数据交互,进而提升了整体供应链的运作效率和风险管理水平。在供应链金融中,物联网技术的核心作用体现在对货物信息的实时监控上。借助各种智能传感器和网络通信技术,物联网能够实时捕捉货物的位置、状态、温度等关键信息,并将这些数据实时传输给供应链各方。这不仅显著提高了供应链的透明度,使得各方能够更准确地掌握货物动态,还为金融机构提供了更为精确的风险评估依据。此外,物联网技术在自动化库存管理方面的应用也颇具亮点。通过物联网技术,企业可以实现库存信息的实时更新和自动化管理,从而大幅减少人为错误,提高库存周转率,进而降低资金占用成本。对于金融机构而言,这意味着质押物的监控变得更为便捷和高效,有效降低了信贷风险。

(二)大数据与人工智能对供应链金融的变革

大数据与人工智能技术的深度融合,正在对供应链金融产生深远影响,这两种技术的结合,使得供应链金融在数据处理、风险评估和信贷决策等方面实现了质的飞跃。大数据分析技术的运用,使得供应链金融能够处理和分析海量的数据。通过对这些数据进行深入挖掘和分析,金融机构可以揭示出隐藏在数据背后的规律和趋势,从而更准确地评估信用风险和市场风险。这种基于数据的决策方式,不仅提高了决策的准确性和效率,还为金融机构提供了更为全面的风险评估视角。同时,人工智能技术在供应链金融中的应用也日益广泛。借助机器学习、深度学习等先进技术,金融机构可以构建智能风控模型,实现自动化的信贷审批和风险管理。这种智能化的处理方式,不仅大大提高了金融服务的效率,还降低了人为干预带来的潜在风险。

(三)物流技术创新带来的服务模式和风险管理进步

物流技术的持续创新与发展,为供应链金融领域带来了显著的服务模式改进和风险管理提升,这些技术创新不仅优化了物流流程,提高了效率,还在很大程度上增强了供应链金融的稳定性和安全性。例如,区块链技术的引入为供应链金融带来了革命性的变化。区块链的去中心化、不可篡改和可追溯等特性,使得供应链信息实现了高度的安全保障。通过区块链技术,供应链中的每一笔交易和数据都可以被永久记录并供各方查验,这大大提升了数据的可信度和透明度,为金融机构提供了更为稳健的风险评估基础。此外,智能仓储和配送系统的广泛应用也是物流技术创新的重要成果。这些系统通过引入自动化、智能化技术,实现了物流操作的精准控制和高效执行,不仅减少了人为错误和干预,提高了物流服务的质量和效率,还在很大程度上降低了操作风险和欺诈风险。

第三节 物流供应链金融的基本模式与流程

一、物流供应链金融的基本模式

(一)预付款融资模式

1. 预付款融资模式定义

预付款融资模式,作为供应链金融领域的一种重要融资方式,其核心定义在于供应链中的下游企业通过向金融机构预付一部分款项,以此获得对上游企业所提供货物的提货权利或实际控制权。这种融资方式的本质是将下游企业未来的销售收入作为还款的主要来源,从而实现资金融通与供应链流转的有机结合。在此模式下,金融机构充当了资金融通的桥梁,下游企业则通过预付款的方式提前锁定了货源,确保了供应链的稳定运作。这种融资模式不仅有助于缓解下游企业在采购过程中的资金压力,还能够通过优化供应链资金流,提升整个供应链的运行效率和竞争力。

2. 预付款融资模式运作机制

预付款融资模式的运作机制涉及金融机构、上游企业(卖方)以及下游企业(买方)三方的紧密协作。首先,金融机构与上下游企业共同签订一份三方协议,明确各方的权利与义务。在此基础上,当下游企业向金融机构支付一定比例的预付款后,金融机构随即向上游企业支付相应的货款,确保交易的顺利进行。此时,下游企业便获得了对上游企业货物的提货权,可以根据自身销售进度灵活安排提货计划。随着下游企业销售活动的逐步展开,销售收入将作为还款来源,逐步偿还给金融机构。这一机制不仅保障了金融机构的贷款安全,也为上下游企业提供了灵活便捷的融资与交易服务,有效促进了供应链的高效运转。

3. 预付款融资模式适用场景

预付款融资模式在供应链金融中的应用场景广泛,尤其适用于下游企业在销售旺季前需要大量备货、上游企业要求先款后货等特定情形。在这些场景下,下游企业往往面临着较大的资金压力,而预付款融资模式则为其提供了一种有效的解决方案。通过向金融机构预付部分款项,下游企业能够提前锁定上游企业的货源,确保在销售旺季到来时有充足的商品供应。同时,这种融资方式还能够帮助下游企业优化库存结构,降低库存成本,从而提升整体盈利能力。对于上游企业而言,预付款融资模式也能够确保其货款的及时回笼,降低财务风险。因此,预付款融资模式在促进供应链各方协同合作、提升供应链整体运作效率方面发挥着重要作用。

(二)动产质押融资模式

1. 动产质押融资模式定义

动产质押融资模式,作为一种以动产为担保物的融资方式,在现代金融体系中占据着重要的地位。它是指企业将自身合法持有的动产,包括但不限于存货、原材料等,作为质押标的,向金融机构提出贷款申请,以此获取所需资金的融资行为。在这种模式下,动产作为贷款的担保,其价值和流动性成为决定融资额度与贷款条件的关键因素。通过动产质押,企业能够有效地利用其资产,将存货等动产转化为流动资金,从而满足企业运营和发展的资金需求。

2. 动产质押融资模式运作机制

动产质押融资模式的运作机制涉及企业、金融机构以及第三方物流仓储企业等多方的协作与配合。在这一机制下,企业首先需将其合法拥有的动产交付给金融机构指定的第三方物流仓储企业,由其进行严格的监管与保管。随后,金融机构将根据质押物的市场价值、流动性以及风险因素等综合考量,为企业提供相应的贷款额度。在贷款期间,若企业需销售质押物,则必须向金融机构偿还相应比例的贷款,并获得提货权,以确保质押物与贷款之间的动态平衡。这一机制有效地保障了金融机构的贷款安全,也为企业提供了灵活的资金解决方案。

3. 动产质押融资模式适用场景

动产质押融资模式在多种商业场景中展现出其独特的优势与应用价值。特别是对于那些拥有大量动产且流动性需求较高的企业来说,这一模式无疑提供了一种理想的融资解决方案。通过动产质押,企业能够迅速盘活存货等资产,将其转化为可支配的流动资金,从而满足企业日常运营、扩大生产或投资新项目等多样化的资金需求。此外,动产质押融资模式还有助于提高企业的资金使用效率,优化资产结构,降低财务风险,为企业的稳健发展提供有力的金融支持。

(三) 应收账款融资模式

1. 应收账款融资模式定义

应收账款融资模式,在供应链金融中占据着举足轻重的地位,它特指供应链中的上游企业,即卖方,将其对下游企业,即买方的应收账款权益,通过转让的方式给金融机构,从而获取所需资金的融资手段。这种融资方式的核心在于应收账款的流转,上游企业将未来的现金流——应收账款,变现为即期的资金使用,有效地盘活了企业的资产。在此过程中,金融机构则通过购买应收账款,获取了未来的现金流权益,同时为上游企业提供了资金支持,实现了资金的有效配置和利用。

2. 应收账款融资模式运作机制

应收账款融资模式的运作机制涉及上游企业(卖方)、金融机构以及下游企业(买方)之间的复杂交互。在运作过程中,卖方首先与金融机构签订应收账款转让协议,明确双方的权利和义务。随后,卖方将其对买方的应收账款债权正式转让给金融机构。金融机构在接收债权后,会依据应收账款的金额、账期、买方的信用状况等多重因素,为卖方提供相应的融资支持。待应收账款到期日,买方需按照约定,直接向金融机构支付相应的货款。这一机制确保了资金的及时回笼,降低了金融机构的风险,同时也为卖方提供了便捷的融资渠道。

3. 应收账款融资模式适用场景

应收账款融资模式在特定的商业环境中展现出其独特的适用性,尤其对于那些应收账款积累较多、账期相对较长且资金周转需求迫切的上游企业来说,该模式无疑是一种理想的融资解决方案。在这些场景下,上游企业往往面临着资金回流的压力,而应收账款融资模式能够帮助它们提前实现资金的回笼,从而有效降低财务风险,优化资金结构。此外,对于那些与信用状况良好的下游企业有长期合作关系的上游企业来说,这种模式更能够确保融资的安全与效率,为企业的稳健运营提供有力的资金保障。

二、物流供应链金融的流程

(一)需求分析与产品匹配阶段

1. 客户需求分析

在供应链金融的运作过程中,客户需求分析是一个至关重要的环节,金融机构必须对供应链中的各个参与方,包括供应商、生产商、分销商等,进行全面的融资需求分析。这一分析不仅涉及对各参与方当前经营状况的理解,如生产规模、销售能力、市场份额等,还包括对其财务状况的深入探究,如资产负债结构、流动性状况、盈利能力等。此外,了解各参与方的融资需求特点也是不可或缺的一步,例如融资期限、融资金额、担保方式等方面的偏好和需求。通过这些深入细致的分析,金融机构能够更准确地把握供应链中各参与方的实际需求,为后续的产品方案设计和风险控制提供坚实的数据支持。

2. 产品方案匹配

在完成对供应链中各参与方的融资需求分析后,金融机构需要根据这些分析结果,结合自身的产品体系和服务能力,为客户定制合适的供应链金融产品方案。这一过程中,金融机构需要综合考虑多方面因素,包括但不限于融资成本、融资期限、还款方式、风险控制措施等。通过精准匹配客户需求与金融产品,金融机构不仅能够为客户提供更加贴合实际的融资解决方案,还能够进一步优化自身的资源配置,提高服务效率和客户满意度。此外,定制化的产品方案还有助于金融机构在激烈的市场竞争中脱颖而出,实现差异化服务,从而提升市场份额和盈利能力。这一环节的成功与否,直接关系着供应链金融服务的整体效果和市场竞争力。

(二)风险评估与授信决策阶段

1. 风险评估

在供应链金融的实践中,风险评估是金融机构进行融资决策不可或缺的环节,这一评估过程具有全面性和多维度的特点,旨在深入剖析融资申请所蕴含的各种潜在风险。信用风险评估作为其中的核心组成部分,主要关注融资主体的履约能力和历史信用记录,通过对其财务状况、经营绩效以及市场声誉的综合考量,评估其按时偿还债务的可能性。同时,市场风险评估则着眼于外部环境因素,如宏观经济波动、行业发展趋势、市场竞争态势等,以预测这些变化对融资项目未来表现的影响。此外,操作风险评估亦不容忽视,它聚焦于融资过程中可能出现的操作失误、系统故障或人为欺诈等风险因素,旨在确保融资活动的合规性和稳健性。通过这些细致入微的风险评估工作,金融机构能够更为准确地判断融资申请的可行性,从而为后续的授信决策提供坚实的基础。

2. 授信决策

授信决策是金融机构在供应链金融中的一项关键职能,它直接关乎资金的安全性和融资效率。基于先前风险评估环节所得出的结论,金融机构需要制定一套科学、合理的授信政策,并据此设计出明确的决策流程。在这一过程中,金融机构会综合考虑融资主体的信用状况、融资项目的潜在收益与风险水平,以及自身的风险承受能力和业务发展战略等多重因素。通过对这些因素的综合权衡,金融机构能够做出更为审慎和精准的授信决策,包括确定具体的授信额度、融资期限以及还款方式等关键要素。这些决策不仅直接影响金融机构的资产质量和盈利能力,也对供应链的整体稳定性和持续发展具有深远意义。因此,授信决策的制定和执行需要金融机构具备高度的专业性和前瞻性。

(三)合同签订与放款安排阶段

1. 合同签订

在供应链金融业务流程中,合同签订环节是确保各方权益、规范业务操作的关键步骤,在授信决策获得通过后,金融机构与融资方会正式签署融资合同。这份合同不仅详细阐明了融资的具体金额、期限、利率等核心条款,还明确规定了双方的权利与义务,包括但不限于资金用途的限定、还款方式的选择、违约责任的界定等。同时,为了保障供应链金融业务的顺畅进行,金融机构还会与第三方物流仓储企业等相关方签订合作协议。这些协议旨在明确各方在货物运输、仓储监管、信息交互等方面的职责与协作方式,从而构建一个高效、稳定的供应链金融生态体系。通过这一系列合同的签订,金融机构、融资方以及其他相关方能够共同依据合同条款开展业务,有效降低法律风险,保障各方利益。

2. 放款安排

放款安排是供应链金融业务中的又一重要环节,直接关系着资金流动的效率和安全性,在融资合同正式签署后,金融机构会根据合同中的约定以及融资方的实际需求,来制订详细的放款计划。这一计划会综合考虑多种因素,如融资方的经营状况、资金用途的紧迫性、市场风险等,以确保放款活动的合理性和有效性。在放款方式上,金融机构会提供灵活多样的选择,以适应不同融资场景的需求。例如,对于短期、急需资金的融资方,可能会采用一次性放款的方式,以迅速满足其资金需求;而对于长期、稳定的供应链合作关系,则可能会采用分期放款的方式,以更好地匹配资金流和业务流。通过这些精细化的放款安排,金融机构不仅能够有效管理自身的资金风险,还能够为融资方提供便捷、高效的金融服务,从而促进整个供应链的健康运转。

(四)贷后管理与风险控制阶段

1. 贷后管理

贷后管理在供应链金融中占据着举足轻重的地位,它是确保融资安全、降低信贷风险的关键环节。放款后,金融机构对融资方的监督与管理并未结束,相反,这一阶段的工作尤为关键。金融机构会进行持续的贷后管理活动,包括但不限于定期走访融资方,了解其经营状况和财务状况的变化;实施财务监控,通过分析财务报表和资金流向,确保融资方按照合同约定使用贷款资金;同时,还会对融资方的销售情况进行跟踪,以评估其还款能力和信贷风险。这些贷后管理措施有助于金融机构及时发现潜在问题,并采取相应措施加以解决,从而保障贷款资金的安全回收。

2. 风险控制与处置

风险控制是供应链金融中的核心要务,它贯穿于整个融资过程,金融机构在放款后,仍需密切关注供应链的整体运作情况和市场动态,以便及时发现并应对潜在风险。这包括但不限于市场风险、信用风险、操作风险等。一旦发现风险苗头,金融机构会立即启动风险控制机制,采取相应的预防措施,以最大限度地降低风险损失。同时,对于已经出现的逾期、违约等风险事件,金融机构会按照既定的风险处置流程进行应对和处理。这可能包括与融资方协商解决方案、寻求法律途径保护权益、调整信贷政策等。通过这些风险控制与处置措施,金融机构能够有效地管理风险,保障自身资产的安全与稳健运营。

第四章 物流技术创新与供应链金融的融合

第一节 物流信息技术在供应链金融中的应用场景

一、物流信息追踪与监控

(一)物流追踪技术的应用

1. RFID 技术在物流追踪中的应用

RFID(射频识别)技术在物流追踪中发挥着举足轻重的作用,通过为货物贴上 RFID 标签,并在关键节点设置 RFID 读写器,可以实现对货物位置的实时追踪。这种技术不仅提高了物流操作的自动化水平,还显著提升了物流透明度。RFID 技术的应用,使得金融机构能够随时掌握融资方货物的动态信息,从而更准确地评估物流风险,优化信贷决策。此外,RFID 技术还具有识别速度快、准确率高、抗干扰能力强等优点,为供应链金融中的物流追踪提供了有力保障。

2. GPS 技术在运输监控中的作用

GPS(全球定位系统)技术在运输监控中扮演着关键角色,借助 GPS 技术,金融机构可以实时监控运输车辆的位置和状态,包括行驶速度、行驶路线、停靠时间等。这些信息不仅有助于金融机构确保融资方按照合同约定进行货物运输,还能及时发现并应对潜在的运输风险。通过 GPS 技术,金融机构能够构建一个高效、透明的运输监控体系,增强供应链金融的整体安全性。

3. 物联网技术在物流信息整合中的价值

物联网技术在物流信息整合中展现出巨大的价值,物联网技术通过连接各种智能设备和传感器,能够实时收集并整合多种物流信息,包括货物位置、温度、湿度、震动等。这些信息为金融机构提供了全面、准确的数据支持,有助于其更深入地了解融资方的物流状况,优化信贷决策。同时,物联网技术还能促进供应链各方之间的信息共享和协同工作,提升整个供应链的效率和透明度。因此,物联网技术在供应链金融中的应用前景广阔,具有巨大的发展潜力。

(二)物流监控与风险管理

1. 实时物流监控系统的构建与运作

实时物流监控系统通常集成了多种先进技术,如物联网传感器、GPS 定位,以及大数据分析等,以实现对物流过程的全面监控。系统的核心在于数据的实时采集、传输与处理。通过在运输工具上安装定位设备和传感器,系统能够不间断地收集关于货物位置、状态以及环境参数等数据。这些数据经过处理后,通过用户友好的界面展示给管理者,使其能够实时监控物流动态,及时发现并解决问题。在风险管理中,实时物流监控系统发挥着至关重要的作用。它能够帮助管理者迅速识别潜在的风险点,如运输延误、货物损坏等,并采取相应的应对措施,从而有效降低物流风险,保障供应链的稳定运行。

2. 异常物流事件的识别与预警机制

异常物流事件的识别是物流风险管理的重要组成部分,通过数据分析技术,可以有效地识别出与正常物流模式不符的异常事件。这通常涉及对大量历史数据的分析,以建立正常的物流行为模式,并通过实时监控数据与这些模式的对比来识别异常。一旦检测到异常,预警机制将立即启动,通过自动化系统或人工干预来及时应对。预警机制的设计需要考虑到异常事件的类型、严重程度以及可能的影响范围,以确保在异常发生时能够迅速而有效地做出响应,这种机制不仅可以减少物流过程中的损失,还能增强整个供应链的可靠性和效率。

3. 物流监控在信贷风险评估中的应用

在供应链金融领域,物流监控数据对于评估融资方的信贷风险具有重要意义,通过分析物流数据,金融机构可以更加准确地了解融资方的运营状况、库存管理效率以及货物周转速度等关键指标。这些数据不仅反映了融资方的经营能力,也直接关联其偿债能力。例如,如果物流数据显示货物周转速度慢、库存积压严重,那么这可能意味着融资方存在资金流问题,进而影响其信贷风险。因此,物流监控数据在信贷风险评估中扮演着不可或缺的角色,它帮助金融机构做出更加明智和准确的信贷决策,从而降低不良贷款的风险。

二、智能仓储管理

(一)智能仓储技术的引入与应用

1. 自动化仓储系统的优势与实施

自动化仓储系统通过集成先进的自动化技术,显著提高了仓储效率和精度,同时降低了人工成本。其优势主要体现在以下几个方面:一是实现货物快速、准确的存取,减少了人为操作错误;二是通过自动化设备进行货物搬运,减轻了人工劳动强度;三是优化了仓储空间利用,提高了库存容量。在实施自动化仓储系统时,需综合考虑仓库布局、货物特性、作业流程等因素,进行定制化设计。实施过程包括系统规划、设备选型与配置、软件开发与调试、人员培训等环节,确保系统能够顺利投入运行并发挥预期效益。

2. 智能货架在库存管理中的作用

智能货架作为智能仓储的重要组成部分,其在库存管理中发挥着关键作用,通过搭载传感器和识别技术,智能货架能够实时监控货物的数量、位置和状态,为金融机构提供精准的库存数据。这有助于金融机构实现库存的精准管理,避免库存积压和缺货现象的发生。同时,智能货架还能配合自动化仓储系统,实现货物的自动补货和调配,进一步优化库存结构,提高库存周转率。此外,智能货架的数据采集和分析功能,还为金融机构提供了宝贵的市场信息和运营洞察,有助于其做出更明智的决策。

3. 物联网技术在智能仓储中的应用前景

随着物联网技术的不断进步和成熟,其将在智能仓储中发挥更加核心的作用,未来,物联网技术将与自动化仓储系统、智能货架等深度融合,实现更加智能化、高效化的仓储管理。例如,通过物联网技术实现货物追踪与溯源,确保货物安全;利用物联网数据进行仓储优化和预测分析,增强决策准确性;借助物联网平台促进供应链各方之间的信息共享与协同,提升整体供应链效率。因此,物联网技术在智能仓储中的应用前景令人期待,将为金融机构和整个供应链带来革命性的变革。

(二) 智能仓储管理与风险控制

1. 基于数据的仓储风险评估方法

在智能仓储管理中,基于数据的仓储风险评估方法显得尤为重要,该方法主要依赖于智能仓储系统所收集的大量数据,这些数据涵盖了货物存储、搬运、出库等各个环节。通过对这些数据的深入挖掘和分析,可以识别出潜在的仓储风险点,如货物损坏、丢失、过期等。具体评估过程中,可运用统计学、机器学习等技术手段,构建风险评估模型,对各项风险指标进行量化评估。这种基于数据的评估方法,不仅增强了风险评估的准确性和客观性,还为仓储管理者提供了有针对性的风险防控建议,有助于降低整体仓储风险。

2. 库存预警机制的建立与运作

库存预警机制是智能仓储管理中的重要组成部分,对于风险控制具有关键作用,该机制的建立主要基于库存数据的实时监测与分析。通过设定合理的库存阈值,当库存量接近或达到这些阈值时,系统会自动触发预警信号,提醒管理者及时采取相应的库存调整措施。预警机制的运作需要依赖于高效的数据处理系统和准确的预警算法。在风险控制方面,库存预警机制有助于及时发现库存异常,预防库存积压、缺货等风险事件的发生,从而保障供应链的稳定运行。

3. 智能仓储管理在供应链金融中的价值体现

智能仓储管理在供应链金融中的价值主要体现在提升效率和降低风险两个方面。首先,通过自动化、智能化的仓储管理手段,可以显著提高货物存储、搬运、出库等环节的作业效率,减少人工干预和错误,从而缩短货物周转时间,提升供应链整体效率。其次,智能仓储管理利用大数据和先进的分析技术,能够实时监控货物状态和库存情况,及时发现潜在风险并进行预警,有助于金融机构更准确地评估融资方的信贷风险,降低不良贷款率。此外,智能仓储管理还能促进供应链各方之间的信息共享和协同合作,提升供应链的透明度和灵活性,进一步提高供应链金融的抗风险能力。

三、供应链协同与信息共享

(一)供应链协同的基础与框架

供应链协同,作为现代供应链管理的核心理念,强调的是各环节之间的紧密配合与高效运作,它通过促进供应链中各参与方的信息共享、协同决策和共同行动,力求实现整体效率的最优化。这一过程不仅涉及原材料的采购、产品的生产,还包括物流的配送以及最终的销售环节,构成了一个完整的价值链。供应链协同的主要目标是消除信息孤岛,使每一个环节都能基于全局视角进行决策,从而实现资源的最优配置。为了达到这一目标,必须明确各参与方的角色与责任,确保每个环节都有明确的职责划分。同时,建立透明的信息沟通机制也是至关重要的,它能够确保信息的及时传递和准确反馈,进而提升决策的质量和速度。此外,采用统一的标准和流程也是实现供应链协同的关键,它可以减少因标准不一而导致的沟通成本和效率损失。这些因素共同为供应链协同提供了坚实的基础,使得供应链能够在高效、灵活的管理下持续运转。

(二)跨企业信息共享平台的建设

在当今全球化的市场环境下,跨企业信息共享平台不仅是实现供应链协同的技术支撑,更是提升供应链整体效率的关键工具。通过构建一个集数据采集、存储、处理和分析功能于一体的信息平台,可以确保供应链各环节的信息能够得到实时、准确的交换与共享。在建设过程中,数据的标准化是首要考虑的因素。只有确保数据格式和定义的统一,才能避免信息在传递过程中出现失真或误解。同时,数据的安全性也是不容忽视的问题。必须采用先进的加密技术和严格的访问控制机制,确保信息在共享过程中不被泄露或篡改。此外,平台的易用性同样重要。一个简洁、直观的用户界面可以降低操作难度,提高用户的使用体验。最后,考虑到业务的不断发展和变化,平台的可扩展性也是必不可少的。只有能够灵活应对未来可能出现的新需求和新挑战,跨企业信息共享平台才能真正发挥其应有的价值,推动供应链各方实现更紧密的协作和更高效的响应。

(三)先进技术在供应链协同中的应用

物联网技术的兴起,使得供应链中的每一个节点,从原材料到最终产品,都能实现实时信息的采集与传输。这种技术不仅显著提升了供应链的透明度和可追溯性,还使得企业能够迅速响应市场变化和顾客需求。物联网通过连接各种智能设备,实时监控货物状态、运输过程以及仓储条件,确保产品质量与安全,并优化物流配送路径。与此同时,大数据技术的运用为供应链协同提供了强大的数据分析能力。通过对海量数据的挖掘,企业能够洞察市场趋势,预测消费者行为,从而做出更为精准的决策。大数据技术不仅提高了供应链的运作效率,还帮助企业发现潜在的商业机会,实现个性化服务和产品创新。人工智能技术在供应链协同中也发挥着举足轻重的作用。借助机器学习、深度学习等算法,企业可以构建预测模型,优化库存管理,减少缺货和积压现象。此外,人工智能技术还能自动化处理烦琐的任务,如订单处理、发票核对等,从而释放人力资源,让员工专注于更高价值的工作。

(四)供应链协同的绩效评估与改进

供应链协同的绩效评估是确保供应链持续优化和提升竞争力的关键环节,通过建立全面的绩效评估体系,企业能够客观地衡量供应链协同的实际效果,并据此制定改进措施。在绩效评估过程中,合理的绩效指标选择至关重要。交货周期、库存周转率、客户满意度等指标能够直观地反映供应链协同的效率和服务质量。这些量化指标不仅帮助企业全面了解供应链的运行状况,还为管理者提供了决策支持。除了量化指标外,定性的分析方法同样不可忽视。流程审计能够深入剖析供应链协同过程中的瓶颈和问题所在,而专家评估则能从专业角度提供改进建议。这些方法共同构成了供应链协同绩效评估的完整框架。根据绩效评估结果,企业可以及时发现并改进存在的问题。优化信息共享机制、调整协同策略以及引入新技术等,都是提升供应链协同水平的有效途径。通过这些改进措施的实施,企业不仅能够提高供应链的整体效率,还能在激烈的市场竞争中保持领先地位。

四、风险预警与响应机制

(一)预警机制的构建与运作流程

预警机制构建之初,首要任务是精心设定一系列预警指标,这些指标需具备高度敏感性,能够准确捕捉供应链中出现的异常情况。例如,订单处理的时效性、库存量的异常变动等均可作为关键的预警指标。这些指标的设定基于对供应链历史数据的深入分析和对未来可能风险的预测,旨在构建一个能够全方位监控供应链状态的体系。数据监控作为预警机制的核心环节,其实时性和准确性至关重要。通过持续跟踪供应链各环节的关键数据,并与预设的预警指标进行对比分析,可以及时发现并识别出潜在的风险点。这一过程依赖于先进的信息技术系统和高效的数据处理能力,以确保数据的实时更新和准确分析。当监控数据触及或超越预设的预警阈值时,预警机制将即刻启动。此时,通过自动化流程或人工介入的方式,相关信息将迅速传递至供应链管理者手中。这种快速响应机制有助于管理者在第一时间掌握风险情况,从而做出及时且有效的应对措施,最大限度地减轻潜在风险对供应链运营的影响。

(二)风险响应策略与措施

在供应链风险管理中,当预警机制被触发时,迅速且恰当的风险响应策略显得尤为关键。这些策略的制定需根据不同风险的特性和严重程度来进行,以确保在风险事件发生时能够迅速而有效地应对。针对不同类型的风险,如供应延迟、需求波动或供应中断等,企业应制定相应的应急预案。这些预案可能包括调整物流计划以加快货物运输,重新规划生产计划以适应市场需求的变化,或者寻找替代供应商以保障生产的连续性。通过这些措施,企业可以在风险事件发生时迅速调整运营策略,减轻潜在损失。同时,资源调配的优化也是风险响应策略中的重要一环。在风险发生时,企业需要重新分配资源,以确保关键环节的顺畅运行。这可能涉及调整人员配置、优化库存管理或重新分配预算等。通过合理的资源调配,企业可以更好地应对风险事件带来的挑战。此外,与合作伙伴的协同也是风险响应中不可忽视的一环。在供应链中,各环节之间的紧密合作对于应对风险至关重要。通过与供应商、物流提供商等合作伙伴的紧密沟通,企业可以共同制定应对措施,形成合力以抵御风险。

(三)风险预警与响应机制的持续优化

风险预警与响应机制在供应链管理中占据着至关重要的地位,然而,这一机制并非静态不变的,而是需要随着外部环境和内部需求的变化而持续进行优化。优化过程并非盲目进行,而是应基于对过往风险事件的深入回顾与细致分析。通过对历史数据的挖掘,可以识别出机制在运行过程中存在的不足之处和潜在漏洞,这些发现为后续的改进工作提供了明确的方向。在明确了改进点之后,接下来的工作便是针对性地进行调整和完善。这可能涉及对预警指标的重新设定或调整,以确保其能够更加精准地反映出供应链中的风险信号。同时,数据监控技术的升级也是不可或缺的一环,通过引入更先进的监控工具和方法,可以提高数据处理的效率和准确性,从而实现对供应链状态的实时监控和风险评估。除此之外,响应策略的更新同样重要,随着供应链环境和业务需求的变化,原有的响应策略可能已经无法完全适应新的挑战。因此,需要根据实际情况对策略进行修订或重构,以确保在风险事件发生时能够迅速而有效地做出应对。

五、基于商贸和物流园区的供应链金融案例分析

(一)顺丰线上供应链金融现状

顺丰公司(以下简称 SF),这家总部位于深圳的物流综合服务商,经过多年的持续成长,现已具备提供高质量综合物流服务的能力。其服务范围不仅覆盖了配送端的物流服务,更进一步将业务链条扩展至生产、供应、销售和配送等价值链前端环节。SF 坚持以客户需求为导向,借助大数据分析和云计算技术,为客户提供包括仓储管理、财务分析在内的多元化综合服务解决方案。自 2011 年起,SF 进一步拓宽业务领域,涉足金融服务,由顺丰金融承担起新金融布局的建设使命。依托顺丰 20 余年高速发展所积累的丰富数据资源,SF 成功构建了专业化的风险控制体系和开放共享的金融生态,以此推动产业链金融服务向深层次发展。

在供应链金融服务方面,SF 最初提供货品运输保价和收款服务。随着"顺盈"在 2013—2014 年的诞生,SF 开始涉足理财、保险等更广泛的金融业务。除了核心的物流快递服务外,SF 的综合物流服务能力逐渐凸显。在理财产品领域,SF 推出了"顺手赚"产品;在支付环节,顺丰与中信银行携手合作,共同研发出"顺手付"APP,极大地方便了客户的交易支付。历经 20 余年的发展积淀,SF 积累了庞大的客户资源,为构建线上供应链金融平台奠定了坚实基础。该平台旨在为产业链条中的中小企业提供融资支持,通过建立完善的平台系统,实时反映中小企业的交易、物流等真实信息,实现了物流、资金流、信息流、商流的四流合一。2018 年,SF 与怡亚通、东方嘉盛等行业领军企业共同打造了国内领先的物流行业供应链大数据平台,极大提升了综合服务效率

与客户服务水平。

2019年,SF以55亿元巨资收购兼并了国际知名DHL供应链公司,这一举措标志着SF线上供应链金融发展的重大里程碑。在SF的多元化战略布局中,线上供应链金融业务已成为融合其他业务板块的关键纽带,不仅为SF带来了显著的收益,更成为其重要的业务板块。目前,SF已成功研发出众多线上供应链金融产品,并形成了完善的体系。除了常见的订单融资与仓储融资外,还包括"顺小贷"等纯信用贷款产品。随着国家对金融监管的日益加强,SF已将其业务重心转向符合未来发展定位的线上供应链金融模块,主要服务于中小微企业的物流、金融等综合需求。2020年4月,SF成立子公司顺丰供应链科技公司,专注于线上供应链金融业务的发展。

凭借丰富的客户资源信息和大数据、云计算等互联网技术优势,SF线上供应链金融平台有效解决了信息安全问题,为中小企业提供了全流程线上数字化的综合服务。SF年报数据显示,其线上供应链金融无抵押产品的贷款金额最高限额达50万元,主要服务于酒类、3C类及汽车服务类企业。此后,SF更成立了中小企业综合服务公众平台——SF金科,进一步拓宽了服务范围,不仅涵盖物流仓储服务、供应链融资服务,还为SF员工提供信贷服务。

(二)顺丰线上供应链金融模式

1. 电子仓单融资模式

在2015年,SF推出线上仓单融资业务。SF公司与融资企业达成协议,由SF对融资企业的货物进行评估授信,根据抵押品的价值对融资企业授信评级,并将抵押品放置于SF存储仓内。SF基于货物的价值,向融资企业发放相应额度的贷款。这种模式在一定程度上满足了融资企业短期融资需求。企业在该模式下,可以享受到灵活的信用额度,又可以方便地操作申请贷款,加快了融资企业的资金流动速度。企业规模越大,产品价值金额高,企业在SF信用等级中就越高,所获得贷款金额就越大,具体额度依据实际情况,从100万元到3 000万元不等。

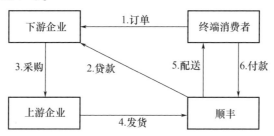

图4-1-1　顺丰电子仓储融资流程图

2. 电子订单融资模式

（1）保理融资模式。保理融资模式是由传统模式下的应收账模式发展而来，这种模式的客户主要是 SF 的上游的中小企业，SF 企业与上游供应商签订交易合同，SF 金融平台以 SF 企业对上游企业应交货款为抵押品，实施保理融资模式，这种模式给融资企业与 SF 都带来了不少益处。融资企业借助这种模式获得资金，缩短了融资企业流动资金的周转时间，同时缓解了 SF 企业的现金压力。

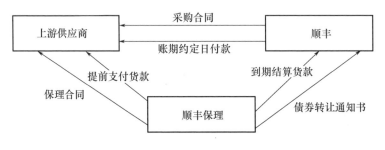

图 4-1-2 顺丰保理融资流程图

（2）订单融资模式。订单融资模式与保理融资模式在适用对象方面存在显著差异，该模式的适用对象是与 SF 公司交易次数高、信用资质高的企业，这些企业与 SF 长期合作，建立了密切的关系。具体地来说，融资企业产生交易订单后，将相关的交易信息提交到线上供应链金融平台，SF 代融资企业支付货款，货款定向支付，用于材料购买等定向业务。融资企业利用购买的原材料等进行生产加工，销售相关产品获得的收入用于偿还 SF 提供的贷款。这种线上融资模式，加深了 SF 与融资企业的合作关系，解决了中小企业因资金不足导致的生产难题。订单融资模式中，SF 通过其信贷资金盘活了整个供应链条，大大促进了中小企业的发展。

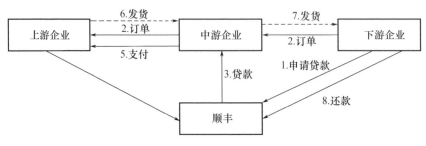

图 4-1-3 顺丰订单融资流程图

（三）顺丰线上供应链金融实施效果分析

1. 降低信息不对称风险

SF 线上供应链金融模式显著降低了信贷市场中资金提供方与融资企业间的信息不对称风险,使融资企业更易获得所需资金。传统贷款流程中,资金提供方主要依赖融资企业的银行账单、财务报表等有限信息进行评估,信息获取渠道较为单一。而在 SF 的线上供应链金融模式下,公司通过深度参与供应链各环节,全面了解各企业在供应链中的地位及动态交易情况,从而大幅提升了信息的透明度和可获取性。作为供应链中的综合服务商,SF 通过线上平台高效获取并分析融资企业及交易对手方的多元信息,如用户活跃度、消费者购买力等,以更精准地预测其信贷需求和未来发展潜力。同时,该平台集成了交易、运输、支付等全流程服务,实现了中小企业融资的线上化和信息共享的实时更新。此外,SF 作为关键物流机构,能够实时掌握融资企业的货物信息,为其数据风控系统提供有力支持。通过物流信息的动态监测,SF 能够及时识别潜在风险,合理评估信用额度,从而有效降低信贷风险。

2. 拓宽融资渠道

相较于传统供应链金融模式对核心企业的依赖,顺丰线上供应链金融模式显著拓宽了服务的行业范围和中小企业的融资渠道。此模式不再受限于特定行业的核心企业,而是服务于各行各业,为中小企业提供了更多样化和灵活的融资选择。在互联网技术的推动下,企业间与行业间的联系日益紧密。与传统融资模式主要关注融资企业的资信状况不同,顺丰的线上供应链金融模式不仅考量融资企业和核心企业的信用,更对整个供应链条的稳定性和订单信息的真实性等全面评估。针对信用资质各异的企业,顺丰提供了不同的融资解决方案。对于信用一般的企业,通过仓储融资模式,利用物流对货物的实际控制权来提供信贷额度;而对信用较好的企业,则采用订单融资模式,基于其良好信用提供相应信贷支持,这种灵活的融资方式显著降低了中小企业的融资门槛,使其更易获得所需资金。总的来说,顺丰线上供应链金融模式标志着从围绕核心企业的传统模式向涵盖所有相关行业的产业生态圈的转变,为中小企业开辟了新的融资路径。

3. 降低交易成本

顺丰线上供应链融资模式,与其他模式不同,充分结合物流的优势。传统的供应链金融,由银行搭建平台,物流企业将对企业的货物监管,并上传数据,这使得数据更新存在延迟。SF 线上供应链金融平台,其物流系统平台,由企业自身搭建,员工上传数据更加及时,SF 线上供应链金融平台借助于物流系统,统计整理出融资企业货物日流量与价值总额,实现了动态监控。且信息为第一手数据,更加真实可靠。SF 通过分析整理监测到的动态数据,给上下游企业提供相应额度的授信,实现了物流与金融信息联通。SF 线上供应链金融平台通过动态数据精准调整融资企业的融资额度,SF 授信模式多种多样,适合不同类型的中小企业。此外信息注册、流程审批,全部实现了操作,极大降低了人工操作成本,使得环节缩短,从而降低了交易成本。

4. 降低信贷风险

线上供应链融资模式具有自偿性的特点,这种模式是一种自偿性贷款。这种自偿性的特征,可以降低融资方的信用风险。传统融资模式中,中小企业缺乏可靠的还款资金来源,金融机构为了控制风险,不愿意提供贷款。而线上供应链金融还款来源有足够的保证,融资企业通过获得融资资金进行生产销售,销售收入是贷款的主要来源。顺丰企业分析判断融资企业的真实交易状态,向融资企业提供资金。随后融资企业销售产品,并取得相应的销售收入,据此来偿还 SF 提供的贷款。顺丰企业在全程控制相关货物的动向,在面对终端客户时候,可以通过代收方式,使得融资企业的回款能回流到顺丰平台中。

自偿性可以有效保障 SF 信贷资金的安全,降低融资企业违约可能性,降低 SF 的坏账比例。此外,在线上供应链金融模式中,顺丰企业实现了从发放贷款到收回贷款全程控制。以仓储融资模式为例,顺丰企业从货物源头监管控制,直至下游二级经销商或者终端消费者,顺丰企业代收货物资金。可见,在该模式中,SF 实现了对整个供应链条中资金、货物、交易信息等的有效控制,从而大大降低了信贷风险。

第二节　物联网、大数据等技术对供应链金融的赋能

一、物联网技术在供应链金融中的应用与优势

(一)物联网在库存管理中的应用

在供应链金融领域,物联网技术的深入应用正逐步重塑库存管理的传统模式,借助 RFID 标签及其他先进传感器技术,企业得以实现对库存状态的实时监控,涵盖商品数量、存放位置以及环境温湿度等诸多关键参数。这种技术革新不仅大幅提升了库存管理的精确性和时效性,更有助于降低因信息滞后或误差所导致的库存积压或缺货风险。从金融机构的角度来看,物联网技术的引入为其提供了更为可靠和全面的库存价值评估手段。通过实时收集并分析库存数据,金融机构能够更为精准地判断供应链中企业的实际运营状况和

偿债能力,进而为其提供更加贴合需求的融资服务。此外,物联网技术还支持库存的自动化调整和优化,有效减少了人为干预和误操作,进一步提升了整个供应链的运行效率和响应速度。

(二)物联网在货物运输追踪中的作用

货物运输作为供应链的重要环节,其追踪与监控对于确保供应链的稳定性和高效性至关重要。物联网技术的运用,使得货物运输过程中的位置、状态以及环境条件等信息得以实时捕捉并传输,从而极大地提高了供应链的透明度和可追溯性。对于金融机构而言,这种透明度的提升意味着其能够更加准确地评估货物运输过程中的风险,包括延误、损坏以及盗窃等,进而为相关企业提供更加合理的融资条件和风险保障。同时,物联网技术还支持对货物运输过程中的异常事件进行即时响应和处理,有效降低了潜在损失和纠纷发生的可能性,进一步保障了供应链金融的安全性和稳健性。

(三)物联网增强供应链风险管理的能力

物联网技术的广泛应用为供应链风险管理带来了革命性的变革,与传统的基于历史数据和人工分析的风险管理方法相比,物联网技术提供了更为实时、准确且全面的数据支持。通过物联网设备所收集的海量数据,企业能够及时发现并应对供应链中潜在的各类风险点,包括但不限于供应中断、质量问题以及市场需求波动等。这种基于数据的风险管理方法不仅增强了风险识别的准确性和时效性,更有助于企业制定更加科学和有效的风险防范和应对措施。对于金融机构而言,物联网技术的引入使其能够更加深入地了解供应链的实际运行状况和潜在风险点,从而更加精准地评估信贷风险和制定个性化的风险管理策略。此外,借助物联网技术构建的风险预警系统能够在风险事件发生前提供及时的警示和预测,为企业和金融机构赢得宝贵的应对时间和决策空间,进一步降低损失发生的可能性和影响范围。

二、物联网与大数据融合,提升供应链金融效率

(一)融合技术对供应链流程优化的影响

传统的供应链流程受限于信息的不透明和数据的滞后性,往往导致流程烦琐、效率低下。然而,物联网技术的引入,通过实时收集供应链各环节的数据,如仓储、物流、销售等,为大数据分析提供了丰富的数据源。大数据分析技术则能够对这些海量数据进行深度挖掘和处理,迅速识别出流程中的瓶颈环节和低效区域。例如,在仓储管理环节,物联网传感器可以实时监控货物的状

态、位置和温湿度等信息,而大数据分析则能够根据货物的进出库频率、存储模式等历史数据,预测未来的库存需求,从而优化库存布局和调度策略。在物流运输环节,通过 GPS 定位和 RFID 技术,可以精确追踪货物的位置和运输状态,大数据进一步分析运输路线、时间以及潜在的拥堵情况,帮助企业调整运输计划,减少延误和成本损失。这些优化措施的实施,显著提高了供应链的整体运行效率,降低了运营成本,为企业创造了更大的竞争优势。

(二)大数据与物联网在信贷评估中的应用

传统的信贷评估主要依赖企业的历史财务数据和信用记录,然而这些数据往往无法全面反映企业的实时运营状况和潜在风险。物联网技术的引入,使得金融机构能够实时获取企业的库存数据、销售数据以及物流运输数据等关键信息,进而通过大数据分析技术对这些信息进行深入挖掘和分析。通过结合物联网实时数据与大数据分析技术,金融机构能够更全面地了解企业的运营状况、市场地位以及潜在风险点。这种数据驱动的信贷评估方法不仅显著增强了评估的准确性和时效性,还有助于金融机构制定更为精准的信贷政策和风险控制措施。此外,大数据分析还可以对行业动态和市场趋势进行预测,为金融机构提供前瞻性的风险评估和决策支持,进一步降低信贷违约风险。

(三)融合技术降低供应链金融成本的途径

物联网与大数据的融合技术为降低供应链金融成本提供了多种有效途径。首先,通过物联网技术对库存和物流的实时监控,企业能够精确掌握货物的位置和状态,从而避免过剩库存的产生和缺货现象的发生。这不仅降低了库存持有成本,还减少了因缺货导致的销售损失和客户满意度下降所带来的隐性成本。其次,大数据分析技术在供应链流程优化中的应用,能够帮助企业识别并消除流程中的浪费环节和低效区域。通过优化供应链流程,企业可以提高整体运营效率,减少不必要的资源消耗和时间延误,从而降低运营成本。再者,基于物联网和大数据的信贷评估方法能够减少金融机构在信贷审批过程中的信息不对称风险。通过实时数据和深入的数据分析,金融机构可以更准确地评估企业的信用状况和偿债能力,从而降低信贷违约成本和风险损失。最后,物联网与大数据技术的融合还支持供应链金融的自动化和智能化发展。通过自动化系统和智能算法的应用,企业可以减少人工干预和错误成本,提高决策效率和准确性。

三、物联网技术助力供应链金融透明化与可追溯性

(一)物联网在供应链透明度提升中的作用

物联网技术在供应链管理中起到了举足轻重的作用,特别是在提升供应链透明度方面。通过广泛应用 RFID 标签、GPS 追踪器等物联网设备,供应链的每一环节都能实现实时监控与数据化记录。这一变革使得商品从原材料采购到生产、运输,再到最终销售给消费者的全过程都变得透明且可追溯。此种透明度的提升,不仅突破了以往供应链中存在的信息孤岛现象,更确保了各方能精准地掌握物流动态、库存状况等核心信息。对于金融机构而言,这种由物联网技术所带来的实时数据流具有极高的价值。它能够协助金融机构更为精确地评估信贷风险,优化资金配置,并在必要时进行及时的风险控制。此外,物联网技术的深度应用还强化了供应链金融体系的整体稳健性,为参与供应链的各方提供了更为可靠的信息支持,从而促进了整个供应链的协调与高效运作。

(二)实现产品全程可追溯性的技术方案

实现产品的全程可追溯性已成为现代供应链管理中的一项关键任务,而物联网技术为其提供了有效的解决方案。具体而言,通过为每一件产品分配一个唯一的识别码,并结合物联网传感器的应用,能够在产品的整个生命周期内持续、实时地收集其关键信息。这些信息包括但不限于产品的位置、当前状态以及所处环境等。所有收集到的数据都会被安全地存储在中央数据库中,并可通过专门的平台或应用程序进行查询与分析。当需要对某一产品的历史记录进行追溯时,相关人员只需输入该产品的唯一识别码,系统便能迅速呈现出该产品从生产到销售的完整轨迹。此种技术方案不仅大幅提升了企业在面对产品质量问题时的响应速度与处理能力,比如快速识别并应对潜在的产品缺陷或进行产品召回,也显著提升了消费者对产品的信赖度,进而提升了企业的品牌形象与市场竞争力。此外,对于金融机构来说,产品的全程可追溯性也为其进行信贷风险评估提供了新的视角与依据,从而有助于降低潜在的信贷风险。

(三)透明化与可追溯性对金融风险管理的影响

在供应链金融领域,透明化与可追溯性的重要性日益凸显,它们对金融风险管理产生了深远而广泛的影响。通过物联网技术的深入应用,供应链各环节的数据得以实时捕捉和传输,使得金融机构能够以前所未有的清晰度掌握

供应链的真实运营状况。这种透明化不仅涵盖了物流、库存等基本信息，还延伸到了供应链参与者的信用状况、市场动态等更深层次的风险因素。与此同时，可追溯性的强化为金融机构提供了一种全新的风险管理工具。在面临潜在风险或实际损失时，金融机构可以迅速利用可追溯性数据定位问题的源头，从而有针对性地采取风险控制措施，最大限度地减少损失。这种基于数据的精准风险管理方式，不仅显著提高了金融机构的决策效率和响应速度，还大大提升了其对供应链整体健康状况的把控能力。从长远来看，透明化与可追溯性的结合将推动供应链金融向更高效、更稳健的方向发展，随着数据的不断积累和分析技术的日益成熟，金融机构将能够更准确地预测和应对各种潜在风险，为供应链的持续稳定运行提供有力保障。

（四）供应链透明化对消费者权益的保障

借助物联网技术的力量，消费者如今能够轻松获取关于产品来源、生产过程、物流信息等关键环节的详细数据。这种前所未有的透明度不仅赋予了消费者更多的知情权和选择权，还极大地增强了他们对产品的信任感。通过深入了解产品的"生命历程"，消费者可以更加明智地做出购买决策，避免受到假冒伪劣产品或非法贸易行为的侵害。同时，在产品出现问题或争议时，供应链的可追溯性为消费者提供了一种有效的维权手段。利用可追溯性数据，消费者可以迅速查明问题的根源和责任方，从而有针对性地寻求解决方案或进行投诉维权。因此，供应链透明化不仅是企业提升竞争力和运营效率的关键所在，更是保障消费者权益、维护市场秩序的重要举措。随着技术的不断进步和消费者需求的日益多样化，供应链透明化将在未来发挥更加重要的作用。

四、大数据在供应链金融中的实时分析与决策支持

（一）大数据在供应链金融中的实时分析能力

大数据技术在供应链金融领域的应用，显著提升了实时分析的能力，这一变革对于金融机构而言具有深远意义。传统的数据分析方法，常受限于处理速度和数据规模，往往无法及时反映供应链的动态变化。然而，大数据技术的引入，使得金融机构能够实时处理并分析海量的供应链数据，包括销售数据、库存变动、物流状态等关键信息。这种实时分析的能力，为金融机构提供了前所未有的便利。它们可以迅速获取供应链各环节的最新情况，从而更准确地评估信贷风险、资金流动性以及市场需求。此外，实时分析还使得金融机构能够更快地做出决策，调整融资策略，以有效应对市场的快速变化。这不仅提升了金融机构的服务效率，还提升了其客户满意度，进一步巩固了其在供应链金

融领域的竞争优势。

(二)基于大数据的供应链金融风险预警系统

基于大数据的供应链金融风险预警系统,是现代金融科技领域的一项重要创新,该系统通过广泛收集并分析供应链中的多维数据,如交易记录、市场价格波动、企业财务报告等,运用先进的算法模型,识别出潜在的异常模式和风险点。一旦系统检测到异常情况,如订单量的急剧增长、库存的异常积压或企业信用评分的显著下降,它会立即触发预警机制,向金融机构发送风险提示。这使得金融机构能够在风险事件真正发生之前,就采取必要的应对措施,从而有效地降低信贷违约和资金损失的风险。此外,这种基于大数据的预警系统还具有高度的灵活性和可扩展性。金融机构可以根据自身的风险承受能力和业务需求,定制化的设置预警阈值和风险指标,以实现更精准的风险管理。这无疑为供应链金融的稳定运行提供了有力的技术保障。

(三)大数据支持的供应链金融决策流程

在供应链金融领域,大数据技术的广泛应用正深刻改变着传统的决策流程。传统的决策流程往往依赖于有限的数据集和人工经验,这在一定程度上限制了决策的准确性和效率。然而,随着大数据技术的不断发展,金融机构现在能够获取并分析更全面、更深入的数据,从而为决策提供更坚实的支持。通过深入分析历史交易数据、市场趋势、企业信用记录等多维度信息,金融机构能够更精确地评估融资需求、信贷风险以及预期的回报率。这种基于数据的决策流程不仅大大增强了决策的客观性和准确性,还有效缩短了决策周期。此外,大数据支持的决策流程还使得金融机构能够更快速地响应市场的变化。通过实时监测和分析供应链数据,金融机构可以及时调整融资策略和资金配置,以抓住市场机遇并降低潜在风险。这无疑提升了金融机构的整体运营效率和市场竞争力,使其在供应链金融领域占据更有利的地位。

五、物联网与大数据共同推动供应链金融数字化转型

(一)物联网与大数据在数字化转型中的协同效应

在供应链金融数字化转型的进程中,物联网与大数据技术的协同效应表现得尤为突出,物联网技术,以其独特的实时数据收集能力,为供应链金融领域提供了源源不断、精确可靠的信息流。通过 RFID 标签、传感器等物联网设备,供应链中的商品流动、库存状态、物流路径等关键数据得以被实时捕捉并传输,从而构建了一个庞大且细致的数据网络。而大数据技术,则在这个数据

网络的基础上发挥着深层次的挖掘与分析作用。借助强大的数据处理能力和先进的算法模型,大数据技术能够深入剖析这些由物联网收集的海量数据,揭示出隐藏在其中的市场趋势、风险点以及优化机会。二者的紧密结合,不仅显著提升了供应链金融的透明度和可追溯性,使得各方能够基于更全面的数据做出更明智的决策,还极大地提升了风险管理的精准度和响应速度,这种协同效应,正在推动着供应链金融向更加智能化、高效化的方向迈进,为企业和金融机构带来了前所未有的价值提升和竞争优势。

(二)应对数字化挑战的策略与建议

面对供应链金融数字化转型过程中的诸多挑战,如数据安全性的保障、技术更新的速度、专业化人才的匮乏等,需要采取一系列策略与建议以有效应对。

在数据安全方面,必须采用业界领先的数据加密技术和隐私保护手段,确保所有在供应链金融流程中传输和存储的数据都得到严格保护,防止数据泄露和非法利用,从而维护企业和消费者的合法权益。在技术更新层面,需要持续投入研发资源,紧密跟踪物联网、大数据等前沿技术的发展动态,及时将最新的技术成果应用到供应链金融的实践中,以保持技术的先进性和竞争力。针对人才短缺问题,应重视数字化人才的培养和引进工作。通过内部培训、外部招聘以及与高校和研究机构的合作等多种方式,打造一支既懂供应链金融又具备数字化技能的专业团队,为数字化转型提供坚实的人才支撑。此外,还应积极寻求与产业链上下游合作伙伴的协同创新。通过共建共享数据平台、联合开展技术研发等方式,共同推动供应链金融数字化转型的进程,实现产业链的整体优化和升级。

(三)数字化转型对未来供应链金融发展的预测

数字化转型将对未来供应链金融的发展产生深刻而长远的影响,随着物联网和大数据技术的持续进步与广泛应用,可以预见供应链金融将迎来前所未有的变革。透明度与效率的提升将是数字化转型带来的最直观改变。在物联网设备的实时监控和大数据技术的深入分析下,供应链金融中的各方将能够更全面地掌握供应链的真实运营状况,从而更准确地评估潜在的风险和收益。这将大大降低决策失误的可能性,提高资金的使用效率。同时,数字化转型还将推动供应链金融向智能化、自动化的高级阶段演进。借助人工智能、机器学习等尖端技术,金融机构将能够构建更为精准的风险预警模型和决策支持系统,实现风险管理的自动化和智能化。这将极大地提升金融机构的响应速度和运营效率,为客户提供更优质的服务体验。此外,数字化转型还将激发供应链金融领域的创新活力。在新的技术框架下,传统的金融产品和服务将得以重构和优化,而全新的金融业态和商业模式也将不断涌现,将为满足企业和消费者日益多样化的金融需求提供更为丰富的选择,推动供应链金融市场的繁荣和发展。

第三节 物流技术创新推动供应链金融的升级路径

一、智能物流系统优化融资决策

(一)实时数据监控助力融资评估

智能物流系统在金融领域的应用,特别是其实时数据监控功能,显著提升了融资评估的精准性。该系统能够持续追踪并记录货物的实时位置、状态及在运输途中的各类动态变化,为金融机构提供了一套详尽且准确的物流信息。这一功能的实现,归功于现代信息技术的迅猛发展,使得数据的获取、传输和处理变得迅速而高效。金融机构因此能够依据这些最新、最真实的数据进行全面的风险评估,从而确保融资决策的科学性和合理性。实时数据监控不仅大幅降低了信贷风险,因数据滞后或错误而导致的决策失误得以避免,还使金融机构能够更为敏捷地应对市场变化,及时调整融资策略,确保资金的安全与增值。

(二)智能预测分析优化资金调配

智能物流系统的另一大亮点是其智能预测分析功能,这一功能对于金融机构优化资金调配具有重大意义。系统通过对积累的大量历史物流数据进行深度挖掘与细致分析,能够精准预测未来的物流需求走势和资金流向。这种预测不仅基于数据的统计规律,还融合了机器学习等先进技术,使得预测结果更具前瞻性和准确性。金融机构根据这些预测数据,可以提前做好资金规划,确保在物流需求高峰时期有足够的资金支持,而在需求低谷时则能合理调配资金,寻求更高的投资收益。这种智能化的预测方式,极大地提高了资金的使用效率,使金融机构在激烈的市场竞争中保持领先地位,实现稳健而高效的经营。

(三)自动化流程提高融资效率

智能物流系统所具备的自动化流程设计,在金融领域中展现出了其独特的价值,尤其是在提高融资效率方面。传统的融资流程,由于涉及多方沟通和大量文书工作,往往显得烦琐且耗时较长。然而,智能物流系统的引入,通过自动化技术的运用,极大地简化了这些传统流程。系统能够自动进行数据收集、整理与分析,进而为融资决策提供科学依据。此外,自动化流程还确保了从数据输入到决策输出的整个过程中,各个环节都能实现快速而准确的处理。这种高效的运作模式不仅大幅缩短了融资周期,还显著提升了金融机构的服务效率。因此,智能物流系统的自动化流程设计不仅满足了客户对高效、便捷的融资服务的需求,还使金融机构在激烈的市场竞争中脱颖而出,进一步提升了其市场竞争力。

(四)风险预警机制降低信贷风险

智能物流系统中内置的风险预警机制在降低信贷风险方面发挥着至关重要的作用,该机制能够持续、实时地监测物流过程中的各类异常情况,如货物的延误、损失或质量问题等,并在第一时间触发预警信号。通过及时的信息反馈,金融机构得以在风险事件实际发生前便采取必要的防范措施,从而有效地规避了潜在的信贷损失。这种前瞻性的风险管理方式相较于传统的被动应对模式,更具主动性和预防性。它不仅显著提升了金融机构对各类风险的抵御能力,也为机构的稳健经营提供了坚实的技术支持和保障。通过这种方式,智能物流系统的风险预警机制在金融领域中的应用,无疑为提升行业整体的风险管理水平迈出了重要一步。

二、大数据分析提升风控能力

(一)数据挖掘揭示潜在风险点

在供应链金融领域,大数据分析技术展现出了其强大的潜力,特别是在数据挖掘方面。通过深度探索和分析海量的数据,这一技术能够精确地揭示出潜藏在供应链金融各个环节中的风险点。具体来说,它综合运用了多种数据分析方法,对包括交易记录、市场行情、企业运营等在内的多源数据进行了全面而细致的处理。在此过程中,隐藏在数据背后的异常模式、不寻常的关联规则以及偏离常态的行为模式逐渐被揭示出来。这些被挖掘出的信息,对于识别可能存在的欺诈行为、信用风险等具有极高的价值。例如,通过分析交易数据中的异常模式,可以检测出潜在的欺诈交易;而通过监测企业的运营数据和财务状况,则可以及时发现其信用风险的苗头。重要的是,大数据分析技术所提供的这种能力,使得金融机构得以在风险事件实际发生之前就进行预警,并据此采取相应的防范措施。这不仅有助于金融机构有效规避潜在风险,确保其资金安全,也为整个供应链金融生态系统的稳健运行提供了有力保障。

(二)信用评估模型完善与优化

信用评估作为供应链金融中的核心环节,其准确性直接关系着金融机构的信贷决策和风险管理效果。在这一背景下,大数据分析技术的出现为信用评估模型的完善与优化提供了前所未有的机遇。传统的信用评估方法,受限于数据获取的难度和评估手段的局限性,往往只能基于有限的数据和主观判断进行。然而,大数据分析技术的引入,打破了这一局限。它能够整合并分析来自多个渠道、多种类型的数据,如企业的历史交易记录、详细的财务状况、实时的市场动态等,从而为信用评估提供了更全面、更深入的数据基础。基于这些数据,金融机构得以构建出更为全面、客观的信用评估模型。这些模型不仅纳入了更多维度的评估指标,还运用了更先进的算法和模型技术,以提高评估的准确性和预测能力。因此,通过大数据分析技术的支持,金融机构能够更准确地评估客户的信用状况,从而为信贷决策提供更为科学、更为可靠的依据。

(三)历史数据对比预测未来趋势

大数据分析技术在这一方面展现出了显著的优势,通过系统地对比分析历史数据,该技术能够帮助金融机构洞察市场与行业的演变规律,从而为预测未来趋势提供坚实的数据基础。具体而言,对历史数据中蕴含的市场变化、企业经营状况以及行业发展趋势进行深入挖掘,可以揭示出一系列有价值的模式与关联。这些模式与关联不仅反映了过去的状况,更重要的是,它们能够作为预测未来可能风险点和机遇的重要依据。例如,通过识别历史数据中的周期性波动,金融机构可以预测未来市场的走向;通过分析企业过去的经营数据,可以评估其未来的偿债能力和信用风险。这种基于历史数据的预测能力,为金融机构提供了一种前瞻性的视角,使其能够在风险挑战出现之前就做好充分的准备和应对策略。

(四)多维度数据分析提升决策准确性

在复杂多变的金融环境中,单一维度的数据分析往往难以全面反映实际情况,可能导致风控决策的片面性和不准确性。为了克服这一局限性,大数据分析技术提供了多维度数据分析的方法论和工具集。通过对来自客户、市场、产品等多个维度的数据进行综合考量与深入分析,金融机构能够构建出更为全面、立体的风险视图。这种多维度数据分析方法的应用,显著增强了风控决策的准确性。它使得金融机构能够从多个角度审视同一问题,发现不同数据之间的内在联系和相互影响,从而更准确地评估风险、制定对策。例如,在信贷决策过程中,除了考虑客户的财务状况和信用记录外,还可以结合其所在行业的市场趋势、竞争状况以及产品的市场需求等因素进行综合分析,这种跨维度的数据整合与剖析,为金融机构提供了更为丰富、深入的信息支持,使得风控决策更加科学、客观、有效。

三、物联网技术提升供应链透明度

(一)实时追踪确保货物信息准确性

在供应链管理领域,物联网技术的实时追踪功能对于确保货物信息的准确性具有至关重要的作用。通过运用 RFID 标签、GPS 定位等先进的物联网设备,可以实现对货物位置和状态的实时监控。这些设备能够不断收集和传输货物的关键信息,如实时位置、温度、湿度等,从而确保供应链各方能够随时掌握货物的最新动态。实时追踪技术的运用不仅显著提高了货物信息的透明度,更为相关方提供了一个及时发现问题并采取措施的平台。例如,在货物运输过程中,一旦出现温度或湿度异常,物联网设备能够立即发出警报,通知管理人员采取必要的应对措施。这种前瞻性的管理方式有助于确保货物的安全和质量,降低因信息滞后或错误而导致的风险。

(二)供应链各环节数据整合与共享

物联网技术在供应链管理中的另一大贡献是促进了各环节数据的整合与共享,通过物联网设备收集的大量数据可以与其他信息系统进行无缝对接,实现数据的实时更新和广泛共享。这种数据整合能力打破了传统供应链中信息孤岛的壁垒,使得供应链各方能够基于一个统一、准确的数据平台进行高效的协作。数据共享带来的好处是多方面的。首先,它提高了供应链的协同效率,使得各方能够在第一时间获取到最新的市场信息和货物动态,从而做出更为明智的决策。其次,通过减少信息传递的延迟和误差,数据共享还有助于提升整个供应链的响应速度和灵活性。最后,从长远来看,数据共享还有助于构建更为紧密、互信的供应链合作关系,为应对未来市场的挑战奠定坚实基础。

(三)透明度提升促进多方协同合作

物联网技术的广泛应用,使得供应链中的各方能够实时获取并分享关键的信息和数据,这种高度的信息可见性,不仅让各方对供应链的整体状况有了更为全面和深入的了解,而且极大地增强了彼此之间的信任基础。透明度的提升直接促进了供应链各方的协同合作。各方在共享信息的基础上,能够更为精准地预测市场需求,协调生产计划,优化物流配送,从而实现资源的合理配置和高效利用。这种协同合作不仅提高了供应链的整体运营效率,更有助于提升供应链的灵活性和市场竞争力。此外,透明度的提升还有助于减少供应链中的信息不对称现象,降低因信息壁垒而产生的额外成本和风险。在高度透明的供应链环境中,各方能够基于共同的目标和利益,建立更为紧密和持久的合作关系,共同应对市场的变化和挑战。

(四)异常情况及时发现与处理机制

物联网技术在供应链中的应用,为异常情况的及时发现与处理提供了强有力的支持,通过物联网系统的实时监控和数据分析功能,供应链中的任何异常情况,如货物的迟延交付、损坏或丢失等,都能够被迅速识别和定位。一旦系统检测到异常情况,它可以立即触发预设的预警机制,通过自动化的通知流程,迅速将相关信息传递给相关的供应链成员。这种即时的信息传递机制,确保了相关方能够在第一时间对异常情况作出响应,采取有效的处理措施,从而最大限度地减少异常情况对供应链运营的不利影响。同时,物联网技术还支持对异常情况的深入分析和原因追溯。通过对历史数据和实时数据的对比分析,可以帮助供应链成员更好地理解异常情况的发生模式和潜在原因,进而制定更为有效的预防措施和改进策略。

四、区块链技术确保交易安全

(一)分布式账本保障交易不可篡改

区块链技术以其独特的分布式账本机制,在供应链金融领域展现出了显著的安全优势,这一机制通过去中心化的方式,确保每一笔交易数据都被永久且不可篡改地记录在区块链的各个节点上。这种数据的不可变性,为供应链金融提供了前所未有的信任基础。在传统的中心化系统中,交易数据往往存储在单一的数据库或服务器上,这使得数据容易受到恶意行为者的攻击和篡改。然而,在区块链技术的支持下,分布式账本将交易数据分散存储在网络的众多节点上,每个节点都拥有完整的交易记录副本。这种分散存储的方式不仅消除了单点故障的风险,还使得任何对数据的篡改行为都会立即被网络中的其他节点所识别和拒绝。因此,分布式账本技术极大地增强了供应链金融交易的安全性。它确保了交易数据的真实性和完整性,降低了欺诈风险,为供应链中的各方提供了坚实的信任保障。

(二)智能合约自动化执行交易流程

智能合约作为区块链技术的核心组成部分之一,其在供应链金融中的应用同样具有革命性的意义。通过预定义的规则和条件,智能合约能够自动化地执行交易流程,从而极大地提高了交易的效率和安全性。在供应链金融场景中,智能合约可以确保交易的各个环节都按照既定的规则进行。一旦满足合约中设定的条件,相关操作便会自动触发执行,无须人为干预。这种自动化执行的方式不仅显著提升了交易的处理速度,还大大降低了人为错误和操纵交易的风险。此外,智能合约的透明性和可预测性也为供应链金融带来了诸多益处。由于合约的规则和条件都是公开且不可篡改的,各方可以清晰地了解交易的全过程和可能的结果。

(三)身份验证与权限管理增强安全性

区块链技术在供应链金融中的应用,通过其先进的身份验证与权限管理机制,显著增强了交易的安全性。这一机制确保每个系统参与者都拥有一个独特的、经过验证的数字身份,这不仅为交易提供了真实性和可追溯性的保障,还使得任何交易行为都能被精准地定位和追踪。身份验证的严谨性体现在,每个参与者在进行交易前,必须通过一系列的安全验证,以证明其身份的真实性和合法性。这种验证可能包括数字签名、公钥加密等多种技术手段,从而确保只有合法的用户才能参与到交易中来。与此同时,权限管理在区块链系统中也扮演着至关重要的角色。通过精细的权限划分和设置,系统能够确保只有经过明确授权的用户才能访问或修改特定的数据。

(四)跨链技术实现供应链金融互联互通

跨链技术,作为区块链领域的前沿技术,正逐步在供应链金融中展现出其巨大的应用潜力,通过实现不同区块链网络之间的互联互通,跨链技术为供应链金融的数据共享和信息流通提供了前所未有的便利。在供应链金融场景中,不同环节、不同参与者之间的数据和信息流通是至关重要的。然而,传统的区块链技术往往局限于单一的链内数据交互,难以实现跨链的数据共享。跨链技术的出现,恰好弥补了这一不足,它打破了数据孤岛,使得不同区块链网络上的数据能够自由流通、互相验证。这种跨链的互联互通不仅增强了信息的可用性和一致性,更有助于供应链金融中的各方及时发现潜在的风险点,并提前进行风险防范。此外,随着跨链技术的深入应用,供应链金融生态系统也呈现出更加多样化的发展态势,不同的区块链网络可以基于各自的优势和特点,共同构建一个更加开放、包容的金融生态,从而为行业创新注入更多的活力和可能性。

第五章 供应链金融融资模式概述

第一节 传统供应链金融融资模式回顾

一、传统供应链金融概述

(一)传统供应链的概念

传统供应链,作为一个经典的管理学概念,深植于企业运营与市场流通的各个环节。它以核心企业为中心,从原材料的初步采购起始,历经多个生产阶段的加工与增值,直至终端产品的完成。此后,这些产品通过错综复杂的分销网络,最终触及广大消费者。这一连串的活动,构成了一个功能完备、相互依存的网络链条。在这一链条中,不仅物质资料在流动,更有大量的信息、资金在不断地交换与循环。值得注意的是,传统供应链中的各个参与方,如供应商、生产商、分销商等,往往各自为战,缺乏一个统一、高效的协同机制。信息流、物流、资金流虽然并存,但并未实现真正的集成与协调。这种情况导致了资源的浪费、效率的低下,以及市场响应的迟缓。特别是在面对市场变化或突发事件时,这种松散的供应链结构往往难以迅速调整,从而增加了企业的经营风险。

(二)传统供应链的特点

传统供应链在长期的实践中,逐渐暴露出其固有的特点与局限性。其中,线性结构、信息孤岛以及资金流的不透明性,尤为引人关注。线性结构是传统供应链最为显著的特点之一。在这种结构中,供应链的各个环节被严格地划分为上下游关系,彼此之间的连接相对固定且缺乏弹性。这种僵化的结构使得供应链在面对市场变化时难以灵活调整,从而限制了其整体的应变能力。与此同时,信息孤岛现象也是传统供应链中不可忽视的问题。各个环节的信息系统相互独立,缺乏有效的数据共享与交换机制,导致信息在传递过程中经常出现割裂、重复甚至失真的情况。这不仅增加了企业的运营成本,还严重影响了供应链决策的科学性与准确性。资金流的不透明性更是传统供应链中的一大顽疾。在供应链的运作过程中,资金的流动往往伴随着各种风险与不确定性。然而,由于缺乏有效的监控与管理手段,这些风险与不确定性往往难以被及时发现与应对,不仅影响了供应链的整体效率与稳定性,还可能对企业的财务状况造成潜在的威胁。

二、供应链金融融资模式的发展历程

(一)早期供应链金融的雏形

1. 起源与初步应用

供应链金融的起源可追溯至 20 世纪末,这一时期标志着金融机构对企业供应链流程与金融服务结合的初步探索。此种融合模式的出现,主要归因于金融市场对于中小企业融资需求的深入洞察。在传统的信贷模式下,中小企业往往因缺乏足够的抵押物或信用记录而难以获得融资。然而,供应链金融的雏形通过以存货和应收账款等流动资产为抵押,为这些企业开辟了新的融资渠道。这一创新不仅缓解了中小企业的资金压力,更促进了整个供应链的流畅运作。尽管如此,早期的供应链金融服务仍显得较为初级和有限。其服务范围主要局限于特定的融资活动,而未能全面覆盖供应链管理的各个环节;同时,由于技术和认知的局限,这一时期的供应链金融在风险控制和服务深度上也存在明显的不足。

2. 早期融资模式的局限性

早期供应链金融模式虽然为中小企业融资提供了新的途径,但其局限性也显而易见,受限于当时的技术水平,信息不对称问题成为其发展面临的主要瓶颈。金融机构在评估融资企业的信用状况和还款能力时,往往面临信息不透明、数据不准确等挑战,这无疑增加了信贷风险。此外,早期供应链金融的操作流程烦琐复杂,导致融资效率低下。企业在申请融资时,需要提交大量的纸质材料,并经过多轮的人工审核,这不仅延长了融资周期,也增加了企业的融资成本;同时,由于风险控制手段相对单一,金融机构在面对复杂多变的供应链融资需求时,往往显得力不从心。

(二)供应链金融的逐步成熟

1. 技术进步对融资模式的影响

随着信息技术的迅猛进步,尤其是电子商务、大数据及云计算等前沿技术的广泛运用,供应链金融领域经历了革命性的变革,这些技术的引入不仅优化了数据处理和分析的能力,更使得金融机构在评估企业运营状况和风险时获得了前所未有的精度。传统的风险评估方法往往受限于数据获取的难度和准确性,而现代技术则能够实时捕捉、整合和分析大量供应链相关数据,从而为金融机构提供更全面的决策依据。这一转变对于中小企业而言意义重大。在过去,这些企业由于信息透明度不足和抵押物缺乏,常常面临融资难的问题。然而,借助先进技术,金融机构现在能够更深入地了解这些企业的实际运营情况,从而更准确地评估其信用风险和还款能力。

2. 金融行业对供应链融资的认可与支持

随着供应链金融模式的日益成熟和其在解决中小企业融资难题上的显著成效,金融行业对这一领域的认可度也在不断提升。越来越多的金融机构开始将供应链金融视为重要的业务增长点,并积极投入资源进行产品和服务的创新。这不仅体现在传统的银行、保险等金融机构上,也包括了新兴的互联网金融和金融科技公司。与此同时,政府和相关监管部门也认识到了供应链金融在促进经济发展和金融稳定方面的重要作用。因此,他们通过制定一系列优惠政策和监管指南,为供应链金融的健康发展提供了有力的外部支持。这些政策不仅降低了金融机构开展供应链金融业务的成本和风险,也进一步激发了市场参与者的积极性和创新精神。

(三)现代供应链金融的创新发展

1. 互联网与金融科技的融合

互联网时代为供应链金融领域带来了翻天覆地的变化,这种变化不仅体现在业务模式的创新上,更深入到金融服务的本质。通过互联网平台的广泛应用,供应链金融实现了从线下到线上的全面迁移,这一转变极大地增强了金融服务的可达性和便捷性。传统的纸质文档和烦琐的人工操作被电子化的数据流程和自动化的交易系统所取代,极大地提升了业务处理的效率和准确性。更为重要的是,金融科技在供应链金融领域的深度融合,推动了其向更高层次的智能化发展。利用大数据、人工智能等先进技术,金融机构能够实现对供应链各环节数据的实时捕捉和深度分析,从而更精准地评估融资风险,制定个性化的融资方案。这种智能化的服务模式不仅提升了供应链金融的风险控制能力,也使得融资过程更加高效和安全,为供应链中的各方参与者带来了实实在在的价值。

2. 新型融资产品与服务的涌现

在现代供应链金融的发展阶段,随着技术的不断进步和市场需求的多样化,各种新型融资产品和服务如雨后春笋般涌现。这些新型产品和服务不仅在传统融资模式的基础上进行了优化和创新,更在很大程度上拓宽了供应链金融的服务边界。以基于区块链技术的供应链融资平台为例,它通过去中心化的分布式账本技术,实现了供应链各环节信息的实时共享和不可篡改,从而大大降低了信息不对称所带来的风险。动产质押融资、预付款融资等创新产品,则针对中小企业的实际融资需求,提供了更为灵活和便捷的融资解决方案。这些新型融资产品和服务的出现,不仅丰富了供应链金融的产品线,满足了市场多样化的需求,更为供应链金融的未来发展注入了新的活力和动力。

三、典型的传统供应链融资方式

(一)应收账款融资

1. 应收账款质押融资

应收账款质押融资是指企业将尚未到期的应收账款作为质押物,向金融机构申请融资的一种方式。在此模式下,金融机构通过对企业应收账款的评估,确定其可融资额度,为企业提供资金支持。这种融资方式有效盘活了企业的存量资产,提高了资金周转效率。同时,由于应收账款具有明确的还款来源,金融机构的风险也相对较低。然而,应收账款质押融资也面临着一些挑战,如应收账款的真实性核查、坏账风险等,这需要金融机构具备专业的风险评估和管理能力。

2. 应收账款保理融资

应收账款保理融资是指企业将应收账款转让给保理商,由保理商为企业提供融资、催收、坏账担保等综合性金融服务。这种融资方式不仅能够解决企业的短期资金需求,还能帮助企业优化财务管理、降低坏账风险。在保理融资中,保理商通过专业化的服务,实现了对企业应收账款的全面管理,从而提高了整个供应链的资金运作效率。然而,保理融资的成本相对较高,且需要企业与保理商建立长期的合作关系,以确保服务的连续性和稳定性。

3. 应收账款证券化

应收账款证券化是指企业将应收账款打包成资产池,通过发行证券的方式向投资者筹集资金。这种融资方式能够将企业的应收账款转化为流动性更强的证券资产,从而拓宽了企业的融资渠道。证券化过程通过对应收账款的分层设计和信用增级措施,降低了投资风险,吸引了更多投资者参与。然而,应收账款证券化也面临着一些挑战,如证券的定价问题、市场监管风险等,这需要企业、金融机构和监管机构共同努力,确保市场的健康稳定发展。

(二)存货融资

1. 静态抵质押授信

静态抵质押授信是存货融资的一种基本形式,它允许企业以其存货作为抵押物来获得金融机构的授信。在此模式下,企业需将存货交付给金融机构指定的第三方监管机构进行监管,确保存货的安全与完整。金融机构根据存货的价值,为企业提供一定比例的融资额度。在融资期限内,抵押的存货保持静止状态,不得随意处置,从而确保金融机构的债权安全。静态抵质押授信适用于存货价值稳定、易于评估且市场需求旺盛的企业,有助于缓解其资金压力,提升经营效率。

2. 动态抵质押授信

动态抵质押授信相较于静态模式更具灵活性。在此模式下,企业同样以存货作为抵押物获得融资,但存货的状态并非完全静止。企业可在融资期限内根据经营需要,按照金融机构设定的规则和条件,对抵押的存货进行替换或提取。这种融资方式既满足了企业的资金需求,又保持了其经营活动的连续性。然而,动态抵质押授信对金融机构的风险管理能力提出了更高要求,需要其对存货价值进行实时跟踪和评估,以确保授信安全。

3. 仓单质押授信

仓单质押授信是指企业以其持有的仓单作为质押物,向金融机构申请融资的一种存货融资方式。仓单作为存货的所有权凭证,具有明确的法律地位和流通性。在此模式下,企业将仓单交付给金融机构,金融机构根据仓单所代表的存货价值为企业提供融资。与直接抵押存货相比,仓单质押授信简化了操作流程,降低了交易成本,同时提高了融资效率;然而,仓单质押授信也面临着仓单真实性、存货质量与价值波动等风险,需要金融机构进行严格的风险控制与管理。

(三)预付账款融资

1. 先票(款)后货授信

先票(款)后货授信是预付账款融资的一种常见模式。在此模式下,企业在采购阶段即向金融机构申请融资,以支付供应商的货款。金融机构在审核企业的资信状况和交易背景后,为企业提供资金支持,使其能够先行支付货款,确保供应链的顺畅运作。企业在收到货物后,再根据销售回款情况逐步偿还金融机构的融资款项。这种融资方式有助于缓解企业在采购过程中的资金压力,确保其能够及时获得所需原材料或商品,从而维持正常的生产经营活动。同时,通过先票(款)后货授信,金融机构能够更深入地了解企业的供应链情况,为后续的金融服务提供更为准确的数据支持。

2. 担保提货(保兑仓)授信

担保提货(保兑仓)授信是又一种预付账款融资方式,它结合了融资与物流仓储服务。在此模式下,企业向金融机构申请融资以支付供应商的预付账款,同时与物流仓储公司合作,将所购货物存入指定的仓库。金融机构、企业与物流仓储公司共同签订三方协议,明确各方的权利与义务。企业在支付一定比例的保证金后,可从仓库中提取相应价值的货物进行销售。随着货物的销售,企业需逐步补足保证金以提取剩余货物,直至融资款项全部偿还。担保提货(保兑仓)授信通过引入物流仓储公司的监管,降低了金融机构的信贷风险,同时为企业提供了灵活的融资和提货方式,有助于促进供应链的稳定与高效运作。

四、传统供应链金融的运作机制

(一)供应链金融的核心参与方

在供应链金融的生态系统中,核心参与方各自扮演着不可或缺的角色,共同维系着整个供应链的金融稳定与高效运作。核心企业,作为供应链的领军者,其经营实力和信用状况直接关乎整个供应链的金融健康。他们的强大信用背书为上下游企业提供了坚实的融资支持,是金融机构评估融资风险、制定融资策略的重要依据。上下游企业,这些处于供应链条上的中小企业,常常面临资金短缺的困境,他们依赖与核心企业的业务合作,通过供应链金融获得必要的融资支持,以维持正常的生产经营活动。金融机构则扮演着资金提供者的角色,他们运用专业的风险管理技术,确保资金的安全与回报,同时也为供应链注入了源源不断的金融活力。而第三方服务提供商,则以其专业的物流、仓储、信息技术等服务,保障着供应链金融的顺畅进行,为各方提供高效、便捷的技术支持。

(二)融资申请与审批流程

在供应链金融的传统运作模式中,融资申请与审批流程显得尤为重要,这一流程通常由资金需求方,即供应链中的上下游企业发起。他们需向核心企业或提供融资服务的金融机构提交详尽的融资申请材料,这些材料包括但不限于企业基础信息、详尽的财务报表以及交易的具体背景等。审批环节是对申请材料进行细致入微的审核过程,审批者会着重评估申请企业的信用历史、偿债能力,以及所提交交易背景的真实性与合理性。然而,这一流程在过去往往受到信息透明度不足和大量依赖手工操作的限制,导致审批过程既烦琐又低效。这种现状不仅影响了资金的及时发放,也在一定程度上限制了中小企业获得融资的机会。

（三）资金流转与监控机制

资金的有效流转是供应链金融体系中至关重要的一环,它直接关系着整个供应链的稳定性和运作效率。在传统模式下,资金的流转主要依赖银行转账、票据交换等较为传统的方式。但这些方式在信息追踪和透明度方面存在明显的局限性,这就为资金的不当使用,甚至是欺诈行为提供了可乘之机。为了应对这些风险,金融机构和核心企业不得不投入大量资源进行资金的后续监控与管理,例如定期的对账工作和实地的资金使用情况检查。这些措施尽管在一定程度上能够降低资金风险,但也带来了高昂的操作成本和时间成本,且效果并不总是尽如人意。因此,在供应链金融中,如何更有效地监控资金流转,确保资金的安全与合规使用,一直是一个亟待解决的问题。

五、传统模式下的风险

（一）信用风险分析

在供应链金融的实践中,信用风险主要源于供应链中各参与方在经营实力和信用状况上存在的差异性。当某一参与方,无论是核心企业还是上下游的中小企业出现违约行为时,其负面影响都可能沿着供应链迅速扩散,进而引发更大范围的连锁反应。这种连锁反应不仅可能损害单个企业的利益,更可能威胁整个供应链的稳定性和持续运作能力。此外,信息不对称和道德风险也是加剧信用风险复杂性的重要因素。在供应链金融的环境中,各参与方之间的信息流通往往不够透明和及时,这为某些企业提供了利用信息不对称进行欺诈或逃避责任的机会。为了有效地应对信用风险,金融机构和核心企业不仅需要投入大量的资源来进行详尽的信用调查和全面的风险评估,更需要建立起一套完善的风险管理机制,以便在风险事件发生时能够迅速做出反应,最大限度地减轻损失。

（二）市场风险及其影响

市场风险主要源自市场价格,包括利率、汇率以及商品价格等因素的波动性,在传统模式的供应链金融中,由于交易往往涉及跨期合约和远期交付,市场价格的任何微小变动都可能对企业的融资成本和还款计划产生深远的影响。例如,利率的上升可能导致企业的融资成本增加,进而压缩其利润空间;而商品价格的下跌则可能导致企业的销售收入减少,从而加大其还款压力。此外,宏观经济环境的变化,如政策调整、经济周期波动等,也可能对供应链金融的稳定性造成冲击。这些外部因素的变化不仅可能影响企业的经营状况,更可能改变整个市场的风险偏好和信贷环境,从而对供应链金融的持续发展构成威胁。

(三)操作风险与管理挑战

在供应链金融的日常运作中,操作风险主要来源于内部流程的复杂性、人为操作的失误以及系统技术的故障等多个方面。供应链金融涉及多个参与方和一系列相互关联的业务流程,任何一个环节出现问题都可能导致整个交易链条的断裂。例如,信息录入的错误可能导致资金流转的混乱,而系统故障则可能导致交易数据的丢失或损坏。与此同时,管理供应链金融也面临着诸多挑战。确保各方提供的信息的准确性和及时性是一个长期存在的问题,而协调不同参与方之间的利益冲突和应对突发事件同样考验着管理者的智慧和能力。为了有效地降低操作风险并应对管理挑战,金融机构和核心企业需要不断完善其内部控制体系和提高风险管理能力,包括建立严格的操作规程、加强员工培训和技能提升、采用先进的技术手段来增强系统的稳定性和安全性等多个方面。

第二节　电子商务环境下的供应链金融融资新模式

一、供应链金融在电子商务中的创新应用

(一)供应链金融与电子商务的结合点剖析

供应链金融与电子商务之间的结合点,深刻反映了现代商业生态中资金流、信息流与风险管理的紧密交织。电子商务平台作为现代商贸活动的重要载体,其核心价值不仅在于提供了一个商品交易的场所,更在于通过技术手段整合了供应链的多元资源,进而为上下游企业构建了一个高效的资金融通渠道。这一渠道的存在,有效解决了传统供应链中资金流转的瓶颈问题,使得各环节的企业能够更为顺畅地进行经营活动。特别是在资金密集型产业中,这种资金融通的作用更为显著。不仅如此,电子商务平台通过其强大的数据分析能力,极大地优化了供应链中的信息流。在传统供应链模式下,信息的不对称和滞后常常是制约金融服务效率的关键因素。然而,在电子商务的助力下,金融机构得以实时获取供应链各环节的关键数据,从而更为精确地评估融资风险,为企业提供更为个性化的金融服务方案。

(二)电子商务中供应链金融的风险评估与管理

在电子商务环境下,供应链金融的风险评估与管理上升到了一个新的高

度,主要是由于电子商务平台的特性所决定的。一方面,电商平台汇集了海量的交易数据,为风险评估提供了丰富的信息源;另一方面,电商交易的匿名性和跨地域性也增强了风险的复杂性和不确定性。鉴于此,电商平台必须建立完善的风险评估体系。这一体系需要对供应链中的各个环节进行深入细致的分析,包括但不限于供应商的信用历史、产品的市场需求波动、物流体系的稳定性以及买家的支付能力等。每一个环节都可能成为潜在的风险点,因此全面的风险评估显得尤为重要。同时,运用大数据、云计算等现代信息技术是提升风险管理能力的关键。这些技术可以帮助电商平台实时监测供应链的动态变化,及时发现异常情况,并对潜在风险进行预警。例如,通过分析买家的购买行为和支付记录,可以预测其未来的支付能力,从而为金融机构提供更为精准的信贷决策依据。

(三)供应链金融对电商行业的影响分析

供应链金融对电商行业产生了深远的影响,这种影响不仅体现在融资效率的提升上,更在于它对整个行业生态的重塑。通过供应链金融的介入,电商行业的整体融资效率得到了显著提升。特别是对于众多中小企业而言,供应链金融为其提供了更为便捷、灵活的融资渠道,从而降低了资金成本,加速了业务拓展的步伐。这无疑为整个电商行业的繁荣发展注入了强劲的动力。供应链金融强化了电商平台的核心竞争力,在资金流和信息流得到优化的同时,电商平台的运营效率和服务质量也得到了显著提升。这种提升不仅增强了用户对平台的黏性,更扩大了平台的市场份额和品牌影响力。此外,供应链金融还推动了电商行业的创新升级,在供应链金融的助力下,越来越多的电商企业开始探索新的业务模式和技术应用,以适应日益激烈的市场竞争和不断变化的消费者需求。

二、电商平台如何选择合适的供应链融资模式

(一)分析供应链特点和融资需求

在分析供应链特点和融资需求时,电商平台必须进行全面而深入的市场调研与数据分析。供应链的特点涉及多个维度,如商品类型、交易周期以及买卖双方的信用状况等,这些因素直接关系到融资模式的选择和风险管理的复杂性。例如,对于交易周期较长的商品,可能需要采用更为灵活的融资方式以适应资金流转的需求。同时,明确平台用户的融资需求是至关重要的,这要求电商平台深入了解用户面临的主要资金困境,如现金流短缺、扩大经营规模所需的资金投入等,并探寻他们对融资解决方案的期望。通过综合考量供应链

的具体特点和用户的融资需求,电商平台能够更精准地匹配适合的供应链融资模式,从而提升资金使用效率并满足市场需求。

(二)评估金融机构的合作条件和风险偏好

不同的金融机构在供应链融资领域展现出各异的合作条件和风险偏好,直接影响了融资的可行性和成本。因此,电商平台应积极与多家金融机构进行沟通,全面了解他们的融资产品线、审批流程的繁简、利率水平的高低等方面。例如,某些金融机构可能更倾向于提供低风险的短期融资,另一些则可能专注于较高风险但潜在收益也更大的长期融资项目。通过对比分析,电商平台能够筛选出最适合自身供应链特性的融资合作伙伴,从而在保障资金安全的前提下,实现融资成本与效益的最优化。

(三)综合考虑融资成本和风险控制

在选择供应链融资模式时,综合考虑融资成本和风险控制是电商平台不可或缺的一环,融资成本不仅包括直接的利息支出和手续费,还涉及时间成本、管理成本等隐性成本。电商平台需细致核算各项成本,确保总体融资成本不会过高,以免侵蚀整体盈利空间。与此同时,风险控制同样不容忽视。电商平台应着重选择那些能够有效降低信贷风险、确保资金安全的融资模式。例如,通过引入第三方担保机构或采用货物抵押等方式,可以在一定程度上减轻信贷风险。最终,通过精心平衡融资成本和风险控制,电商平台能够甄选出最适合自身的供应链融资模式,为平台用户提供既高效又稳健的金融服务,进而促进整个供应链的良性运转。

三、电子商务环境中供应链融资的效率提升策略

(一)利用大数据分析优化供应链融资流程

在电子商务环境下,大数据分析技术的应用对于优化供应链融资流程具有显著意义,这种技术能够实时处理海量的交易数据,深入挖掘数据中的价值,为金融机构在评估融资需求和风险时提供更为精确的决策依据。大数据分析不仅可以对历史交易数据进行深入剖析,揭示市场趋势和用户行为模式,还能通过算法模型预测未来的市场动向。电商平台借助大数据分析,可协助金融机构更迅速地审批贷款申请,简化了传统的烦琐融资流程,从而大幅提升了融资效率。更为重要的是,大数据分析技术在风险预测方面展现出卓越能力,它能够通过分析供应链中的多维度数据,提前识别并预警潜在风险,这对于金融机构而言至关重要。通过这种方式,金融机构可以有效降低不良贷款

率,进一步提升整个融资流程的顺畅度和效率,实现风险与收益的平衡。

(二)提升电商平台与金融机构的协同效率

为了实现这一目标,双方需要建立起一种高效、透明的沟通机制,这种机制应确保信息的实时共享与准确传递,使得金融机构能够迅速且准确地响应电商平台的融资需求。此外,采用统一的数据标准和接口规范也是提高协同效率的关键。通过标准化数据格式和通信协议,可以显著减少数据处理和转换所需的时间成本,进而提升数据交互的效率和准确性。更为先进的是,电商平台与金融机构可以联手开发智能化的融资审批系统。这种系统利用自动化和人工智能技术,能够大幅度加速审批流程,减少人为干预和误差,从而极大提升协同效率和融资服务的响应速度。

(三)强化风险管理以提高融资效率

在供应链融资过程中,风险管理的强化对于提高整体融资效率具有不可替代的作用,电商平台与金融机构应携手构建一个全面且精细的风险评估体系。这一体系需要对供应链中可能出现的各类风险进行全方位的识别和精准的量化评估。通过实时监测供应链的动态变化,例如市场需求、价格波动、物流状况等,可以及时发现潜在的风险因素,并采取相应的预防和应对措施,从而有效降低不良贷款的发生率,保障融资资金的安全。同时,这种风险管理策略还能够提升金融机构对电商平台的信任度,有助于双方建立更为稳固和长期的合作关系。在这种合作框架下,供应链融资将能够实现更为高效和稳健的运作,进而推动整个电子商务行业的持续健康发展。

四、区块链技术在电子商务供应链金融中的应用

(一)区块链技术的基本概念及其在供应链金融中的作用

1. 区块链技术的基本概念

区块链技术,作为当今科技领域的革新性成果,其核心概念在于构建了一种去中心化、去信任化的数据存储与传输机制。这一技术允许分布在网络中的各个节点,在无须依赖任何中心化信任机构的前提下,达成对数据状态的一致性共识。这种共识机制的实现,得益于区块链所采纳的加密算法和分布式账本技术。具体而言,区块链将一系列按照时间顺序排列的数据块以链式结构进行存储,每个数据块内不仅封装了一定量的交易信息,还包含了时间戳、链上地址等关键元数据。更为关键的是,每个数据块在生成时都会被附加上独特的数字签名,并经过复杂的加密算法进行保护,从而确保了其完整性和真

实性不被破坏。

2. 区块链在供应链金融中的作用

在供应链金融这一复杂且多维度的应用场景中,区块链技术展现了其独特的优势和价值。传统的供应链金融往往面临着信息不对称、信任缺失以及操作效率低下等诸多挑战。而区块链技术的引入,则能够为供应链中的各方参与者提供一个安全、可靠且高度透明的数据交互平台。通过这一平台,供应链中的每一笔交易数据都能够被实时、准确地记录和更新,且由于区块链的不可篡改性,这些数据的真实性得到了强有力的保障。这不仅大幅提高了供应链金融的整体运作效率,还显著提高了各参与方之间的信任度。此外,区块链技术还能够有效简化烦琐的融资流程,降低因人为操作失误或信息不一致而产生的额外交易成本。同时,其分布式的特性也为供应链中的各方提供了更为灵活和高效的协作模式,进一步促进了供应链金融的健康发展。

(二)区块链如何增强供应链金融的透明度和可追溯性

1. 提高透明度

区块链技术以其去中心化和公开性的核心特点,为供应链领域带来了前所未有的透明度提升。在传统的供应链管理中,信息的流通往往受限于各个参与方之间的信任壁垒和信息孤岛现象,导致透明度不高,进而增加了风险和不确定性。然而,通过区块链技术的引入,供应链中的每一笔交易细节,包括交易的时间、地点、参与方以及交易的具体内容,都可以被网络中的所有合法参与者所查看。这种高度的信息公开性不仅打破了信息壁垒,更极大地减少了信息不对称和欺诈行为的可能性。金融机构、供应商、买家等各方能够基于同一套可信的数据进行决策,从而提高了整体供应链的运作效率和稳定性。

2. 实现可追溯性

区块链技术的另一大贡献在于其为供应链实现了全面的可追溯性,通过利用区块链中每个数据块所包含的时间戳和详细交易信息,可以构建一个完整且不可篡改的数据链条,详细记录从原材料采购到最终产品销售的每一个环节。这种可追溯性的实现,对于金融机构而言,意味着能够更加精确地评估融资风险,因为可以清晰地追踪到资金的流向和用途;对于供应商和买家而言,则能够在出现问题时迅速定位问题的源头,采取有效的应对措施。此外,这种可追溯性还为消费者提供了验证产品来源和品质的途径,从而提高了消费者对产品的信任度。在食品安全、药品监管等领域,这种可追溯性更是具有不可替代的价值,因为它直接关系着公众的健康和安全。

第三节　融资模式的选择依据与策略分析

一、融资需求分析

(一) 资金规模需求评估

1. 短期与长期资金需求预测

资金规模需求评估是企业融资决策的首要环节,其中短期与长期资金需求预测更是重中之重。短期资金需求预测主要关注企业日常运营所需的流动性资金,如原材料采购、员工薪酬支付等,这些资金需求的及时满足对于维持企业正常运转至关重要。通过科学的预测方法,如现金流量表分析,企业可以较为准确地估算出短期内的资金缺口,并据此制订相应的融资计划。而长期资金需求预测则着眼于企业的长远发展战略,包括新产品研发、生产线升级、市场拓展等需要大额资金投入的项目。这类预测要求企业具备前瞻性的战略眼光,结合行业趋势、市场竞争态势以及自身发展定位,合理规划未来数年的资金需求,以确保企业在激烈的市场竞争中保持领先地位。

2. 扩张计划与投资项目的资金规划

扩张计划与投资项目的资金规划是资金规模需求评估的另一核心内容,企业在发展壮大过程中,往往需要通过对外投资、扩大生产规模等方式来拓展业务领域、提升市场竞争力。这些扩张计划和投资项目不仅需要大量的资金投入,还要求企业具备高效的资金管理能力,以确保资金的合理使用和回报的最大化。在进行资金规划时,企业需综合考虑项目的预期收益、风险水平、投资回收期等关键因素,以及自身的财务状况、融资能力等实际情况,制定出切实可行的资金筹措和使用方案。此外,企业还应注重资金规划的动态调整,根据项目实施过程中的实际情况和市场变化,及时优化资金配置,以确保扩张计划和投资项目的顺利推进。

(二) 融资用途明确

1. 运营资金需求

运营资金是企业日常经营活动中不可或缺的部分,它涉及企业采购、生产、销售等各个环节的流动性需求。企业融资时,明确运营资金的具体用途至关重要。运营资金的需求通常包括支付员工工资、购买原材料、支付租金及水电费等日常开支。这些开支是企业维持正常运营的基础,确保生产流程的顺畅进行。若运营资金不足,可能导致生产中断、供应链受阻,进而影响企业的整体运营效率。因此,在融资时,企业需明确运营资金缺口,并合理规划融资额度,以保障企业稳定、高效的运营。

2. 研发或技术创新投入

在科技日新月异的今天,研发或技术创新投入成为企业持续竞争力的关键,企业融资时,应将研发或技术创新投入作为重要考虑因素。这类投入主要用于新产品、新技术的研发,以及现有产品和技术的升级改进。通过不断创新,企业可以开发出更具市场竞争力的产品,提高生产效率,降低成本,从而在激烈的市场竞争中脱颖而出。因此,在融资过程中,明确研发或技术创新投入的需求和预期成果,有助于企业获得更精准的资金支持,推动企业的创新发展。

3. 市场推广与品牌建设费用

在融资时,明确市场推广与品牌建设费用的需求,有助于企业更好地规划资金使用,提高市场推广效果。市场推广费用包括广告投放、促销活动、市场调研等方面的支出,而品牌建设费用则涉及品牌形象设计、公关活动、品牌传播等方面的投入。这些费用的合理规划和使用,能够提升企业的品牌影响力和市场竞争力,进而促进企业业绩的增长。因此,在融资过程中,企业应充分考虑市场推广与品牌建设的需求,确保获得足够的资金支持,以实现品牌价值的最大化。

(三)还款能力与计划

1. 现金流预测与偿债能力分析

通过对未来现金流的预测,企业能够了解自身在不同时间点的资金流入和流出情况,从而判断是否有足够的现金流来偿还融资款项。这种预测需要考虑多方面因素,如销售收入的预期、成本支出的规划以及潜在的市场波动等。偿债能力分析则更进一步,它综合了企业的资产、负债和所有者权益等财务数据,通过计算流动比率、速动比率等指标,来量化企业的短期偿债能力。这种分析不仅有助于企业了解自身的财务状况,还能为金融机构提供评估贷款风险的依据。因此,现金流预测与偿债能力分析是制订合理还款计划的前提,也是确保企业融资活动可持续性的关键环节。

2. 还款来源与计划制订

还款来源的确定需要企业综合考虑自身的经营状况、盈利能力以及资产状况,明确哪些资金可以用于还款,如经营收入、投资收益或资产处置等。同时,企业还需评估这些来源的稳定性和可靠性,以确保还款计划的可行性。在制订还款计划时,企业应结合融资条款、还款期限以及自身的财务状况,合理安排每期还款的金额和时间点。此外,企业还应考虑可能的风险因素,如市场波动、经营变化等,制定相应的应对措施,以保障还款计划的顺利执行。通过明确的还款来源与周密的计划制订,企业能够展现出其良好的信用和还款意愿,从而增强金融机构的信心,促进双方长期的合作关系。

二、市场环境评估

(一)宏观经济形势分析

宏观经济形势分析不仅涉及对国内外的经济状况进行深入研究,更需要根据历史数据和当前趋势来预测未来的经济动向。通过宏观经济形势分析,企业能够洞察市场动态,预测未来经济走向,进而为制定融资策略提供有力的数据支持和理论依据。在经济增长期,随着市场需求的旺盛,企业往往面临着更多的发展机遇。这一时期,企业可能更倾向于扩大生产规模,增加新的投资项目,以满足市场的需求并获得更多的市场份额。这样的扩张策略自然会导致融资需求的增加,因为企业需要更多的资金来支持其扩张计划。因此,深入分析宏观经济形势,特别是经济增长的趋势和速度,对于企业确定融资规模和融资时机至关重要。相反,在经济衰退期,市场需求疲软,企业的销售和盈利能力可能会受到影响。这一时期,企业需要更加谨慎地规划其资金使用,以确保在困难的经济环境下维持稳定的运营。此外,优化融资结构以降低财务风险也变得尤为重要,通过宏观经济形势分析,企业可以提前预测到经济衰退的可能性,从而采取相应的财务策略来应对。

(二)行业竞争态势研究

行业竞争态势是企业制定融资策略时必须考虑的重要因素之一,通过对行业内主要竞争对手的财务状况、战略动向以及市场集中度的深入研究,企业可以更加准确地把握自身在行业中的定位和竞争优势。在竞争激烈的行业中,企业可能需要投入更多的资金用于市场推广和产品研发,以提升自身的竞争力并争取更多的市场份额。这样的策略自然会增加企业的融资需求。同时,了解竞争对手的融资策略也对企业优化自身的融资决策具有重要意义。例如,如果竞争对手采取了某种创新的融资方式并获得了成功,那么企业也可以考虑借鉴这种方式来满足自身的融资需求。此外,行业竞争态势的研究还有助于企业预测未来的市场变化和竞争格局,通过对竞争对手的战略动向进行持续跟踪和分析,企业可以及时调整自身的融资策略和业务模式,以应对潜在的市场风险并抓住发展机遇。

（三）政策法规影响

随着金融监管的趋紧，企业可能需要寻找更加合规、低风险的融资方式，以确保融资活动的合法性和稳健性。例如，某些金融监管政策可能限制了某些高风险融资方式的使用，或者提高了融资的门槛和成本。在这样的背景下，企业需要密切关注金融监管政策的动态，并根据政策变化及时调整自身的融资策略。另一方面，如果行业法规的执行有利于企业的发展，那么企业可以抓住这一机遇加大融资力度以拓展业务。例如，某些行业法规可能提供了税收优惠、补贴或者其他政策支持，这可以降低企业的运营成本并提高盈利能力。在这样的环境下，通过增加融资来扩大生产规模或者开展新的业务项目可能是一个明智的选择。因此，企业必须时刻关注行业法规的变化，并结合自身的实际情况制定合适的融资策略。

三、融资成本比较

（一）利率水平对比

由于不同的融资方式具有各异的利率设定机制和特点，因此，企业在对比各种融资方式的利率时，必须全面而深入地考虑市场情况、融资期限、还款方式等多重因素。银行贷款，作为一种传统的融资方式，其利率通常相对稳定，但也可能受到宏观经济环境和市场利率波动的影响。例如，在货币政策收紧时，银行贷款利率可能会上升，从而增加企业的融资成本。相对地，股权融资并不涉及固定的利率，但其融资成本体现在股东对未来回报的期望上。这种融资方式的成本更多地取决于企业的经营绩效和股东分红政策。因此，在进行利率水平对比时，企业不仅要关注眼前的利率数值，还要预测未来利率的可能变化，并结合自身的经营状况和资金需求，选择成本效益最优的融资方式。此外，企业还需考虑不同融资方式的还款期限和结构，以确保融资活动与企业的现金流状况相匹配，从而优化财务结构并降低财务风险。

（二）额外费用考虑

在企业融资过程中，除了直接的利率成本外，还存在一系列额外费用，这些费用虽不直接体现在利率上，但却能显著影响总体的融资成本。这些额外费用包括但不限于手续费、咨询费、评估费以及可能的其他附加成本。企业在选择融资方式时，必须对这些额外费用给予充分的考虑。尽管这些费用单项看似不高，但当它们累加起来时，可能会对企业构成不小的财务负担。特别是对于规模较小或初创期的企业而言，这些额外费用可能会占用相当一部分的流动资金,进而影响企业的正常运营和发展。为了避免因忽视这些额外费用而增加不必要的融资成本,企业应在融资决策前期就进行详尽的费用调研和预算,包括但不限于与各种融资机构进行详细咨询,了解并比较不同融资方式下的额外费用情况。

(三)综合成本分析

某些融资方式可能在利率上表现出优势,但可能对企业的长期经营决策产生较大影响。例如,某些股权融资方式可能会稀释原有股东的持股比例,进而影响企业的控制权和未来发展方向。另一方面,一些融资方式虽然可能涉及较高的额外费用,但它们可能提供更为灵活的资金使用条件,如更长的还款期限、更低的还款压力等。因此,企业在进行综合成本分析时,必须全面考虑各种潜在的成本与收益。这包括但不限于对不同融资方式的利率、额外费用、灵活性、风险性以及可能带来的战略影响进行深入研究和对比。通过这样的综合分析,企业可以更为准确地识别出最适合自身当前和未来发展需求的融资方式,从而优化财务结构,降低财务风险,并推动企业的持续健康发展。

四、风险管理与控制

(一)信用风险防范

信用风险作为融资活动中不可忽视的重要风险,其潜在影响不容忽视,为有效防范信用风险,企业应致力于构建一套完善且科学的信用评估体系。这一体系应涵盖对借款人或合作方信用状况的全方位、深层次评估,包括但不限于其历史信用记录、财务状况、经营能力以及行业前景等多个维度。同时,企业还应通过设定合理的抵押物要求和担保措施,进一步筑牢风险防范的屏障。这些措施旨在降低信用风险敞口,确保在借款人或合作方出现违约情况时,企业能够及时采取有效措施,最大限度地减少损失。此外,信用风险并非一成不变,而是随着市场环境和借款人信用状况的变化而动态演变。因此,企业需要建立一套长效的信用监控机制,定期跟踪和评估借款人的信用状况变化,一旦发现潜在风险,企业应立即调整相应的风险管理策略,以确保融资活动的安全性和稳健性。

(二)市场风险应对

市场风险主要源于市场利率、汇率、股价等关键经济指标的波动,这些波动不仅直接影响企业的融资成本,还可能对企业的整体财务状况和经营策略产生深远影响。为了有效应对市场风险,企业需要建立一套高效的市场风险监测与分析体系。这一体系应能够实时捕捉市场动态,准确分析市场变化对企业融资活动的潜在影响。通过对市场趋势的深入洞察,企业可以及时调整其融资策略,以应对可能出现的市场风险。同时,运用金融衍生工具等对冲策略也是企业有效管理市场风险的重要手段。这些工具可以帮助企业在一定程度上锁定融资成本,降低市场波动对企业经营的不利影响;然而,值得注意的是,金融衍生工具的使用也需要谨慎,以避免引入新的风险。

(三)流动性风险管理

流动性风险,简而言之,就是企业在需要资金时可能面临的资金流动性不足问题,这种风险不仅可能导致企业无法按时偿还债务,还可能对企业的正常运营和长期发展产生严重影响。为了有效管理流动性风险,企业首先需要制订合理的资金计划和预算。这一计划和预算应基于企业的实际经营状况、市场环境以及未来发展战略等多个因素进行综合考虑,确保融资活动的资金需求和还款计划能够相互匹配、协调一致。同时,多元化融资渠道和优化融资结构也是企业降低流动性风险的重要途径。通过拓展多种融资渠道,如银行贷款、股权融资、债券发行等,企业可以提高资金来源的多样性和稳定性。而优化融资结构则有助于企业合理配置不同类型的融资方式,降低单一融资方式可能带来的流动性风险。此外,建立应急资金储备机制也是企业应对流动性风险的重要举措,这一机制可以确保企业在面临突发情况或资金流动性需求时,能够及时调动和使用应急资金,保障企业融资活动的持续性和稳定性。

五、灵活性与可持续性考量

(一)融资方案的灵活性

面对日新月异的市场环境和不断变化的企业需求,一个具备高度灵活性的融资方案能够为企业带来更多的战略选择和操作空间。灵活性不仅体现在融资方式的选择上,还包括融资金额的可调整性以及融资期限的灵活性等多个维度。一个灵活的融资方案应能够根据企业发展的不同阶段和具体需求进行定制化调整。无论是在企业快速扩张期需要大量资金投入,还是在研发创新阶段需要稳定的资金支持,抑或在应对市场突发事件时需要迅速筹集资金,灵活的融资方案都能够为企业提供及时、有效的资金支持。此外,灵活性还意味着企业可以根据市场利率变化、自身财务状况以及融资成本等因素,适时调整融资策略,以优化财务结构并降低财务风险。

(二)长期合作关系建立

在企业融资活动中,建立长期合作关系对于保障资金稳定供给、优化融资条件以及提高融资效率具有深远意义。企业与融资提供方之间通过持续的沟通、合作与互动,可以逐步深化双方的了解与信任,进而构筑起稳固的合作关系。这种长期合作关系的建立,不仅有助于企业在融资过程中获得更为优惠的融资条件和更高效的融资服务,还能够为企业带来更为稳定的资金来源。在长期的合作中,企业通过展现其诚信的经营理念和透明的财务管理,能够赢得融资提供方的信任与认可,从而在资金市场上树立良好的企业形象;同时,积极寻求与融资提供方的共同目标和互补优势,也是建立长期合作关系的关键所在。企业应致力于探寻双方合作的契合点,通过资源共享、风险共担等方式,实现双方利益的共同增长。

(三) 可持续发展融资策略

在当今社会,环境、社会和治理(ESG)标准已经成为评估企业综合绩效的重要指标,因此,将可持续发展理念融入融资策略中,不仅体现了企业的社会责任,也是顺应市场趋势的明智之举。可持续发展融资策略的核心在于,企业在筹集资金的过程中,不仅考虑经济效益,更要兼顾环境保护和社会影响。这意味着企业在选择融资方式和投资项目时,应优先考虑那些符合可持续发展目标的选项。例如,投资于清洁能源、环保产业或社会责任项目等,不仅有助于推动社会的整体进步,还能为企业带来长期的经济效益。通过实施可持续发展融资策略,企业可以在国际市场上树立良好的品牌形象,吸引更多具有社会责任感的投资者,这些投资者在寻求经济回报的同时,也关注企业在环境、社会和治理方面的表现。因此,采用可持续发展融资策略的企业在筹集资金时可能更具吸引力,从而为企业创造更大的长期价值。

第六章　供应链金融融资的风险管理

第一节　融资过程中的主要风险类型与识别方法

一、市场风险及其识别方法

(一)市场价格波动的影响

1.利率变动对融资成本的影响

在市场经济条件下,利率作为资金的价格,其波动直接影响到借贷成本,当市场利率上升时,企业或个人进行融资所需支付的利息成本随之增加,进而加大财务负担。反之,利率下降则有助于降低融资成本,提高盈利能力。因此,融资主体需密切关注市场利率动态,以便合理规划融资活动,优化资金结构,从而实现成本效益最大化。

2.汇率波动对跨境融资的影响

在全球化背景下,跨境融资已成为许多企业筹集资金的重要途径。然而,汇率的波动不仅影响融资成本,还可能带来汇兑损失。当本国货币贬值时,以外币计价的融资成本相对上升,同时可能增加企业的债务负担。因此,跨境融资主体需密切关注国际金融市场动态,合理运用金融衍生工具对冲汇率风险,以确保融资活动的稳健进行。

3.股票价格与商品价格的波动性分析

股票价格和商品价格的波动性对融资活动产生重要影响,股票价格的波动反映了市场对企业未来盈利预期的变化,进而影响企业的股权融资成本和市场信心。商品价格的波动则直接关系着相关企业的盈利能力和偿债能力。因此,融资主体需密切关注股票市场和商品市场的动态,以便及时调整融资策略,降低市场风险;同时,可运用金融衍生工具进行风险管理,增强融资活动的稳健性和可持续性。

(二)市场风险的量化评估

1.风险价值(VaR)模型的应用

风险价值(Value at Risk,VaR)模型是量化市场风险的重要工具,该模型通过统计方法衡量在一定置信水平下,投资组合在未来特定时间段内可能遭受的最大损失。VaR 模型综合考虑了多种市场风险因素,如利率、汇率、股票价格等,为投资者提供了明确的风险量化指标。在应用 VaR 模型时,需确保数据输入的准确性和模型的适用性,以便更精确地评估市场风险,从而指导投资者制定合理的风险控制策略。

2. 敏感性分析与压力测试

敏感性分析是通过研究市场风险因素变化对投资组合价值的影响,来评估市场风险的一种方法。通过计算投资组合对市场风险因素变动的敏感度,可以识别出哪些因素对投资组合价值的影响最大。而压力测试则是模拟极端市场情景下投资组合的表现,以评估在极端不利情况下的潜在损失,这两种方法共同构成了市场风险量化评估的重要组成部分,有助于投资者更全面地了解投资组合的市场风险状况。

3. 历史模拟与蒙特卡罗模拟方法

历史模拟法是通过分析历史数据来模拟未来市场风险的方法,其基于历史市场风险因素的变化情况,模拟投资组合在未来可能面临的风险。而蒙特卡罗模拟方法则是一种基于随机过程的模拟技术,通过生成大量随机数据来模拟市场风险因素的变化,并据此评估投资组合的风险。这两种模拟方法各有优势,历史模拟法简单易行,但可能受到历史数据局限性的影响;蒙特卡罗模拟方法则更具灵活性,能够模拟更多种可能的市场情景。

(三) 市场风险的应对措施

1. 对冲策略的制定与实施

对冲策略是应对市场风险的有效手段,其核心在于通过构建相反的头寸来抵消原有投资组合的风险。具体实践中,这通常涉及利用金融衍生品,如期货、期权或远期合约,来创建一个与原投资组合风险特性相反的头寸。通过这种方式,当市场因素(如利率、汇率等)发生变动时,原投资组合与对冲头寸的盈亏可以相互抵消,从而降低整体风险。制定与实施对冲策略时,需要精确计算对冲比率,确保对冲效果,并定期调整策略以适应市场变化。

2. 多元化融资以降低市场风险

多元化融资策略是降低市场风险的另一种有效方法,这种策略的核心思想是通过多种融资渠道和方式筹集资金,以减少对单一市场因素的依赖。例如,企业可以同时利用股权融资、债券融资、银行贷款等多种方式筹集资金。当某一市场因素发生不利变动时,其他融资渠道可能提供相对稳定的资金来源,从而分散市场风险。实施多元化融资策略时,需综合考虑各种融资渠道的成本、风险及可行性,以构建优化的融资组合。

3. 建立健全的市场风险监测与预警机制

建立健全的市场风险监测与预警机制对于及时识别和应对市场风险至关重要,这一机制应包括定期评估投资组合的市场风险敞口,监测市场因素的变动情况,以及设定风险阈值和预警信号。当市场风险接近或超过预定阈值时,预警机制应迅速启动,提醒管理层采取相应措施以规避风险。通过实时监测和预警,企业能够在市场风险升级之前做出反应,从而有效保护资产价值。

二、信用风险及其识别方法

(一)借款人信用状况的评估

1. 信用记录的审查与分析

信用记录是评估借款人信用状况的基础,通过深入审查借款人的历史信用行为,包括过去的贷款偿还情况、信用卡使用情况以及其他相关信用活动,可以全面了解其信用习惯和还款意愿。分析信用记录时,应重点关注逾期次数、违约记录以及信用评分等关键指标。这些指标能够客观反映借款人的信用风险水平,从而为信贷决策提供重要依据。

2. 财务状况与偿债能力的评估

财务状况与偿债能力是评估借款人信用状况的核心,财务状况分析主要涉及借款人的资产负债表、利润表以及现金流量表等财务报表。通过对这些报表的细致分析,可以揭示借款人的资产规模、负债结构、盈利能力以及现金流状况,进而评估其偿债能力。偿债能力评估则更侧重于借款人的短期和长期偿债指标,如流动比率、速动比率、利息保障倍数等。这些指标有助于预测借款人在未来能否按时偿还贷款本息,从而确保信贷资产的安全。

3. 经营稳定性与行业前景的考量

经营稳定性与行业前景是评估借款人信用状况不可忽视的因素,经营稳定性主要体现在借款人的市场竞争地位、管理水平、技术创新能力以及客户关系等方面。一个经营稳定的企业往往具备更强的抵御市场风险的能力,从而更有可能保持良好的信用状况。同时,行业前景对借款人的信用状况也具有重要影响。处于快速发展阶段或具有广阔市场前景的行业中的企业,通常面临更多的发展机遇,其信用状况也相对更优。因此,在评估借款人信用状况时,应充分考虑其所在行业的整体发展趋势和市场环境。

（二）信用风险量化模型

1. 信用评分模型与违约概率预测

信用评分模型是评估借款人信用风险的重要工具，它通过对借款人的财务、经营和市场等多方面数据进行综合分析，给出一个具体的信用评分。这个评分可以直观地反映借款人的信用状况，进而预测其违约概率。在实际应用中，逻辑回归、决策树、神经网络等机器学习方法常被用于构建信用评分模型。通过这些模型的精准预测，金融机构可以更加科学地制定信贷政策，减少信用风险。

2. 损失给定违约（LGD）与违约风险敞口（EAD）的估算

损失给定违约（LGD）是指在借款人违约的情况下，金融机构所遭受的损失比例，而违约风险敞口（EAD）则是指在违约事件发生时，金融机构可能面临的最大损失金额。这两者都是评估信用风险的重要指标。在实际操作中，LGD 和 EAD 的估算通常基于历史数据、市场情况和专家判断等多种信息源。通过科学的估算方法，金融机构可以更加准确地量化信用风险，为风险管理和决策提供支持。

3. 信用风险价值（Credit VaR）的计算

信用风险价值（Credit VaR）是一种衡量信用风险大小的统计方法，它表示在一定置信水平下，因信用风险导致的最大可能损失。Credit VaR 的计算涉及多个因素，包括借款人的违约概率、违约损失率、风险敞口以及资产组合的相关性结构等。通过蒙特卡罗模拟、历史模拟或其他高级计量方法，可以计算出 Credit VaR 的具体数值。这一指标有助于金融机构全面了解其面临的信用风险状况，从而制定更加有效的风险管理策略。

（三）信用风险管理策略

1. 担保与抵押物的要求与评估

在贷款发放前，对借款人提供的担保或抵押物进行严格的要求和评估是必不可少的，担保可以要求第三方为借款人提供保证，确保在借款人违约时，债权人能够得到一定的补偿。而抵押物则是借款人提供的资产，用于在违约情况下保障债权人的利益。评估担保与抵押物的价值时，应采用专业的评估方法，确保其真实性和有效性。同时，还需定期重新评估，以应对市场变化可能带来的影响。通过严格的担保与抵押物要求与评估，可以有效降低信用风险，增强贷款的安全性。

2. 信用保险与信用衍生品的运用

信用保险和信用衍生品是信用风险管理的创新工具,信用保险能够为债权人提供风险保障,当借款人发生违约时,保险公司将承担部分或全部损失。这有助于分散和转移信用风险,提高债权人的风险承受能力。而信用衍生品则允许市场主体通过交易来转移、对冲或重新分配信用风险。例如,信用违约互换(CDS)就是一种常见的信用衍生品,它允许买方在支付一定费用后,将某一特定资产的信用风险转移给卖方。通过合理运用信用保险与信用衍生品,金融机构可以更加灵活地管理信用风险,增强资产组合的稳健性。

3. 定期的信用重评与风险监测

定期的信用重评与风险监测是信用风险管理中的持续性活动,信用重评意味着定期对借款人的信用状况进行重新评估,以反映其最新的财务状况、经营成果和市场环境等因素的变化。这有助于及时发现潜在的信用风险,并采取相应的应对措施。而风险监测则是对整个信用组合进行持续跟踪和分析,以确保各项风险指标处于可控范围内。通过定期的信用重评与风险监测,金融机构可以保持对信用风险的敏锐洞察,及时调整风险管理策略,确保资产的安全与稳健。

三、流动性风险及其识别方法

(一)资金来源与运用的匹配性分析

资金来源与运用的匹配性分析,作为流动性风险管理的核心环节,其重要性不言而喻。金融机构在运营过程中,必须深入探究其资金来源的多个维度,如稳定性、成本以及期限结构,以确保对资金状况有全面而准确的理解。同时,对资金运用的需求、收益及期限进行详尽分析也是不可或缺的。这种双向的、对比性的分析模式,旨在揭示资金来源与运用之间可能存在的不匹配现象。这种不匹配可能表现为短期资金缺口,即某一时间点上资金来源无法满足资金运用的需求,导致机构面临流动性紧张的局面。另一方面,长期资金错配也是一个需要警惕的问题,它可能由于资金来源与运用的期限结构不一致而引发,对金融机构的长期稳健运营构成威胁。因此,金融机构必须通过精细化的管理,确保资金来源与运用在各个方面都能达到合理的匹配状态,从而构筑起一道坚实的防线,有效抵御流动性风险的侵袭。

(二)流动性风险的量化指标

在流动性风险管理中,量化指标的运用显得尤为重要,这些指标,如流动性覆盖率、净稳定资金比例等，不仅是衡量金融机构流动性状况的重要工具，更是其风险管理决策的重要依据。流动性覆盖率旨在评估机构在短期压力情景下，其无变现障碍的优质流动性资产能否覆盖未来一定时期内的净资金流出，从而反映其应对流动性风险的能力。而净稳定资金比例则更侧重于衡量机构在长期内，其可用稳定资金能否支持其业务的发展，以确保其运营的持续性。通过持续监测这些量化指标，金融机构能够实时掌握其流动性状况的变化趋势，及时发现潜在的风险点，并据此调整其风险管理策略。这种以数据为驱动的管理方式，不仅提高了金融机构风险管理的精确性和有效性，也为其在复杂多变的金融市场中稳健运营提供了有力保障。

（三）流动性风险管理措施

针对流动性风险，金融机构必须采取一系列全面而有效的管理措施，首要之务是建立健全的流动性风险管理制度，明确风险限额和管理流程，以确保各项风险管理活动能够在制度的框架内有序进行。这不仅有助于提升风险管理的规范化水平，也能在风险事件发生时，为金融机构提供明确的应对指南。此外，定期进行流动性压力测试也是不可或缺的一环。通过模拟极端情况下的市场环境和经营条件，金融机构能够评估其在压力情景下的流动性需求，从而揭示出潜在的风险点和薄弱环节，这种前瞻性的风险管理方式，有助于金融机构提前制定应对措施，优化其流动性风险管理策略。最后，建立多元化的资金来源渠道同样至关重要。通过拓展资金来源，金融机构能够在需要时获得足够的流动性支持，以应对可能出现的资金紧张局面。

四、操作风险及其识别方法

（一）内部流程与人为因素的风险点识别

在操作风险管理领域，内部流程与人为因素的细致分析是风险点识别的基石，金融机构必须对业务流程进行全面深入的审视，以揭露可能潜藏的风险点。这些风险点可能源于系统的漏洞，例如安全防护不足、数据处理错误等，也可能由于权限设置不当，如未实现适当的职责分离或审批流程不严谨等。此外，员工行为同样是一个重要的风险来源，包括但不限于内部欺诈、违规操作以及疏忽大意等。为了有效识别这些操作风险，金融机构需采用综合性的评估方法，包括对内部流程进行逐一排查，识别并评估每个环节的潜在风险；同时，通过员工行为监测、内部审计等手段，及时发现并纠正不当行为。通过这种全面梳理和深入评估，金融机构能够更准确地识别操作风险，进而为风险管理和控制提供有力支持。

（二）操作风险的量化评估与监控

量化评估与监控在操作风险管理中扮演着至关重要的角色,为了更精确地衡量操作风险的大小和发生概率,金融机构可借助关键风险指标(KRIs)和损失数据收集(LDC)等先进方法。KRIs能够反映金融机构特定业务领域或流程中的风险状况,为管理层提供及时的风险信息;而LDC则通过收集和分析历史损失数据,帮助机构更准确地评估操作风险可能造成的损失。同时,建立实时监控系统对于控制操作风险至关重要。通过实时监测异常交易和行为,金融机构能够及时发现潜在的风险事件,并采取相应的处置措施。这种监控机制不仅提高了风险应对的速度和准确性,还有助于机构在复杂多变的金融环境中保持稳健运营。

（三）操作风险防范与应对措施

为了有效防范和应对操作风险,金融机构需采取一系列综合性的措施,首要任务是完善内部控制制度,确保业务流程的合规性和安全性。这包括制定明确的业务操作规范、强化内部审计和合规检查等,以形成一道坚实的风险防线。加强员工培训和教育同样至关重要。通过提高员工的风险防范意识和操作技能,金融机构能够从根本上减少操作风险的发生。此外,建立应急响应机制也是不可或缺的一环,在发生操作风险事件时,迅速而有效的响应能够最大限度地减轻损失并恢复业务正常运营。因此,金融机构应制定详细的应急预案,并定期进行演练和评估,以确保在紧急情况下能够做出及时且正确的应对。

第二节 风险评估体系与量化模型构建

一、风险评估指标体系的构建

（一）财务指标的选择与分析

1. 核心财务指标筛选

在供应链金融风险评估指标体系的构建过程中,核心财务指标的筛选不仅是评估体系构建的基石,更是确保评估结果准确性和有效性的关键。核心财务指标的选择,旨在通过一系列具有代表性的数据,全面而深入地反映供应链金融企业的融资风险状况。具体而言,资产负债率、流动比率、速动比率以及应收账款周转率等指标,因其能够直接揭示企业的偿债能力、运营效率和整体财务状况,而被广泛纳入核心财务指标范畴。资产负债率体现了企业资产与负债之间的比例关系,是判断企业长期偿债能力的重要指标;流动比率和速动比率则分别从不同角度反映了企业短期内的偿债压力,以及在不考虑存货的情况下,企业快速变现以偿还债务的能力;而应收账款周转率则揭示了企业应收账款的回收速度,进而反映了企业资金周转的效率和运营管理的水平。

2. 财务指标的数据分析与解读

在筛选出核心财务指标后,对其进行深入的数据分析和解读便成为风险评估工作中的又一重要环节。这一过程不仅要求评估人员具备扎实的财务知识和数据分析能力,更需要其能够结合行业背景和市场环境,对财务指标进行全方位、多角度的剖析和解读。在数据分析方面,评估人员应首先关注财务指标的历史变化趋势,通过对比不同时间节点的数据,揭示出企业财务状况的演变轨迹和发展规律。同时,行业内外同类企业的指标水平也是不可忽视的参照系,通过横向对比,可以更加清晰地定位企业在行业中的竞争地位和财务风险水平。而在数据解读方面,评估人员则需综合运用定量分析和定性判断的方法,对财务指标所蕴含的风险信息进行深入挖掘和精准解读,包括对指标异常波动的警觉和溯源,对潜在风险点的识别和评估,以及对未来可能变化趋势的预测和研判。

(二)非财务指标的重要性及应用

1. 非财务指标的选取理由

在供应链金融风险评估的实践中,非财务指标的选取具有不可或缺的重要性。这些指标,诸如企业管理水平、市场竞争力、技术创新能力以及行业发展趋势等,虽不直接反映企业的财务状况,却能从更广阔的视角揭示企业的运营状态和潜在风险。企业管理水平的高低,直接关系着企业运营的稳定性和效率。一个管理混乱的企业,即便财务状况暂时良好,也难以持久。市场竞争力则体现了企业在市场中的地位和影响力,是决定企业未来发展空间的关键因素。技术创新能力则是企业持续发展的动力源泉,尤其在快速变化的市场环境中,技术创新能力的强弱直接影响企业的生存和发展。而行业发展趋势作为外部环境因素,虽然不直接作用于企业个体,却能深刻影响行业内所有企业的命运。

2. 非财务指标的应用方法

在供应链金融风险评估过程中,非财务指标大多涉及企业的定性特征,如何将其合理、有效地运用于风险评估中,一直是业界关注的焦点。定性分析是非财务指标应用的基础方法。它依赖于专家评估、问卷调查等手段,通过对企业管理水平、市场竞争力、技术创新能力等方面的深入剖析,形成对企业整体状况的主观评价。这种方法虽然带有一定的主观性,却能捕捉到财务数据无法体现的细微差异和潜在风险点。为了进一步增强非财务指标应用的客观性和准确性,定量转化方法被广泛引入。这种方法的核心在于,通过特定的量化手段,将原本难以量化的非财务指标转化为具体、可比较的数值。例如,可以利用评分系统对企业管理水平进行打分,或者通过市场份额数据来反映企业的市场竞争力。

(三) 风险评估指标体系的整合与优化

1. 财务指标与非财务指标的整合

在供应链金融风险评估中,财务指标与非财务指标的整合是构建全面、有效评估体系的关键步骤。财务指标,如资产负债率、流动比率等,能够量化地反映企业的财务状况与经营成果。然而,它们往往无法涵盖企业运营的全貌,特别是那些与企业战略、市场竞争力、创新能力等密切相关的非财务因素。非财务指标,如管理水平、市场地位、技术革新等,虽然难以直接量化,但对于评估企业的长期发展前景和风险状况同样至关重要。这些指标能够揭示企业在动态市场环境中的适应能力和潜在增长动力。因此,将财务指标与非财务指标进行有机整合,要求评估人员根据评估目标和企业的具体情况,采用科学的方法确定两类指标的权重分配

2. 指标体系的优化与调整

供应链金融风险评估指标体系是一个动态变化的系统,需要随着市场环境、企业策略以及评估实践的反馈而不断优化和调整。市场环境的变化可能导致原有指标的适用性下降,如新兴技术的出现可能使得某些传统指标变得不再重要。同时,企业发展战略的调整也会影响指标的选择,例如企业从成本领先转向差异化竞争时,创新能力和品牌影响力等指标的重要性可能上升。此外,评估实践中的经验反馈也是指标体系优化的重要依据。通过实际评估过程中的观察和分析,可以发现指标体系中存在的问题和不足,如某些指标数据获取困难、计算复杂或解释性不强等。针对这些问题,评估人员需要及时对指标体系进行调整,包括更新或替换过时或不再适用的指标、增加新的重要指标以及调整各指标的权重等。优化与调整的目的是确保风险评估指标体系的时效性和准确性,使其能够更好地适应当前的市场环境和企业状况,为风险管理提供更加可靠的支持。

二、量化模型的基本原理介绍

(一)量化模型的概念及作用

1. 量化模型的定义与特点

量化模型,作为一种高度专业化的分析工具,能够将错综复杂的现实问题转化为抽象、形式化的数学语言。通过建立精确的数学关系或揭示统计规律,量化模型得以模拟和预测现实世界中难以捉摸的复杂系统行为。在供应链金融的广阔天地里,量化模型以其独特的优势,为企业提供着不可或缺的支持。它能够以极高的精度进行风险评估,为企业决策提供坚实的数据支撑,还能提出富有洞察力的优化建议。这种模型的客观性、可重复性以及出色的预测性能,使其在供应链金融领域的应用日益广泛,成为行业发展的重要推动力。

2. 量化模型在风险管理中的作用

在供应链金融风险管理的复杂环境中,量化模型的核心价值在于能够为企业提供更为精准的风险识别和评估手段。通过构建精细化的数学模型,量化分析不仅能够揭示出潜在的风险点,还能以定量化的方式,明确地给出风险的大小和可能造成的损失。此外,量化模型还能生成具有实用价值的风险指标和预警信号。这些基于数据的分析结果,为企业制定和调整风险管理策略提供了科学的依据,企业可以根据模型输出的预警信息,对可能的风险进行预防性管理,从而降低潜在的损失。

(二)常用量化模型的比较分析

1. 主要量化模型的介绍

在供应链金融风险管理的实践中,量化模型的应用已日趋成熟,其中,几种主流的量化模型被广泛采用,包括线性回归模型、逻辑回归模型、决策树模型以及神经网络模型,这些模型各具特色,针对不同的问题场景展现出其独特的适用性。

线性回归模型,以其直观性和简易性著称,特别适用于探索自变量与因变量之间存在的线性关系。在供应链金融领域,该模型常被用于预测企业的信贷风险,通过历史数据拟合出一条直线,以预测未来的趋势。逻辑回归模型则在处理二分类问题时表现出色,如判断企业是否违约。它通过逻辑函数将线性回归的输出转换为概率值,从而进行分类预测。决策树模型通过构建树状结构来进行决策分析,每个节点代表一个特征判断,每个分支代表一个可能的输出。这种模型易于理解和实现,特别适用于处理具有多种可能结果的问题。

神经网络模型,尤其是深度学习网络,具有强大的非线性拟合能力。它能够处理复杂的、非线性的数据关系,特别适用于大规模数据集和复杂模式识别。在供应链金融风险管理中,神经网络模型可用于识别潜在的风险因素和预测未来的风险趋势。

2. 量化模型的比较分析

在供应链金融风险管理中,选择合适的量化模型至关重要,不同的模型具有各自的优势和局限性,因此需要根据具体问题的特点和需求进行细致的比较分析。

线性回归模型虽然简单易用,但在处理非线性关系时可能表现不佳。逻辑回归模型在二分类问题上具有高效性,但对于多分类问题或需要更精细预测的场景则可能力不从心。决策树模型直观且易于解释,但在处理连续变量或高维数据时可能遇到挑战。神经网络模型虽然具有强大的拟合能力,但其复杂性和黑箱特性也导致了可解释性的降低。在选择模型时,需综合考虑数据的特征(如连续性、维度、分布等)、问题的性质(如分类、预测、优化等)以及模型的可解释性、准确性和稳定性。通过对比不同模型在历史数据上的表现,包括准确率、召回率、F1 分数等指标,可以选择出最适合当前问题的量化模型进行应用。此外,模型的稳定性也是一个重要考量因素,稳定的模型能够在不同数据集上保持一致的性能表现,从而提供更可靠的预测结果。

(三)量化模型在供应链金融中的应用前景

1. 当前应用现状

在供应链金融领域,量化模型的应用现状显示出其潜力与价值,但也揭示了一些亟待解决的问题。目前,量化模型已经在风险评估、信贷决策以及资金优化等多个方面取得了显著成果。这些模型通过对历史数据的深入分析,帮助企业更科学地评估供应链中的潜在风险,进而优化资金配置,提升整体运营效率。然而,实际应用中,数据的质量和完整性成为制约量化模型发挥作用的关键因素。供应链金融涉及多方数据交互,数据的准确性、一致性和时效性难以保证,这给模型的构建和预测带来了不小的挑战。此外,模型的可解释性和可信度也是当前关注的焦点。复杂的量化模型往往难以直观解释其预测结果,这在一定程度上影响了决策者对模型的信任度和使用意愿。同时,技术更新迭代的速度也要求量化模型不断适应新的数据环境和计算要求,以保持其先进性和实用性。

2. 未来发展趋势与前景展望

展望未来,随着大数据、人工智能等前沿技术的持续进步,量化模型在供应链金融中的应用将迎来更加广阔的发展空间。特别是在数据处理能力大幅提升的背景下,量化模型将更加注重数据的动态性和实时性,以便更精确地捕捉市场动态和风险因素的变化。这不仅有助于提高模型的预测精度,还能显著提升其对市场变化的响应速度。与此同时,模型的可解释性和可信度将成为未来发展的重要方向。通过引入更先进的解释性技术,如可解释性机器学习(Explainable Machine Learning),未来的量化模型将能够提供更直观、更易于理解的预测结果,从而增强决策者对模型的信任。

三、风险评估量化模型的构建步骤

(一)数据收集与预处理

数据收集与预处理阶段的工作涵盖了从多元化的数据源广泛地汲取相关信息,以确保所获取数据的全面性和多样性。数据源可能包括但不限于企业内部系统、公开市场数据、行业报告等。全面的数据收集有助于从不同角度刻画风险,进而提升模型的预测能力。然而,原始数据往往存在诸多问题,如异常值、缺失值和数据格式不一致等,这些问题可能会对模型的构建产生不利影响。因此,数据预处理成为不可或缺的一环。数据清洗旨在识别和移除或修正错误和异常数据,保证数据的准确性。数据转换则是将数据转换成适合模型分析的格式,如将分类变量转换为数值型变量。数据标准化则是消除不同变量之间的量纲差异,使得所有变量在模型中具有相同的权重。通过这些细致的预处理操作,可以为后续模型构建奠定坚实的数据基础,从而确保所建模型的准确性和可靠性。

(二)模型变量的筛选与确定

在完成了数据收集与预处理的基础工作之后,模型变量的筛选与确定成为接下来的关键步骤。这一步的核心任务是从海量的潜在变量中精准地识别并挑选出那些对风险评估具有显著影响的变量。为实现这一目标,需要综合运用统计分析方法和深厚的领域知识。通过相关性分析、主成分分析等统计手段,可以初步筛选出与风险评估紧密相关的变量。同时,结合行业专家的判断和经验,进一步确定哪些变量不仅与风险相关,还具备良好的预测能力。这一过程不仅有助于精简模型的结构,增强模型的简洁性和可解释性,更能显著提高模型的预测精度。通过精心挑选的变量,模型能更准确地捕捉风险因素的细微变化,从而为企业提供更为可靠的风险评估结果;此外,合理的变量选择也为后续的算法选择和模型优化提供了有力的支持。

(三)模型算法的选择与实现

在确定了影响风险评估的关键变量之后,接下来的任务就是根据问题的具体性质和所收集数据的特征,选取恰当的算法来构建模型。在这一阶段,可供选择的算法包括线性回归、逻辑回归、决策树、随机森林以及神经网络等多种类型。在选择算法时,需要综合考虑多个因素。模型的复杂性是一个关键因素,它关系着模型是否能够充分捕捉数据中的复杂关系。同时,可解释性也很重要,特别是在需要向非技术人员解释模型决策的场景中。此外,预测精度和计算效率也是不可忽视的方面,前者决定了模型的实用性,后者则影响着模型的运行速度和资源消耗。选定合适的算法后,接下来的工作是通过编程将模型具体实现。这一过程通常涉及使用专业的数据分析软件或编程语言,如Python、R 等。实现模型后,需要利用收集到的历史数据对模型进行训练和调整。通过反复迭代和优化,确保模型能够有效地捕捉到风险因素的关键特征,并基于此做出准确的预测。

（四）模型验证与优化调整

构建完成风险评估量化模型并非终点,而是新的起点,模型验证与优化调整是确保模型性能达到最优的关键步骤。这一阶段的核心任务是使用独立的验证数据集来全面评估模型的性能。通过计算预测精度、稳定性以及其他相关指标,可以获得模型在未知数据上的表现。验证过程中,需要特别注意过拟合和欠拟合的问题。过拟合意味着模型在训练数据上表现良好,但在新数据上泛化能力较差;而欠拟合则表明模型未能充分捕捉到数据的内在规律。为了避免这些问题,可以使用交叉验证等技术来评估模型的泛化性能。在验证结果的基础上,还需要对模型进行必要的优化调整。这可能包括调整模型的超参数、改进算法逻辑,甚至引入新的有影响的变量。通过这些调整,可以进一步提升模型的预测能力和稳定性,从而确保模型在实际应用中的可靠性和有效性。最终,经过严格验证和优化的风险评估量化模型将为供应链金融风险管理提供强有力的决策支持。

第三节 风险防控策略与内部控制机制的完善

一、内部控制机制的完善与强化

（一）内部控制框架的优化

1. 明确内部控制目标与原则

在供应链金融融资的风险管理中,内部控制框架的优化至关重要,首先,必须明确内部控制的目标,这些目标应围绕保障资金安全、确保业务合规、提高运营效率等核心要素展开。通过设定清晰的目标,可以为内部控制活动提供明确的指引和方向。同时,确立内部控制原则也是不可或缺的一环,这些原则应体现全面性、审慎性、有效性和适应性等要求。全面性意味着内部控制应涵盖所有业务活动和流程;审慎性要求内部控制措施应稳健、谨慎,以防范潜在风险;有效性则强调内部控制应能实际发挥作用,达到预期效果;适应性则指内部控制应能随着业务环境和风险状况的变化而及时调整。

2. 构建完善的内部控制流程

构建完善的内部控制流程是优化内部控制框架的关键环节,这一流程应涵盖风险识别、评估、监控、报告和处置等各个方面,确保每一环节都有明确的职责分工和操作规范。风险识别环节应能够全面、准确地识别出可能对供应链金融融资产生不利影响的风险因素;评估环节则需要对这些风险因素进行量化或定性分析,以确定其可能造成的损失程度和发生概率;监控环节应实时跟踪风险因素的变化情况,确保及时发现问题并采取措施;报告环节则需要定期或不定期地向管理层报告风险状况,以便其做出决策;处置环节则负责在风险事件发生时迅速响应,减轻损失并恢复正常运营。

3. 建立内部控制监督与评价机制

建立内部控制监督与评价机制是确保内部控制有效性的重要保障,监督机制应包括对内部控制活动的日常检查和专项审计,以确保各项控制措施得到严格执行。同时,还应建立独立的评价机构或委托外部专业机构对内部控制体系进行定期评估,以发现可能存在的问题和漏洞,并提出改进建议。通过这些监督与评价活动,可以及时发现并纠正内部控制中的不足和缺陷,确保其持续有效运行。此外,监督与评价结果还应作为管理层决策和绩效考核的重要依据,以推动内部控制体系的不断完善和优化。

(二)岗位职责与权限的明确

1. 各部门职责划分与协同

在供应链金融融资环境中,明确的部门职责划分是确保组织高效运作的基础,各部门应根据其业务特点和专业技能,合理分配工作职责。例如,风险管理部门应专注于识别和评估潜在风险,制定风险防控策略;而业务部门则需负责拓展和维护客户关系,推动业务增长。同时,各部门之间的协同合作也至关重要。通过建立跨部门沟通机制和协作流程,可以确保信息及时共享,问题得到迅速解决,从而提高整个组织的响应速度和执行效率。

2. 关键岗位权限设置与监控

关键岗位的权限设置对于保障供应链金融融资安全至关重要,这些岗位通常涉及资金操作、风险评估等重要职能,因此必须对其权限进行严格管理和监控。权限设置应遵循最小权限原则,即仅授予岗位所需的最小权限,以减少潜在风险。同时,应建立权限审批和监控机制,定期对关键岗位的权限使用情况进行审查和审计,确保权限不被滥用。此外,对于敏感操作,如资金转账等,应实施双人复核或更高级别的审批流程,以增加一层安全保障。

3. 不相容职务分离原则的实施

不相容职务分离原则是内部控制的基本要求之一,旨在防止舞弊和错误行为的发生。在供应链金融融资环境中,应特别关注那些如果由同一人担任可能增加舞弊风险的职务,如业务经办与审核、会计记录与财产保管等。通过将这些不相容职务进行分离,可以降低内部人员滥用职权或串通舞弊的可能性。实施不相容职务分离原则时,应明确各岗位的职责边界,建立严格的审批和监督机制,并定期进行岗位轮换或强制休假等制度安排,以确保内部控制的有效性。

(三) 内部审计与监督的加强

1. 定期内部审计计划的制订与执行

定期内部审计在保障组织内部控制有效性方面扮演着举足轻重的角色,制订周密的审计计划是确保审计活动有条不紊进行的前提。该计划应详尽阐述审计的具体目标,明确界定审计范围,并合理安排审计时间表,从而确保组织内部各项业务和流程能得到系统而全面的审查。在执行审计过程中,数据的深入分析和比对不可或缺,这有助于确保账目与实际状况相吻合,进而及时揭示出潜在的风险点和存在的问题。通过定期开展内部审计,组织不仅能及时发现内部控制的薄弱环节,更能采取相应措施予以纠正,从而显著提升运营效率,并有效降低各类风险的发生概率。

2. 审计结果的反馈与整改跟踪

审计结果的有效反馈及整改跟踪,是内部审计工作中不可或缺的一环,审计结束后,必须及时向管理层全面报告审计发现,这不仅包括已识别的问题,还应包含具有针对性的改进建议。同时,建立起一套完善的整改跟踪机制至关重要,它能确保审计中揭露的问题得到切实解决,防止问题积压或反复出现。通过持续不断的反馈与整改循环,组织能够不断完善其内部控制体系,进而提升整体管理水平,并显著提升风险防范与应对能力。

3. 内部审计与外部审计的协调与配合

内部审计与外部审计之间的协调与配合,对于提升审计工作的整体效率和质量具有至关重要的作用。内部审计部门应积极与外部审计机构建立并保持密切的沟通渠道,实现审计信息和资源的共享。这种协作方式不仅能有效避免不必要的重复审计工作,从而提高工作效率,还能确保审计活动的全面覆盖和准确执行。此外,内部审计部门还应充分利用外部审计的专业优势和丰富经验,不断汲取其先进理念和实践建议,以此来持续提升自身的审计能力和专业水平。这种内外结合的审计模式,将有助于组织构建更加健全和高效的内部控制与监督机制。

二、信息技术在风险管理中的应用

(一)大数据与云计算技术的应用

在风险管理领域,大数据与云计算技术的融合应用正日益显现其独特价值,大数据技术以其强大的数据处理和分析能力,能够深入挖掘海量数据中的潜在风险信息,为风险识别和评估工作提供科学、准确的依据。通过大数据分析,企业可以更加全面地了解市场动态、客户行为以及业务运营情况,从而及时发现潜在的风险点,为风险应对策略的制定提供有力支持。与此同时,云计算技术为数据处理提供了弹性可扩展的计算资源,使得企业能够根据业务需求灵活调整计算能力,确保数据处理的高效性和及时性。在云计算的支持下,企业可以实时分析业务数据,监控风险指标的变化情况,及时发现异常情况并采取相应的风险控制措施。这种实时、动态的风险管理方式,有助于企业提升风险管理水平,保障业务稳健发展。

(二)供应链金融信息平台的建设

供应链金融信息平台在供应链金融风险管理中扮演着举足轻重的角色,该平台通过整合供应链各环节的信息资源,打破了信息孤岛,实现了信息的共享与协同。这不仅提高了信息的透明度和可追溯性,还为企业提供了统一的数据视图和业务流程管理功能,从而更加全面地掌握供应链的整体运营情况。借助供应链金融信息平台,企业可以对供应链进行实时监控,及时发现供应链中的潜在风险点,如供应商的经营状况恶化、物流延误等。通过平台提供的协同功能,企业还可以与供应链各方进行及时沟通与协作,共同应对风险挑战,确保供应链的稳定性和持续运营。此外,信息平台还为企业提供了丰富的数据分析和挖掘工具,帮助企业深入挖掘供应链中的价值潜力,提升供应链的整体竞争力和抗风险能力。

(三)信息安全与加密技术的采用

在风险管理领域,信息安全与加密技术的采用具有不可替代的重要性,这些技术为企业提供了强大的数据保护手段,确保敏感数据在传输、存储和处理过程中不被非法获取或篡改。通过采用先进的加密算法和安全协议,企业可以构建起坚固的数据传输通道,保障数据在传输过程中的机密性和完整性。同时,信息安全技术的应用还涉及企业信息系统的整体安全防护。通过加强网络安全管理、配置安全防火墙和入侵检测系统等措施,企业可以有效抵御外部网络攻击和恶意入侵行为,确保信息系统的稳定运行和数据安全。此外,定期进行安全漏洞扫描和风险评估也是信息安全管理的重要环节。通过及时发现并修复潜在的安全隐患,企业可以主动预防安全风险的发生,确保风险管理工作的持续性和有效性。

三、应急预案与危机处理机制的建立

(一)应急预案的制定与演练

应急预案在组织管理中占据着举足轻重的地位,它是为应对各种突发事件、减少潜在损失而精心设计的重要工具。在制定应急预案的过程中,必须进行全面而深入的风险分析,以识别并评估可能面临的各种威胁和潜在影响。这一步骤是构建有效预案的基石,它要求对不同类型的危机情景进行详尽的设想,并针对性地制定相应的响应措施。明确应急响应流程和各环节的责任人是预案制定中的关键环节。这确保了在紧急情况下,各个部门和人员能够迅速、准确地采取行动,形成有力的协同作战。预案的针对性和可操作性是其能否在实际应用中发挥效能的关键。因此,在制定过程中必须注重细节,确保各项措施既符合实际情况,又能有效应对危机。此外,定期演练预案的重要性不言而喻。通过模拟真实场景进行演练,可以全面检验预案的有效性和可行性。这种实践性的验证方式能够暴露预案中可能存在的问题和不足,从而及时进行修正和完善。演练过程中,员工的应急反应能力也得到了锻炼和提高,为在真实危机发生时能够迅速、有序地应对奠定了坚实基础。

(二)危机处理小组的组建与运作

危机处理小组在应对紧急事态中扮演着核心角色,为了确保其高效运作,小组的组建必须精挑细选,吸纳具备专业知识和丰富经验的人员。这些成员应具备快速决策、有效沟通和协同作战的能力,以便在危机发生时能够迅速作出反应。明确小组成员的各自职责是确保危机处理流程顺畅进行的关键。每个成员都应清楚自己的任务和责任范围,以便在紧急情况下能够各司其职,形成有力的执行团队。此外,小组还需建立起高效的信息收集和传递机制,确保在危机发生时能够实时掌握相关动态,为科学决策提供有力支持。制定科学

的应对策略是危机处理小组的重要职责之一。这要求小组成员根据危机的性质和影响,结合实际情况,制定出切实可行的应对措施。同时,小组还需积极协调各方资源,包括内部资源和外部支持,以共同应对危机带来的挑战。通过这种全方位、多层次的应对策略,可以最大程度地减轻危机对组织造成的损失。

(三)外部沟通与协作机制的建立

在危机处理过程中,与外部利益相关方的沟通和协作具有至关重要的意义,为了确保信息的及时传递和准确理解,组织必须建立起与政府、媒体、公众等利益相关方的有效沟通渠道。这不仅可以消除误解和恐慌,还能增强各方之间的信任与合作意愿。与此同时,积极寻求外部支持和协作也是应对危机的重要策略之一。通过与行业协会、专业机构等建立紧密合作关系,组织可以共享资源、经验和专业知识,从而提升自身应对危机的能力,这种合作关系的建立需要基于相互信任和共同利益的基础上,以实现互利共赢的局面。

第七章　供应链协同与供应链金融的相互促进

第一节　供应链协同的基本概念与重要性

一、供应链协同概述

(一)供应链协同的概念

供应链协同(Supply Chain Collaboration,SCC)是供应链上各节点企业为实现共同目标而协同运作的企业活动。供应链企业与上下游合作伙伴在彼此信任的基础上,搭建信息技术共享平台,及时共享信息,以及时应对市场变化和满足客户需求为核心,进行协同运作的业务流程再造,形成公平公正、利益共享和风险共担的合作机制。20 世纪 80 年代,在市场竞争日益激烈的环境下,企业开始着眼于加强与外部企业的协同合作。通过加强企业间的合作关系,建立互利共赢的业务联盟,从而追求利润最大化。供应链协同逐渐受到理论界与实践界的关注。21 世纪以来,随着生产技术和信息技术的高速发展,市场竞争逐渐白热化,市场需求瞬息万变,企业愈加重视与合作伙伴的协同运作,从而提高企业快速响应市场和消费者需求的应对能力。尤其是在沃尔玛与上游供应商合作成功之后,供应链合作已经成为全球许多公司的常见做法。企业与上下游合作伙伴的协同运作能力已经成为很多企业的竞争优势来源之一,企业通过与供应链上下游企业的合作联盟,对供应链能力和资源进行了整合,实现互利共赢。

(二)协同为供应链带来的优势

1.快速响应

在供应链协同的框架下,企业之间的紧密合作显得尤为关键,供应协同、生产协同和需求协同作为这一框架的三大支柱,共同构成了快速响应顾客需求的基础。通过供应协同,企业能够精准把握原材料供应的节奏和变化,及时调整采购策略,确保生产线的稳定运转。生产协同则使得企业在面对多样化、个性化需求时,能够灵活调整生产计划,实现高效、高质量的产品输出。而需求协同则通过深入分析市场趋势和消费者行为,帮助企业精准识别并快速响应顾客需求,从而在市场竞争中占据有利地位。这种全方位的协同作战能力,不仅提升了供应链的整体效率,更强化了企业对市场变化的适应能力。

2. 打破界限

信息化技术的迅猛发展,为供应链协同提供了强大的技术支持,在这一背景下,供应链协同正逐步打破传统的部门分工界限和沟通壁垒,推动各职能领域在更广泛的范围内实现资源配置的优化组合。这种变革不仅有助于提升组织内部的运行效率,更能够激发员工及团队的创造力和智慧。通过赋予个体或团队更多的工作自主权,组织能够充分调动员工的积极性和主动性,促进不同部门和团队之间的深度合作与交流。这种跨界的协同合作模式,有助于获得更为全面、科学的决策方案,从而实现组织、管理和技术三个层面的高度融合与契合。

3. 成本优势

在供应链协同的环境中,企业之间借助先进的信息技术,实现了供应协同、生产协同和需求协同的紧密结合。这种协同模式以顾客需求为主导,推动了反向生产驱动的实现。企业能够围绕市场需求核心,进行精准的按需生产,从而显著降低了供应链整体的库存量。这种降低不仅减少了库存成本,还提高了资产的周转率和使用效率。同时,在供应链协同管理思想的指导下,上游供应商、制造商与下游经销商能够达成战略上的一致,形成稳固的战略联盟。通过统一同盟间的利益目标,并打通信息共享通道,供应链网络中的交易成本得到了有效降低。这种成本优势为企业带来了更强的市场竞争力,也为整个供应链的持续健康发展奠定了坚实基础。

4. 价值输出最大化

在当今激烈的市场竞争环境下,企业单打独斗已难以立足,因此,整合供应链上合作伙伴的资源与能力显得尤为重要。通过供应链协同,企业能够实现对各节点企业物流、资金流和信息流的高效计划、组织、协调与控制。这种协同运作不仅强化了企业之间的优势互补,还有效扩大了企业自身的资源范围和能力边界。更为重要的是,企业间形成的协同关系有助于彼此借助对方的核心竞争力,来形成、维持甚至强化自身的市场优势。同时,这种协同也有助于企业帮助上下游合作伙伴提升客户满意度,从而推动整体供应链创造和输出价值的最大化,这种价值最大化的实现,不仅提升了供应链的整体效能,还为企业带来了更为广阔的市场发展空间。

二、供应链协同的核心要素

(一)信息共享与透明度

1. 实时数据交换

实时数据交换涉及供应链各环节之间信息的即时传递与更新,确保所有相关方能够同步获取最新的供应链状态。通过实时数据交换,供应链各节点企业能够准确掌握物料流动、库存状况以及订单执行情况,从而做出更为精准的决策。这种数据的即时性不仅提高了供应链的透明度和反应速度,还有助于减少信息传递的延误和误差,进而优化整个供应链的运作效率。

2. 需求与供应可见性

需求与供应的可见性是供应链协同中的关键环节,意味着供应链上的各方能够清晰地了解到市场需求和供应能力的实时变化。这种可见性有助于企业及时调整生产计划、库存管理以及销售策略,以适应市场的波动。同时,它也增强了供应链各节点之间的信任与协同,因为各方都能基于共同的信息平台来规划和执行各自的业务活动,从而实现更高效的资源分配和利用。

3. 预测与计划共享

预测与计划共享是供应链协同中不可或缺的一部分,涉及供应链各方共同参与到市场需求预测、生产计划制订以及物流配送规划中来。通过共享这些信息,企业能够更准确地预测未来市场需求,从而制订合理的生产计划,避免过剩或短缺的情况发生。此外,计划的共享还有助于协调供应链各方的行动,确保各环节之间的顺畅衔接,进而提升整个供应链的响应速度和灵活性。这种协同方式不仅优化了资源配置,还降低了运营成本,提高了市场竞争力。

(二)流程整合与优化

1. 跨企业流程衔接

跨企业流程衔接是供应链协同中的核心环节,它着眼于不同企业间业务流程的顺畅连接。这一衔接过程旨在打破传统企业边界,实现供应链上各环节的无缝对接。通过跨企业流程衔接,各节点企业能够共享资源、信息和策略,从而提高整体供应链的响应速度和灵活性。这种衔接不仅减少了不必要的重复工作和资源浪费,还加强了企业之间的协同合作,共同应对市场变化和挑战。

2. 标准化操作流程

标准化操作流程在供应链协同中发挥着基础性作用,它指的是通过制定和实施统一的操作规范,确保供应链各环节在执行相同或相似任务时能够遵循一致的标准。标准化操作流程不仅提高了工作效率,还降低了操作失误的风险。同时,它有助于促进企业之间的相互理解和协作,因为各方都遵循相同的操作逻辑和规则。通过标准化操作流程,供应链协同的效率和稳定性得到了显著提升。

3. 流程效率提升措施

流程效率提升措施是供应链协同中持续改进和优化的关键,这些措施旨在识别并消除流程中的瓶颈和低效环节,从而提高整体供应链的运行效率。这包括采用先进的供应链管理技术、优化库存策略、改进物流配送路线等。流程效率提升措施的实施需要基于详细的数据分析和对供应链全面深入的理解。通过这些措施,企业能够减少成本、缩短交货周期并提高客户满意度,进而在激烈的市场竞争中脱颖而出。

(三)信任与合作关系

1. 长期合作承诺

长期合作承诺是供应链协同中建立稳定合作关系的基础,它体现了供应链伙伴之间对于未来持续合作的期望和决心。这种承诺不仅涉及业务层面的往来,更包含了共同发展的愿景和目标。通过长期合作承诺,供应链各方能够形成稳定的合作关系,从而减少交易成本,提高合作效率。此外,长期合作承诺还有助于培养供应链伙伴之间的默契和信任,为应对市场变化和风险挑战提供坚实的合作基础。

2. 风险共担机制

在供应链管理中,各种风险如市场需求波动、供应链中断、价格波动等难以避免,通过建立风险共担机制,供应链伙伴能够共同面对这些风险,减轻单一企业所承担的压力。这种机制有助于增强供应链的韧性和稳定性,确保在面对风险时能够迅速恢复并继续高效运作;同时,风险共担也促进了供应链伙伴之间的紧密合作,共同应对挑战,实现共赢。

3. 信任建立与维护

信任是供应链协同中的核心要素,它对于维护供应链的稳定性和效率至关重要,信任的建立需要供应链伙伴之间的长期合作和良好沟通,以及彼此在业务中的可靠性和诚信表现。一旦信任得以建立,它将极大地降低交易成本,提高信息共享和协同决策的效率。为了维护这种信任,供应链伙伴需要持续投入努力,包括保持透明沟通、遵守合同约定、及时处理问题和纠纷等,通过这些措施,可以确保供应链协同的顺利进行,并促进整体供应链绩效的提升。

（四）技术与系统支持

1. 供应链管理系统

供应链管理系统是支持供应链协同运作的关键技术工具,它集成了采购、生产、销售、物流等多个环节的数据和流程,通过统一的信息平台实现各环节之间的紧密衔接。该系统能够提供实时的数据更新和可视化的操作界面,帮助管理者全面监控供应链的运作状态,及时发现并解决问题。此外,供应链管理系统还具备优化资源配置、提高运作效率、降低成本等功能,从而显著提升供应链的整体性能和竞争力。

2. 数据分析与决策支持

数据分析与决策支持技术在供应链协同中发挥着至关重要的作用,通过对供应链过程中产生的大量数据进行深入挖掘和分析,企业能够洞察市场趋势、识别潜在风险,并基于数据驱动做出更为精准的决策。这种技术利用先进的算法和模型,为供应链管理者提供定量的决策依据和优化建议,帮助他们在复杂多变的市场环境中做出快速而准确的反应。数据分析与决策支持技术的应用,不仅提升了供应链的智能化水平,也为企业带来了更大的竞争优势。

3. 云计算与物联网技术应用

云计算与物联网技术的融合应用为供应链协同带来了革命性的变革,云计算提供了弹性可扩展的计算和存储资源,使得供应链数据能够在云端进行高效处理和分析。而物联网技术则通过连接各种智能设备和传感器,实现了对供应链各环节物品的实时追踪和监控。这两者的结合,使得供应链协同更加智能化、自动化和高效化。企业能够借助这些技术实现供应链的透明化管理,提高响应速度和灵活性,从而更好地满足市场需求并应对各种挑战。

三、供应链协同的重要性

（一）提升整体运营效率

通过加强各环节之间的紧密配合与信息共享,企业得以实现资源的最优配置和流程的高效衔接。这种协同机制不仅显著减少了生产、物流和销售等环节中的不必要等待时间和资源浪费,更推动了产品从原材料阶段到最终消费者手中的快速流转。具体而言,供应链协同促进了生产计划的准确性和灵活性,使得企业能够根据市场需求及时调整生产策略,避免过剩产能或供应不足的情况发生。同时,在物流环节,通过优化运输路线、提高装载效率以及利用先进的物流技术,企业能够大幅缩短产品交付周期,并确保货物在运输过程中的安全与完整。此外,销售与市场需求信息的实时反馈,使得企业能够迅速捕捉市场变化,调整销售策略以满足消费者需求。

(二)增强风险抵御能力

在全球化背景下,企业面临的风险日益多样化且复杂化,而供应链协同则成为企业增强风险抵御能力的重要途径。通过供应链协同,企业能够实时获取关于市场需求、原材料价格、政治经济环境等多方面的动态信息,从而做出更为明智和及时的决策。这种信息透明度的提升,使得企业能够在风险事件发生时迅速做出反应,调整策略以减轻潜在损失。此外,供应链协同还促进了企业间的资源共享与风险共担。在面对供应链中断、市场需求骤变等突发情况时,协同合作的企业能够相互支持,共同应对挑战。这种团结协作的精神不仅降低了单一环节的风险敞口,更增强了整个供应链网络的稳定性和韧性。因此,可以说供应链协同在增强企业风险抵御能力方面发挥着不可或缺的作用,为企业持续稳健发展提供了坚实保障。

(三)促进创新与发展

在供应链协同的框架下,各环节企业得以共享宝贵的知识、技术和市场资源,这种共享为共同探索新产品、服务或业务模式提供了肥沃的土壤。具体而言,通过协同合作,企业能够汇聚多元化的专业知识和技术实力,从而加速新产品的研发进程,缩短从构思到市场投放的周期。同时,这种跨企业的合作创新模式还有助于提升产品质量和服务水平。各环节企业相互学习、取长补短,共同追求卓越,这不仅提高了产品的性能和质量,还优化了客户体验,从而显著提升了企业在激烈市场竞争中的优势地位。因此,可以明确地说,供应链协同是推动企业不断创新、实现可持续发展的关键途径,它为企业注入了源源不断的创新活力,助力企业在日新月异的市场环境中立于不败之地。

(四)提升客户满意度与忠诚度

在当今以客户为中心的市场环境中,供应链协同对于提升客户满意度与忠诚度具有不可或缺的作用。通过供应链各环节之间的紧密协同,企业能够更为精准地洞察市场需求和客户偏好,从而及时调整产品设计和服务策略,以满足消费者日益多样化的需求。这种以客户需求为导向的运营模式,确保了企业提供的产品和服务始终与市场需求保持高度契合,进而提升了客户的购买意愿和满意度。同时,协同优化的供应链还显著提高了产品的交付速度和质量稳定性。通过优化库存管理、加强物流配送等方面的合作,企业能够确保产品按时、按质到达客户手中,从而增强了客户对品牌的信任和依赖,这种信任和依赖的积累,最终转化为客户对品牌的忠诚度,为企业带来了持续且稳定的客户群体。

第二节 供应链金融在促进供应链协同中的作用

一、缓解资金压力,促进供应链流畅运作

(一)供应链金融的资金支持作用

供应链金融在现代供应链管理体系中占据着举足轻重的地位,其资金支持作用对于维护供应链的稳定性与持续性具有不可替代的意义。在多数情况下,中小企业由于规模相对较小、资本积累有限,常常面临资金短缺的困境,这在很大程度上制约了其业务拓展能力和市场竞争力。供应链金融作为一种创新的金融服务模式,为这些企业提供了多元化的融资途径,有效地缓解了资金压力。通过应收账款融资、存货融资等金融产品的运用,供应链金融能够将企业的流动资产转化为现金流,从而确保企业运营的连续性。这种资金支持机制不仅为企业提供了必要的运营资金,还为其提供了资本运作的空间,使企业能够在激烈的市场竞争中保持足够的灵活性。更为重要的是,供应链金融的资金注入促进了整个供应链的流畅运作,加强了各环节之间的衔接与协同。这种协同效应不仅提升了供应链的整体效率,还优化了资源配置,从而推动了整个供应链的价值最大化。

(二)灵活融资解决方案的应用

灵活融资解决方案在供应链金融中的应用,体现了金融服务与实体经济深度融合的趋势,这些解决方案根据企业的具体情况和供应链的实际需求进行个性化设计,展现出极强的灵活性和实用性。例如,对于那些拥有大量应收账款但现金流紧张的企业而言,应收账款融资成为一种有效的资金筹措方式。通过这种方式,企业可以将未来一段时间内的应收账款提前变现,从而迅速补充运营资金,保障企业的正常运转。而对于存货积压、资金被大量占用的企业来说,存货融资则成为一种切实可行的解决方案。它允许企业以存货作为抵押物获取资金,从而盘活存量资产,提高资金使用效率。

(三)资金流顺畅对供应链运作的影响

在供应链管理中,资金流作为连接各个环节的纽带,其流畅与否直接关系着整个供应链的运作效率和稳定性。一旦资金流出现断裂或不畅,将会导致

供应链中的某些环节出现延误或停滞,进而影响整个供应链的正常运转。这种影响不仅表现为运营成本的增加,更可能引发连锁反应,对供应链的整体效能造成长期损害。供应链金融通过提供及时、有效的资金支持,确保了资金流在供应链中的顺畅流动。这种保障作用不仅降低了企业在运营过程中的资金风险,还提高了供应链的响应速度和适应能力。在快速变化的市场环境中,资金流的顺畅性成为供应链能否迅速调整策略、抓住市场机遇的关键因素。

二、降低供应链风险,增强协同稳定性

(一)供应链金融与风险管理

供应链金融作为一种综合性的金融服务,其核心并不仅仅是为企业提供所需的资金支持。更为关键的是,它在整个供应链的风险管理中扮演着举足轻重的角色。在现代商业环境中,供应链网络日趋复杂,涉及的环节和参与者众多,这使得供应链中的各种风险也日益凸显。市场风险、信用风险、操作风险等,如同潜藏在暗处的礁石,随时可能对企业的航行造成阻碍甚至沉船的危险。供应链金融正是针对这些风险而设计的一套综合性解决方案。它运用专业的风险评估技术,深入剖析供应链的每一个环节,从而精准地识别出潜在的风险点。在此基础上,通过量身定制的风险管理措施,帮助企业建立起一道坚固的风险防线。这不仅包括对外部市场环境的实时监测和预警,还涉及对企业内部操作流程的优化和完善,以确保在风险来临之前能够做出迅速而有效的应对。更为重要的是,供应链金融还致力于提升整个供应链的风险抵御能力,通过加强各环节之间的信息共享和协同合作,形成一个紧密而高效的风险应对网络。

(二)整体信用评估在供应链金融中的应用

在供应链金融的实践中,整体信用评估扮演着至关重要的角色,这一评估方法不仅关注单个企业的财务状况和经营实力,更将视野拓展至整个供应链,综合考量各环节的稳健性与协同效率。通过这种方式,金融机构能够为企业提供更为精准、个性化的融资服务,有效降低信用风险,并促进供应链整体稳定性的提升。整体信用评估的实施涉及多个维度,包括企业的资产负债表、利润表、现金流量表等财务数据,以及企业的经营管理能力、市场竞争力等非财务指标。评估过程中,专业团队会深入剖析这些数据,以全面、客观地反映企业的信用状况。同时,整体信用评估还强调对整个供应链的综合考量,以确保供应链的稳健运行。通过整体信用评估,供应链金融能够更好地满足企业的融资需求,降低信用风险,并为供应链的稳定性和持续发展提供有力保障。

(三)信用保险和担保服务对风险降低的作用

在供应链金融领域,信用保险和担保服务作为风险管理的关键工具,发挥着不可或缺的作用。这些服务通过为企业提供一种有效的风险分担机制,显著降低了供应链中的潜在风险,进而保障了企业的稳定运营。具体而言,信用保险能够在供应链中的其他企业出现违约行为时,为企业提供必要的经济赔偿。这种保障机制不仅有助于企业应对突发的信用风险事件,还能够减轻企业在面临潜在违约风险时的财务压力。通过信用保险的引入,企业可以更加自信地参与供应链中的各项活动,而不必过分担忧因其他企业违约而引发的连锁反应。同样地,担保服务也在供应链风险管理中扮演着重要角色。担保机构通过为企业提供担保支持,增强了企业在供应链中的信用地位。这种担保不仅有助于企业获得更多的融资机会,还能够在企业面临资金困境时提供及时的援助。担保服务的存在,使得供应链中的各方更加愿意与企业建立长期稳定的合作关系,从而促进了整个供应链的持续健康发展。

(四)稳定性增强对供应链协同的意义

供应链协同作为现代供应链管理的核心理念,旨在通过加强各环节之间的协同合作,实现供应链整体效率的最优化。而稳定性的提升,无疑是实现这一目标的重要基石。稳定性的增强意味着供应链中各环节的企业能够更加稳定、可靠地履行各自的职责和义务。这种稳定性不仅减少了因企业间的不稳定因素而引发的供应链中断风险,还为企业间建立了更加牢固的信任基础。在供应链金融的助力下,企业可以更加放心地与供应链伙伴进行合作,共同应对市场变化和挑战,从而推动整个供应链的协同发展。此外,稳定性的增强还有助于提高供应链的运行效率和响应速度。在稳定的供应链环境中,各环节之间的信息传递更加顺畅,资源配置更加合理,从而实现了供应链整体效率的提升。同时,面对市场需求的变化,稳定的供应链能够更快地做出调整,以满足客户的期望和需求。

三、优化供应链管理,提升协同效率

(一)供应链金融与先进管理理念的结合

供应链金融作为一种综合性的金融服务解决方案,其深远影响并不仅限于为企业提供资金支持这一层面。更为关键的是,它融合了诸多先进的管理理念,这些理念正逐渐成为现代企业供应链管理不可或缺的思想基石。传统的企业管理往往侧重于单一企业的利益最大化,然而在全球化、网络化日益盛行的今天,这种孤立的管理方式已显得捉襟见肘。供应链金融所倡导的先进管理理念,强调的是供应链整体优化、各环节之间的协同合作以及共赢的思维模式。这一理念的引入,促使企业从更宽广的视角审视自身的供应链管理,不再局限于短视的利益争夺,而是着眼于整个供应链的长期稳健发展。企业借助供应链金融的东风,得以接触到这些前沿的管理理念,并以此为契机,对自身的供应链管理方式进行深刻的反思与改进。这种理念与金融服务的完美结合,使得供应链在资金流、信息流、物流等多个方面均实现了显著的优化。企业间的协同合作更为紧密,资源的配置更加合理高效,市场的响应速度也因此大幅提升。

(二)大数据和人工智能在供应链管理中的应用

随着科技的飞速发展,大数据和人工智能技术已渗透到各行各业,为众多领域带来了前所未有的变革。在供应链管理中,这两项技术的引入同样引发了深刻的转变,极大地提升了管理的智能化和精细化水平。大数据技术允许企业收集并分析海量的供应链数据,这些数据涵盖了市场需求、库存状况、物流配送、消费者行为等多个方面。通过对这些数据的深入挖掘,企业能够更为准确地预测市场趋势,及时调整生产计划和销售策略。此外,大数据技术还在库存管理方面发挥着举足轻重的作用,它帮助企业实现了库存水平的实时监控和预警,有效避免了库存积压或缺货的风险。与此同时,人工智能技术的应用则进一步提升了供应链管理的自动化和智能化程度。借助先进的机器学习算法,人工智能系统能够处理复杂的供应链决策问题,如需求预测、路线规划、风险管理等。这不仅大幅提高了决策效率和准确性,还降低了人为因素导致的误差和成本。

(三)信息实时共享和透明化的重要性

在供应链管理的实践中,信息的实时共享和透明化的实现得益于现代信息技术的迅猛发展,特别是供应链金融平台的兴起,为企业间数据的即时交换和信息共享提供了便捷的渠道。通过这类平台,供应链各环节的企业能够实时地传递和获取关键信息,从而确保整个供应链的顺畅运行。信息的实时共享不仅有助于企业及时了解供应链中的动态变化,还能减少因信息不对称而引发的风险。在传统模式下,信息的滞后和不透明往往导致供应链中的决策失误和资源浪费。然而,通过实时共享,各环节的企业能够基于最新的数据进行决策,从而提高整个供应链的响应速度和灵活性。此外,信息的透明化还显著增强了供应链各环节之间的信任与合作。当企业能够清晰地了解到其他环节的运行状况和决策依据时,它们更容易形成共同的目标和期望,进而促进协同工作。

（四）协同效率提升对企业合作的影响

协同效率的提升在企业合作中扮演着举足轻重的角色，其深远影响体现在多个层面。从运营角度来看，高效的协同显著缩短了产品从研发到生产、再到销售的整个周期。这种周期的缩短不仅加快了企业的资金回笼速度，还使企业能够更迅速地响应市场变化，从而提高了市场竞争力。在资源配置方面，协同效率的提升意味着供应链各环节之间的摩擦和冲突减少。企业能够更加顺畅地进行物资调配、生产计划安排和市场推广，确保资源在整个供应链中得到最合理的利用。这种优化不仅降低了运营成本，还提高了整体运营效率。此外，高效的供应链协同在风险管理方面也发挥了重要作用，当市场出现波动或突发事件时，高效的协同机制使企业能够迅速调整策略，共同应对挑战。

四、推动供应链创新，拓展协同空间

（一）供应链金融对创新活动的支持

供应链金融作为一种创新的金融服务模式，在推动供应链创新方面发挥着举足轻重的作用，它通过提供灵活多样的资金支持和专业化的金融服务，为企业的创新活动注入了强大的动力。在传统的金融体系中，企业往往面临着融资难、融资贵的问题，特别是对于那些处于初创期或成长期的企业来说，资金短缺更是制约其创新发展的主要因素。而供应链金融的出现，恰恰为这些企业提供了一个有效的解决方案。借助供应链金融的力量，企业可以更加从容地加大研发投入，探索新的技术领域，尝试创新的产品设计和市场策略。这种支持不仅体现在资金层面，更包括金融机构为企业提供的专业化咨询、风险评估和融资方案设计等服务。这些服务帮助企业更好地识别市场机会，降低创新风险，从而推动整个供应链的创新升级。可以说，供应链金融已经成为推动企业创新发展的重要引擎，为供应链的持续创新和竞争力提升提供了有力的支撑。

（二）创新金融产品和服务在供应链中的应用

随着科技的不断进步和金融市场的日益开放，供应链金融领域涌现出越来越多的创新金融产品和服务，这些产品和服务充分利用了现代信息技术的优势，为供应链中的企业提供了更加便捷、高效、安全的金融服务体验。以基于区块链技术的供应链金融产品为例，这一创新应用通过智能合约和分布式账本技术，实现了供应链交易的透明化和可追溯性。这不仅大大提高了供应链管理的效率和准确性，还有效降低了交易风险和欺诈行为的发生概率。同时，基于大数据和人工智能技术的风险评估模型，也为企业提供了更加精准、个性化的融资解决方案,满足了企业在不同发展阶段的多样化金融需求。此外,还有一些金融机构推出了与供应链管理紧密结合的创新保险产品,如货运保险、质量保险等,这些保险产品针对供应链中的特定环节和风险点进行设计,为企业提供了更加全面、细致的保障措施。

(三)业务模式和技术应用的创新实践

在供应链领域,业务模式和技术应用的创新实践正日益成为推动行业发展的关键因素。企业与金融机构的紧密合作,催生了诸多新型的供应链融资模式。例如,"先款后货"模式便是一种典型的创新实践,它有效解决了传统供应链中因资金流转不畅而导致的运营瓶颈。在此模式下,金融机构先行支付货款,企业随后交付产品,从而确保了供应链的顺畅运作和资金的及时回笼。与此同时,物联网、大数据、人工智能等前沿技术的应用,也在深刻改变着供应链管理的面貌。物联网技术使得每一件商品都能被精准追踪和监控,大大提高了物流效率和货品管理的准确性;大数据技术则通过对海量数据的挖掘和分析,帮助企业更科学地预测市场需求,优化库存和配送策略;而人工智能技术则在决策支持、风险管理等方面发挥着越来越重要的作用。这些技术应用的创新实践,不仅显著提升了供应链的运营效率,更为企业的长远发展注入了强劲的动力。

(四)协同空间拓展对供应链持续发展的意义

传统的供应链管理中,各环节往往各自为战,资源和信息难以有效共享,导致整体效率低下和资源浪费。而通过加强供应链各环节之间的协同合作,可以打破这种孤立的状态,实现资源的优化配置和高效利用。这种协同不仅体现在物流和信息流的整合上,更包括风险共担和利益共享等方面。协同空间的拓展带来了诸多积极影响。它提高了供应链的响应速度和灵活性,使企业能够更快速地适应市场变化并满足客户需求;同时,通过共享信息和资源,供应链中的企业可以共同应对外部挑战,降低运营风险;此外,协同合作还为企业创造了更多的商业机会,促进了整个供应链的持续发展和创新。

第三节　协同视角下的供应链金融融资模式创新

一、区块链技术驱动的 4PL 融资模式分析

(一)参数设置与基本假设

在分析区块链技术驱动的 4PL(第四方物流)融资模式之前,必须首先设

定一系列关键参数与基本假设,以确保研究的严谨性和科学性。这些参数不仅包括融资成本、区块链技术的投入成本,还涉及贸易信用等级、融资期限、利率水平等关键经济指标。融资成本直接影响到企业的资金成本,进而影响到其盈利能力和市场竞争力;区块链技术投入则决定了系统建设的初期投资和后续运营成本,对4PL的财务状况有着显著影响。同时,贸易信用的高低直接关系到融资的风险水平,是评估融资可行性的重要指标。基本假设方面,假定市场环境相对稳定,政策法规变化不大,以排除外部环境的剧烈变动对融资模式的影响。此外,信息对称性也是一个重要假设,即在理想情况下,供应链各方之间的信息是充分且透明的,这有助于减少信息不对称带来的风险。最后,假设4PL及各供应链参与方均为理性经济人,他们的行为决策都是基于自身利益最大化的考量,这一假设为后续的博弈分析和优化决策提供了理论基础。

(二)贸易信用保险模式(NBC)

在此模式下,4PL作为专业的物流服务商,不仅提供物流解决方案,还利用贸易信用保险为供应链中的中小企业提供融资支持。这种融资方式的核心在于贸易信用的可靠性和保险公司的信用担保,二者共同作用,显著降低了融资过程中的信用风险。具体来说,贸易信用保险为供应链中的买方或卖方提供了因对方违约而造成损失的保障。当买方或卖方因故无法履行合同义务时,保险公司将承担赔偿责任,从而确保供应链的稳定性。对于4PL而言,这种模式不仅增强了其对供应链的控制力,还通过提供融资服务获得了额外的服务费用,实现了业务的多元化和收益的最大化。更重要的是,NBC模式通过引入第三方保险公司,有效分散了融资风险,使得4PL和供应链中的其他参与方能够在更加安全、稳健的环境中进行交易。

(三)全局区块链模式(EBC)

全局区块链模式,简称EBC模式,是一种基于区块链技术的全新供应链融资方式,该模式通过全局应用区块链技术,将供应链中的各个环节紧密连接在一起,实现信息的实时共享和透明化。这不仅增强了信息对称性,有效降低了因信息不对称而引发的融资风险,还为4PL提供了更加全面、准确的供应链数据,有助于其做出更科学的决策。在EBC模式下,4PL能够实时监控整个供应链流程,包括原材料的采购、生产进度、物流配送等各个环节。这种全方位的监控能力不仅提高了供应链的运营效率,还为4PL提供了更多的商业机会。例如,通过分析供应链数据,4PL可以发现潜在的市场需求和商业机会,从而及时调整融资策略和业务模式,以适应市场的变化。然而,值得注意的是,全局区块链模式的初期技术投入较大,包括区块链系统的开发建设、硬件设备的购置以及人员的培训等。因此,在选择是否采用 EBC 模式时,4PL 需要综合考虑其长期收益与短期成本之间的平衡。

(四)上游区块链模式(UBC)

该模式专注于供应链上游环节,通过应用区块链技术,实现了原材料供应信息的透明性和可追溯性,为 4PL 提供了更为可靠的数据支持。在这种模式下,区块链技术的作用不仅限于信息记录,更在于其去中心化、不可篡改的特性,确保了数据的真实性和可信度。对于 4PL 而言,UBC 模式的应用具有多重意义。首先,通过区块链技术记录的原材料采购、生产等上游环节信息,4PL 能够更为准确地评估供应商的信用状况和潜在风险,从而为融资决策提供更加科学的依据。其次,UBC 模式有助于推动上游供应商的规范化和质量控制。在区块链技术的监督下,供应商必须严格遵守合同规定,确保原材料的质量和供应稳定性,这在一定程度上提升了整个供应链的质量水平。此外,UBC 模式还有助于增强 4PL 与上游供应商之间的合作信任,在传统的供应链金融中,信息不对称和信任缺失是阻碍双方深入合作的重要因素;而区块链技术的应用,使得所有信息都公开透明,且不可被任意篡改,这大大增强了信息的可信度和双方的信任基础,为更紧密的合作提供了可能。

(五)下游区块链模式(LBC)

下游区块链模式,即 LBC 模式,是供应链金融中针对下游环节的一种创新应用,该模式主要关注产品销售和分销过程,通过应用区块链技术,确保销售数据的真实性和不可篡改性,为 4PL 提供了更加准确的市场需求预测和库存管理决策支持。在 LBC 模式下,区块链技术发挥了其独特的优势。一方面,通过实时记录产品销售数据,区块链为 4PL 提供了真实、可靠的市场反馈信息,帮助其更准确地把握市场动态和消费者需求。另一方面,区块链的不可篡改性保证了销售数据的完整性和一致性,避免了数据造假或人为干扰的情况,从而增强了决策的科学性和有效性。对于 4PL 而言,LBC 模式的应用不仅有助于优化库存管理,降低库存积压和缺货风险,还能通过提高市场响应速度来提升客户满意度。

(六)供应链效率比较

在综合比较上述四种融资模式后,可以发现全局区块链模式(EBC)在提升供应链整体效率方面表现最佳。这主要得益于 EBC 模式实现了全链条的信息透明化和流程优化。通过全局应用区块链技术,EBC 模式打破了供应链各环节之间的信息壁垒,实现了信息的实时共享和协同工作,从而大大提高了供应链的运作效率。然而,尽管 EBC 模式在效率提升方面具有显著优势,但考虑到其成本投入和实施难度,并非所有企业都适合采用该模式。相比之下,上游区块链模式(UBC)和下游区块链模式(LBC)则更加聚焦于供应链中的特定环节,具有针对性强、实施难度相对较低的特点。因此,在实际应用中,企业应根据自身的业务需求和资源状况,选择最适合的区块链应用模式,以实现供应链效率的最大化提升。

(七)不同融资模式下 4PL 的利润比较

尽管该模式的初期投资相对较大,这主要是由于区块链技术的研发、部署和维护所需的高昂成本,然而,从长期来看,EBC 模式可能为企业带来更可观的回报。这是因为区块链技术能够显著提升供应链管理的透明度和效率,进而降低运营成本、减少欺诈风险,并提升客户满意度,从而为 4PL 创造更大的价值。相较之下,贸易信用保险模式(NBC)在短期内可能为 4PL 提供更为稳定的收益流。这一模式通过利用贸易信用保险来降低融资风险,从而确保 4PL 能够获得相对稳定的利润。而上游和下游区块链模式(UBC 和 LBC)则专注于供应链中的特定环节,通过优化这些环节来降低成本、提高效率,进而可能在中短期内为 4PL 带来显著的利润增长。

二、供应链金融"脱核"融资创新模式

(一)供应链金融"脱核"融资的理论基础分析

1. 长尾理论

长尾理论,源于网络经济时代对市场细分与需求聚合的深刻洞察,揭示了细分市场中小众产品通过互联网的高效分发方式积累形成的巨大市场潜力。在供应链金融"脱核"融资的语境下,长尾理论的应用显得尤为贴切。传统供应链金融往往聚焦于核心企业及其上下游的大型企业,而众多中小企业则因融资需求规模小、信息透明度低而被忽视。然而,正是这些数量庞大的中小企业,构成了供应链金融中的"长尾"部分。通过"脱核"融资模式,金融机构得以摆脱对核心企业的过度依赖,更加灵活地满足这些长尾客户的融资需求。这不仅有助于缓解中小企业的融资困境,还能为金融机构带来更为广阔的市场空间和持续增长的业务机会。长尾理论在供应链金融"脱核"融资中的应用,体现了对市场细分和客户需求多样性的深刻理解,是推动供应链金融创新和发展的重要理论基础。

2. 信息不对称理论

信息不对称理论是经济学中的核心概念之一,它指出在市场交易中,各方

所掌握的信息往往存在差异,这种信息的不均衡分布可能引发交易的不公平性和市场效率的损失。在供应链金融领域,信息不对称问题尤为突出。核心企业凭借其在供应链中的主导地位,通常拥有更多关于供应链运营、财务状况和市场动态的关键信息,而中小企业则往往面临信息获取和处理的困难。这种信息不对称不仅增加了中小企业的融资难度,也可能导致金融机构在风险评估和融资决策中的误判。供应链金融"脱核"融资模式的提出,正是为了应对这一问题。通过引入多方数据和信息验证机制,"脱核"融资模式旨在降低信息不对称程度,提高融资过程的透明度和公平性。这不仅有助于增强金融机构对中小企业信用状况的了解,降低融资风险,还能为中小企业提供更为公正、合理的融资环境,促进其健康发展。

3. 信号理论

信号理论是经济学中的一个重要分支,它深入探讨了在经济活动中如何通过发送信号来有效传递信息,从而影响交易双方的决策行为。在供应链金融"脱核"融资的实践中,信号理论发挥着至关重要的作用。特别是在中小企业与金融机构之间的融资交互中,由于信息不对称等问题的存在,中小企业往往需要通过提供一系列真实、可靠的信号来展示自己的信用状况和还款能力。这些信号可能包括企业的历史交易数据、财务报表、市场份额、客户满意度等关键指标。通过这些信号的传递,金融机构能够更为全面地了解中小企业的运营状况和潜在风险,进而做出更为精确、合理的融资决策。

4. 数智赋能理论

数智赋能理论是当代经济社会发展的重要指导思想之一,它强调了数字化与智能化技术在推动企业和行业转型升级中的核心作用。在供应链金融"脱核"融资领域,数智赋能理论的应用显得尤为关键。随着大数据、人工智能等先进技术的迅猛发展,供应链金融的运作模式和服务方式正在发生深刻变革。在"脱核"融资模式下,数智技术被广泛应用于数据收集、处理、分析和决策等各个环节,极大地提高了供应链金融的运作效率和风险管理能力。通过这些技术的应用,金融机构能够更为精准地把握市场动态和客户需求,为中小企业提供更加便捷、个性化的融资服务。

(二)供应链金融"脱核"融资的典型实践模式

1. 借款人主体信用模式

借款人主体信用模式是指在融资过程中,主要依赖借款人自身的信用状况作出授信决策的一种模式,主要有适用于上游供应商的订单融资和适用于下游经销商的采购融资。在订单融资过程中,银行不仅依靠供应商的不动产抵押或是财务数据,而且运用供应商丰富的历史交易数据构建精准模型,深入剖析其履约或违约的潜在趋势,极大地提升了风险识别的精细程度与判断准确性,使得融资时机得以提前至订单确认的环节,有效减轻了核心企业在融资流程中所需承担的增信负担,促进了融资效率的显著提升。在传统采购融资框架内,银行授信高度依赖核心企业披露的经销商过往交易记录。若经销商场景数据匮乏,且核心企业不能或不愿提供担保,经销商就很难获得融资。在"脱核"思维引领变革的背景下,银行跳出单一核心企业交易数据的局限,广泛吸纳"多链交织"与"网状供应链"中的交易数据,并融合政府采购、税务等多元化公开信息,精细勾勒出经销商信用画像,精准投放采购融资。银行等金融机构积极探索基于"脱核"理念的借款人主体信用模式,取得了初步的成效,如交通银行"鞍钢融信"和中信银行"订单 e 贷"等。

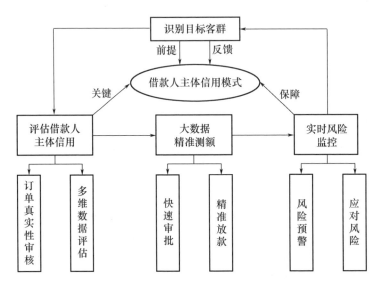

图 7-3-1　供应链金融借款人主体信用模式构成

2. 数据信用模式

数据信用模式利用大数据、区块链等技术,深度分析供应链数据,全面评估企业信用和风险,为数字化程度高的供应链提供融资等金融服务。中国农业银行积极应用此模式,如深圳的"中电 e 贷"和天津的"电 e 链"。以天津农行的"电 e 链"为例,它针对电力产业链融资需求,创新了"应收账款融资池"模式,突破传统确权核心,基于交易数据形成数据信用,解决电力产业链末端供应商融资难题。其运行机制包括自动准入授信、自动审批放款和自动锁定回款。通过农银智链平台强大的数据处理能力,实现与电力产业链的高频数据交互,审查上游供应商资质及交易数据,为符合条件的供应商自动核定授信。线上录入融资金额后自动匹配单据审批,签订贷款协议后自动放款。设立"单据池"实现资金闭环,防控风险同时提升单据使用效率。

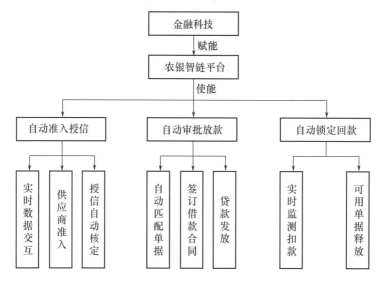

图 7-3-2　数据信用模式构成

3. 物的信用模式

物的信用模式主要基于供应链中的动产或货物及其相关的权利进行信用评估与融资。这一模式的核心在于融资主体拥有或控制的物件或货物能够为其带来信用,适用于需要短期融资、对流动性要求较高的企业。

近年来,华为在动产融资领域投入巨大,其动产融资金融仓解决方案,通过技术实现动产金融仓物理可信、权属可信、价值可信,并广泛应用于实践,已服务全球 60 多个国家和地区的金融客户。其中,深圳浦发银行与华为联手打造的以仓储动产质押作为"物的银行"的落地应用—浦慧云仓是"物的信用模式"的典型代表。它是以产业供应链为场景,通过部署华为云、人工智能、物联网,边缘计算等相关技术,将普通仓库转变为"金融仓",实现动产可信、可管、易处置。深圳浦发银行与优合集团合作,通过浦慧云仓平台,实现信息的共享与对称,并推出浦慧云仓首个落地的线上融资产品"优浦 e 仓贷"。借助浦慧云仓的监测能力,银行能够清晰掌控货物的状态和物流轨迹,通过线上化的操作流程,便捷高效地为更多的中小微企业提供在线服务。

如图 7-3-3 所示,其运行机制如下:首先,数字孪生有效控货。深圳浦发银行通过在仓库端布设 RFID、称重和区块链 PDA 等设备,打造数字孪生仓库,实时感知和追踪动产的状态和流向。对货物所有权信息、标签信息、重量信息、商品保质期、人员行为,环境参数等数据进行多维度交叉校验,保证数据来源的真实性。其次,交叉数据厘清权属。通过云、边、端协同,端侧上链等技术,保证数据高效处理及一手数据无法篡改,结合上下游供应链的贸易、物流、市场、海关等信息,融合校验,确保动产权属清晰、质量达标。最后,AI算法高效处置。通过云仓金服平台对货物精准估值并对符合风控条件的贷款申请在线交易。基于华为盘古 AI 大模型、大数据分析和 AI 算法等,对动产质押业务进行高效、精准的评估和风险监控,在贷款发放后,深圳浦发银行通过智能物联网设备持续监控动产的状态和流向,实现货物出入库实时感知、7×24 小时资产监测、实时追踪秒级预警、高效处置。

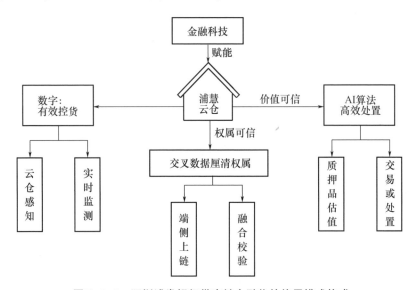

图 7-3-3 深圳浦发银行供应链金融物的信用模式构成

第八章 供应链金融融资的效率提升与成本控制

第一节 融资效率的定义与评估方法

一、融资效率的概念解析

融资效率是评估资金在融资流程中筹集、分配及运用环节效能与速率的关键指标,在供应链金融的语境下,融资效率的显著性愈发凸显,其优劣直接关乎供应链的顺畅运作与企业的经营绩效。具体而言,高效的融资活动能够确保资金迅速到位,从而缩短供应链的资金缺口期,维系链条的稳定运转。反之,若融资效率低下,资金迟滞将可能引发供应链的断裂风险,进而波及链条上各企业的正常运营。从更深层次分析,供应链金融中的融资效率不仅关乎单一企业的资金状况,更体现了整个供应链体系的协同效率。高效的融资活动要求供应链各环节之间信息流通畅通,各参与主体能够基于共享信息做出快速且准确的决策,从而实现资金的最优配置。因此,提升融资效率不仅是优化企业资金管理的内在要求,更是增强供应链整体竞争力、推动供应链金融持续健康发展的关键所在。

二、融资效率的评估指标

(一)融资速度

融资速度是衡量融资效率的关键指标之一,它具体指是从融资申请提交至资金实际到账所经历的时间周期。在供应链金融环境中,融资速度的快慢直接关系着企业资金流的恢复速度与供应链的持续稳定运作。较快的融资速度意味着企业能够更迅速地获取所需资金,从而及时缓解资金压力,保障生产与经营活动的连续性。因此,提升融资速度是提高融资效率的重要方面。为了实现较快的融资速度,金融机构与供应链相关企业需加强协同,优化融资流程,减少不必要的审批环节,利用现代信息技术手段提升信息处理速度,从而缩短资金到账时间,提高整体融资效率。

(二)融资成本

融资成本是评估融资效率的另一个核心指标,它涵盖了企业在融资过程中所需支付的所有费用,包括但不限于利息、手续费以及其他相关成本。在供应链金融中,降低融资成本对于提升企业盈利能力与竞争力具有显著意义。较低的融资成本意味着企业能够以更低的代价获取所需资金,从而增加企业的利润空间。为了实现融资成本的降低,企业应积极探索多元化的融资渠道,与金融机构建立良好的合作关系,争取更优惠的融资条件。同时,通过提升自身的信用评级与财务状况,企业可以进一步降低融资风险,从而获得更为低廉的融资成本。

(三)融资满足度

融资满足度是评价融资效率的又一个重要维度,它反映了企业实际获得的融资金额与其原始融资需求之间的匹配程度。具体而言,融资满足度通过比较实际到账资金与申请融资金额的比例来衡量。在供应链金融中,高度的融资满足度意味着企业能够有效地满足其资金需求,从而保障供应链的稳定运行与业务拓展。为了提高融资满足度,企业应充分展现其经营实力与偿债能力,以增强金融机构的信心。同时,通过精确评估自身的资金需求,并合理规划融资方案,企业可以更有针对性地申请融资,从而提高融资满足度。此外,与金融机构的深入沟通与协作也是提升融资满足度的关键途径之一。通过及时传递准确的财务信息与市场动态,企业可以帮助金融机构更好地了解其运营状况与未来发展潜力,进而获得更高额度的融资支持。

三、融资效率的评估方法

(一)融资效率的定量评估方法

1. 数据包络分析(DEA)

数据包络分析,简称 DEA,作为一种非参数技术效率分析方法,在多个领域尤其是经济管理领域得到了广泛应用。其核心理念在于评价具有多个输入和多个输出的决策单元之间的相对有效性,从而为决策者提供科学的参考依据。在融资效率评估的语境下,DEA 展现出了其独特的价值。它能够有效地衡量不同融资方案之间的效率差异,帮助决策者识别出哪些方案在资源利用上更为高效。这一评估过程是通过构建效率前沿面来实现的,即根据各融资方案的输入输出数据,确定一个理论上的最优前沿面。随后,通过判断各融资方案与这一最优前沿面的距离,可以直观地评估出其效率水平。值得一提的是,DEA 方法在应用过程中无须预设函数形式,这赋予了它更强的客观性和适应性,特别是在面对复杂多变的融资环境时,DEA 能够提供更为稳健和可靠的评估结果。

2. 随机前沿分析(SFA)

随机前沿分析,或称 SFA,是一种在效率测量领域广泛应用的参数方法。与数据包络分析不同,SFA 在评估过程中不仅考虑了技术效率因素,还兼顾了随机误差的影响。这一特点使得 SFA 在融资效率评估中能够更为精确地揭示融资过程的真实效率状况。具体来说,SFA 能够通过设定前沿生产函数并估计相关参数,有效地分离出融资过程中的非效率因素和随机误差。这种分离处理有助于决策者更为准确地识别出影响融资效率的关键因素,并据此制定相应的改进措施。此外,SFA 还能够量化每个融资方案的效率损失,这一功能为决策者提供了有力的数据支持,有助于他们在众多融资方案中选择出最为高效、合理的方案。总的来说,随机前沿分析以其严谨的分析逻辑和精确的测量结果,为融资效率评估领域提供了一种科学、有效的分析工具。

(二)间接融资效率评估方法

1. 评估方法

(1)模糊综合评估法。模糊综合评估法是一种以模糊数学为理论基础的分析方法,特别适用于处理那些具有不确定性和模糊性的现象。在间接融资效果的评估中,该方法展现出了其独特的优势。它不仅能够综合考虑多种影响因素,还能将这些因素中的不清晰信息进行合理且客观的量化评估。这一方法的实施过程严谨而科学,首先需要选取与间接融资效果相关的多种因素指标,这些因素可能包括但不限于融资成本、融资速度、资金利用效率等。随后,对这些选取的指标进行赋权向量处理,以确保每个因素在评估中都被赋予合理的权重。这些权重向量随后被组合成一个向量矩阵,以便于进行综合性的评估。最终,通过对权重向量的合成以及对向量矩阵的评估,可以得出一个全面且客观的间接融资效果评价。这种方法的灵活性和适应性使其成为处理复杂融资问题的有力工具。

(2)线性回归分析法。线性回归分析法在统计学领域中占有重要地位,它是一种通过构建线性回归方程来探究自变量与因变量之间关系的建模方法。在间接融资效果的评估中,线性回归分析法同样表现出了其强大的功能。该方法的核心在于通过构建与间接融资效果相关的自变量和因变量的线性回归方程,来深入分析这些自变量对间接融资效果的具体影响。实施这一方法时,首先需要精心选择与间接融资效果紧密相关的自变量和因变量,如融资成本、市场利率、企业信用等级等。接着,构建回归方程,以揭示这些变量之间的线性关系。对回归结果进行检验分析是至关重要的步骤,它确保了模型的准确性和可靠性。最后,利用经过验证的回归方程,可以对间接融资效果进行更为精确的评测分析。这种方法不仅提供了深入洞察融资效果影响因素的机会,还为优化融资策略提供了科学依据。

(3)熵值赋值法。熵值赋值法是一种确定指标权重的方法,由于该方法根据局部差异性,通过目标样本的数据从而在消除人为因素的条件下获得较为客观的权重数,其在赋权的过程中具有直观性,同时对原始数据进行无量纲化处理,则让数据在缩放过程中更能保留住原始的数据特征。在使用熵值赋值法进行效率评估时,运用信息对效率进行评估。其中,信息熵是测量信息无序性的概念,信息熵较大,信息无序性较强,则信息的效率较低,反之亦然。各数据指标信息都有对应的值。遇到某一数据指标有序度为零时,熵值为壹,运用信息熵对效率值为零。该方法将根据客观观测指标的变化从而引起整体效果变化大小进行权重赋值。该方法的分析步骤主要分为:选取观测指标数据、数据标准化、运算指标的比重、运算得出指标的信息熵以及其冗余量、运算得出指标的权值、最终计算出间接融资效果评估值。

(4)数据包络分析法。数据包络分析法最早于 1978 年由 Charnes、Cooper 和 Rhodes 这三位运筹学学者提出为 CCR 模型的系统分析方法。CCR 模型以规模报酬不变为前提假设,主要用于在控制投入的条件下,将产出最大化。而后 Banker、Charnes 和 Cooper 又提出 BCC 模型,该模型主要用于解决规模报酬可变的情况下,在投入量不变的前提下,增加产出最优的效益。该方法涉及了管理科学、数理运筹学的多个研究内容,其以“相对效率”为基础概念,针对同类型单位从各类的投入指标以及产出指标,通过线性规划的方法,进行相对有效性的分析。其将主观因素和客观因素有机结合,通过科学量化的方式,进行计算并得出间接融资效果评估值,该方法的分析步骤主要分为分析评估意义、确定研究目标项、分析确立输入指标和输出指标、建立合适的数据包络分析模型、计算得出间接融资效率值、根据结果提出改进方案。

目前,对于企业融资效率的评估方法多种多样,现根据各类方法的优势和劣势,将对企业融资效率的主要评估分析方法进行优点和缺点的整理比较,各种评估方式如表 8-1-1 所示。

表 8-1-1　中小微企业间接融资效果评估方法的比较

间接融资效果评估方法	优点	缺点
模糊综合评估法	在综合评估过程中综合考虑了多重因素对结果的影响	在确定各个指标权重的过程中客观性偏弱,主要依赖主观性对权重的确定
线性回归分析法	能将复杂的间接融资效果评估问题进行一定的数据分析、检验并预测效率值	在间接融资效果分析中用单一的因变量进行回归分析,由于某些非线性因素的不可测性,从而该方法不能确切地体现间接融资效果
熵值赋值法	运用较为全面和多方角度来建立评估指标,对间接融资效果进行全方位的评估	无法刻画间接融资效率值受到其中的每一项评估指标多大的影响程度
数据包络分析法	各个指标的权重确立较为客观,不涉及主观因素的影响	没有充分考虑外部环境对企业间接融资效果的影响

2. 影响间接融资效率的因素

(1)客观性的宏观环境因素。比如,企业所在地的 GDP 提升,说明近期当地的企业创造的生产价值在提高,进一步吸引许多投资方注入资金进来,让当地企业获得更多直接融资机会,增加其在金融机构面前间接融资的筹资效率。另一方面,由于所在地的经济发展水平较好,进一步推动当地的消费需求水平,企业将间接融资所得资金进行有效的运作,从当地市场中赚取超额收益,提升了其间接融资配置效率。

(2)主观性的政府、金融机构的融资政策因素。政府在经济下行周期和一些特殊时期,实施了减税降费的政策;同时,金融机构尤其是以四大国有银行为代表的商业银行,为中小微企业提供了较低利率的间接融资产品。一方面,这类政策直接使得企业以较低的成本和风险获得了企业所需资金,提高其间接融资筹资效率。另一方面,中小微企业可以将所减免的税费和部分间接融资成本节省下来,投入其他资源项目中,从而获得更多的利润,提高间接融资配置效率。

(3)影响间接融资筹资效率的因素。如果企业可以在提供较低价值的抵押物或者质押物的条件下获得贷款利率较低的贷款资金,那么该企业日后如果可以提供更好的押品就能获得更加优惠的融资资金。企业偿债能力的提升能让企业受到金融机构的追捧,进而在金融机构的相互竞争中获取更大的谈判空间,提升间接融资筹资效率。另一方面,间接融资筹资能力的提升能使企业更有能力向金融机构提出提高授信额度,从而使其能通过间接融资方式获得更多资金。

(4)影响间接融资配置效率的因素。间接融资资金是一把双刃剑,企业获得再多的资金,如果不盈利,就会面临经营和还款双重压力。所以,分析影响间接融资配置效率的因素至关重要。间接筹资的投入、物资投入以及人力投入越多,则代表企业的付出越多,如果没有相应的盈利空间作为回报,就说明企业的间接融资配置效率较低。另一方面,企业的运营能力和盈利能力较高,就能通过间接融资资金进行有效的配置,进而获得超额的收益。

第二节　提升融资效率与降低成本的策略分析

一、优化融资结构与渠道选择

(一)分析企业资金需求与融资目标

在企业财务管理领域中,对资金需求的深入分析与明确融资目标,是确保企业持续运营与发展的重要环节。这一分析过程不仅要求企业全面审视当前的运营状况,更需结合未来发展规划和市场动态,形成具有前瞻性的融资策略。在探讨企业资金需求时,必须细致考察企业的各项运营活动,包括但不限于生产、销售、研发等环节,从而精确计算出维持这些活动所需的资金量。同时,企业还需根据自身的扩张计划、市场渗透策略以及潜在的投资机会,来预测未来一段时间内的资金需求。这一预测过程不仅需要依托历史数据和行业趋势,还需结合市场环境的不确定性,以确保预测结果的合理性和可靠性。明确融资目标则是企业在分析资金需求后的进一步行动。融资目标的设定应紧密结合企业的战略发展规划,既要满足当前的资金需求,又要考虑资金使用的长远效益。

(二)股权融资与债权融资的权衡与选择

股权融资作为一种通过出售企业股权来筹集资金的方式,其优势在于能够引入新的投资者,为企业带来资金的同时,也可能带来新的管理理念和市场资源。然而,股权融资也伴随着股权稀释和控制权分散的风险。随着新股东的加入,原有股东的所有权比例将相应减少,可能导致企业决策效率的降低和战略方向的偏移。相对而言,债权融资则是通过借款或发行债券等方式筹集资金,其最大特点在于不会改变企业的股权结构。债权融资为企业提供了一种相对稳定的资金来源,且利息支出通常可在税前扣除,从而降低了实际融资成本。然而,债权融资也增加了企业的财务风险。定期偿还本金和利息的压力可能对企业的现金流造成冲击,特别是在市场环境不佳或企业经营状况下滑时,这种风险尤为突出。因此,在权衡股权融资与债权融资时,企业应全面考虑自身的财务状况、市场环境、未来发展规划和风险承受能力。对于处于初创期或快速扩张阶段的企业而言,股权融资可能更为合适,因为它能够为企业提供更为灵活的资金支持,并有助于吸引具有战略价值的投资者;而对于那些已进入成熟期、现金流稳定且对控制权有较高要求的企业来说,债权融资可能更为恰当。

(三)探索多元化融资渠道与方式

随着金融市场的不断发展和创新,企业已不再局限于传统的银行贷款和股权融资,而是可以积极寻求更多元化的资金来源。这一转变不仅有助于降低融资成本,提高融资效率,还能为企业提供更多的灵活性和选择空间。除了银行贷款这一常规渠道外,债券市场正逐渐成为企业融资的重要平台。通过发行公司债、企业债等,企业能够以较低的成本筹集到长期稳定的资金。与此同时,信托计划也为企业提供了一种有效的融资方式,特别是对于那些拥有稳定现金流和优质资产的企业而言,信托计划能够帮助其盘活存量资产,提高资金使用效率。此外,随着金融创新的不断深入,资产证券化等新型融资工具也应运而生。这些工具通过将企业的特定资产池进行证券化,从而将这些资产转化为可在市场上流通的证券,为企业提供了一种全新的融资方式。

(四)融资成本与风险的评估方法

融资成本评估涵盖了多个方面,其中直接成本如利息支出和手续费用是显而易见的,然而,间接成本如股权稀释和控制权变化同样不容忽视,这些成本虽不直接体现在财务报表上,但对企业的长期发展和战略实施具有深远影响。同时,融资过程中的风险也不容小觑。市场风险、信用风险、流动性风险等都可能对企业的融资活动构成威胁。市场风险主要源于金融市场波动和宏观经济环境变化,而信用风险则与融资对手方的履约能力密切相关。流动性风险则涉及企业能否在需要时以合理价格迅速变现或清偿债务。为了科学评估融资成本与风险,企业应借助先进的财务模型和风险评估工具进行量化分析,这些工具能够基于历史数据和市场预期,为企业提供关于融资成本和风险的具体数值和概率分布。

二、加强内部管理与风险控制

(一)建立健全的财务管理体系

建立健全的财务管理体系,对于企业的长期稳健发展而言,是一项至关重要的战略性任务。这一体系的构建涉及多个层面,其中最为核心的是完善的财务制度、清晰的财务流程以及规范的财务报告。财务制度作为企业财务管理的基石,其完善程度直接影响企业财务活动的合规性和效率。企业应依据国家相关法律法规,结合自身的业务特点和管理需求,制定出一套全面、细致且具备可操作性的财务制度。这套制度应涵盖资金管理、成本核算、税务筹划、内部控制等各个方面,以确保企业在财务活动中能够有法可依、有章可循。在财务流程方面,企业应追求流程的清晰化和优化。通过明确各项财务活动的具体步骤、责任人和审批权限,企业能够确保财务信息的顺畅传递和高效处理;同时,借助现代信息技术手段,如财务管理软件等,企业可以进一步实现财务流程的自动化和智能化,从而提升财务管理效率和质量。

(二)强化资金使用监控与风险管理

资金使用监控的强化需要从制度建设和技术应用两方面入手,企业应建立一套完善的资金管理制度,明确资金的流入、流出、使用及监管等各个环节的职责和权限。同时,借助现代信息技术,如资金管理系统等,实现对资金流动的实时监控和动态分析。这样,企业不仅能够及时掌握资金的使用情况,还能对异常流动进行预警和干预,从而确保资金的安全。在风险管理方面,企业应对资金风险进行全面识别、评估和控制。这包括信用风险、市场风险、流动性风险等各个方面。企业应建立风险评估机制,定期对各项资金活动进行风险评估,并根据评估结果制定相应的风险控制措施。此外,企业还应加强内部控制,防止内部舞弊和资金挪用等行为的发生。通过强化资金使用监控与风险管理,企业能够确保资金的高效利用和安全运营,为企业的持续发展提供有力保障;同时,这也有助于提升企业的财务管理水平和市场竞争力,为企业在激烈的市场竞争中脱颖而出奠定坚实基础。

(三)提升内部审计与风险预警能力

内部审计作为企业管理体系中的关键环节,承载着监督和评估企业内部运营活动的重要职责。通过深入的、定期的内部审计,企业不仅可以对自身的业务流程、财务状况以及内部控制进行全面审查,更能及时发现并纠正存在的问题,从而确保企业各项制度得到有效执行,保障企业运营的稳定性和持续性。为了进一步提升内部审计的效能,企业应致力于完善内部审计机制。这包括明确审计目标、制订详细的审计计划、确保审计团队的独立性和专业性,以及实施严格的审计程序。通过这些措施,企业可以更加准确地评估自身的运营状况和风险水平,为管理层的决策提供有力支持。与此同时,构建风险预警系统也是提升企业风险管理能力的重要举措。风险预警系统通过实时监测关键业务指标和异常情况,能够帮助企业及时发现潜在的风险事件,从而采取相应的应对措施,降低风险对企业运营的影响。在构建风险预警系统时,企业应注重数据的收集和分析,确保预警的准确性和及时性,还要建立完善的应急响应机制,以便在风险事件发生时能够迅速应对。

(四)完善内部控制与合规性检查

内部控制是企业管理中至关重要的一环,它涉及企业运营的各个方面,旨在确保企业目标的实现、资产的安全完整、财务信息的真实可靠,以及经营活动的合法合规。建立完善的内部控制制度,企业需要明确各部门和岗位的职责与权限,形成相互制衡、协调运作的管理机制,从而确保业务流程的合规性和高效性。同时,合规性检查作为企业内部控制的重要组成部分,其目的在于确保企业遵守相关法律法规和行业规范,避免因违规操作而引发的法律风险。通过定期进行合规性检查,企业可以及时发现并纠正违规行为,保障企业运营的合法性和稳健性。在进行合规性检查时,企业应注重数据的分析和比对,确保检查结果的准确性和客观性,并针对检查中发现的问题制定相应的整改措施。

三、利用金融科技提升融资效率

(一)金融科技在融资领域的应用现状

金融科技,作为当今金融业的一股革新力量,其在融资领域的应用现状显示出强大的生命力和广阔的发展前景。借助先进的大数据、人工智能等技术手段,金融科技正在深刻改变着传统的融资模式和流程。在信用评估方面,金融科技通过挖掘和分析海量数据,为金融机构和企业提供了更为精准、高效的信用评价服务。这种基于数据的信用评估方式,不仅增强了评估的准确性,还大大降低了融资成本和时间成本。同时,在风险控制领域,金融科技也展现出其独特的优势。通过构建复杂的风险评估模型,金融科技能够帮助金融机构和企业及时发现并控制潜在风险,从而保障融资活动的安全性和稳定性。此外,智能投顾等金融科技产品的出现,更是为投资者提供了个性化、智能化的投资建议和服务,进一步增强了融资的便捷性和灵活性。

(二)构建智能化融资管理系统的方法与步骤

在构建智能化融资管理系统时,必须全面考虑技术实现、数据整合以及业务需求等核心要素。明确系统的构建目标和功能需求是首要步骤,这需要对企业的融资管理流程进行深入分析,以确保所构建的系统能够切实满足企业的实际需求。在选择技术平台和工具时,应着重考虑其稳定性、安全性以及可扩展性,以保证系统能够稳定运行并应对未来可能的业务拓展。数据的整合和分析在构建过程中占据重要地位,这不仅涉及对内部数据的梳理和整合,还包括对外部市场数据的接入和分析,从而为融资决策提供全面、准确的数据支持。最后,对系统的全面测试和优化环节不可忽视,这旨在确保系统的性能稳定、用户体验优良,进而提升企业的融资管理效率。

(三)利用大数据进行融资需求预测与分析

在当今数据驱动的时代,大数据技术已成为企业融资需求预测与分析的关键工具,通过广泛收集并深度分析企业历史融资数据、市场动态数据以及宏观经济指标等多维度信息,大数据技术能够揭示出隐藏在这些数据背后的融资需求趋势和模式。这种基于数据的预测方法,不仅显著增强了融资需求预测的准确性和前瞻性,还为企业提供了更为精细化、个性化的融资策略建议。此外,大数据技术还能帮助企业及时捕捉市场上的融资机会,同时警示潜在的融资风险点,从而为企业融资决策提供全面而坚实的支持。因此,利用大数据进行融资需求预测与分析,对于优化企业融资结构、提升融资效率以及增强市场竞争力具有深远意义。

(四)金融科技在风险控制与评估中的作用

金融科技在风险控制与评估领域的应用正日益凸显其重要性,借助大数据、人工智能等先进技术手段,金融科技能够实现对融资项目风险和收益情况的全面、深入评估。这些技术不仅显著提升了风险评估的精确度和效率,更使得风险评估过程更为客观、科学。通过金融科技的应用,企业能够及时发现并解决潜在风险,从而有效降低融资过程中的不确定性。此外,金融科技还助力企业构建更为完善的风险管理体系,通过自动化、智能化的风险监测和预警机制,提升企业的整体风险管理能力。因此,在融资过程中,金融科技的应用不仅为企业提供了有力的风险保障,更为资金的安全、高效运用奠定了坚实基础。

四、建立良好的银企关系与信用体系

(一)银企合作的重要性及策略建议

对于企业而言,与银行建立稳固的合作关系是保障资金流稳定、降低融资成本的关键。通过深度合作,企业能够获得更为优惠的贷款条件和更高效的金融服务,从而为其业务拓展和技术创新提供强有力的资金支持。为实现这一目标,企业应积极采取策略,加强与银行的沟通与协作。具体来说,企业应深入了解银行的融资政策和金融产品,以便找到最适合自身发展需求的融资解决方案。同时,保持企业财务信息的透明度和真实性至关重要,这不仅有助于增强银行对企业的信任,还能为企业赢得更优质的金融服务。此外,企业还可以通过积极参与银行组织的各类活动,进一步加深双方的了解与合作,为未来的共同发展奠定坚实基础。

(二)提升企业信用评级的方法与途径

提升企业信用评级对于降低融资成本、增强市场竞争力具有重要意义,为实现这一目标,企业需要采取一系列方法与途径来全面提升自身的信用状况。确保财务报表的准确性和完整性是基础且关键的一步,这不仅能够反映企业的真实财务状况,还能提升信息的透明度,从而增强外部投资者和评级机构的信心。同时,规范企业管理也至关重要,包括完善内部控制体系、提高运营效率等,这些举措能够展示企业的稳健运营能力和高效管理水平。此外,积极履行社会责任也是提升企业信用评级的有效途径之一。通过加大在环保、公益等方面的投入,企业能够塑造良好的社会形象,进而赢得更多利益相关方的认可和信任,这些方法与途径的综合运用将有助于企业全面提升信用评级,为未来的发展奠定坚实基础。

(三)建立长期稳定的银企合作关系

建立长期稳定的银企合作关系是确保企业持续获得稳定金融支持的重要基石,这需要企业与银行双方共同努力、深化合作。企业在选择合作银行时,应充分考虑银行的信誉状况、服务质量和专业能力,以确保合作关系的稳固性和高效性。在合作过程中,保持频繁的沟通与交流至关重要,这有助于双方及时了解彼此的需求和变化,从而做出相应的调整和优化。通过深入了解银行提供的各类产品和服务,企业能够更精准地选择符合自身发展战略和融资需求的融资方案,进而提升资金的使用效率和运营效益。同时,企业作为融资方,必须严格遵守合同条款,按时履行还款付息等义务,以树立良好的信用形象,赢得银行的长期信任和支持。银行方面也应积极回应企业的需求,提供个性化的金融服务和解决方案,助力企业实现可持续发展。这种基于互信、互利原则的长期稳定银企合作关系,将为企业和银行双方带来更加广阔的合作空间和发展机遇。

(四)信用体系在降低融资成本中的作用

一个健全完善的信用体系能够为企业提供全面、准确、及时的信用信息,帮助银行等金融机构更全面地了解企业的信用状况和还款能力。这有助于降低金融机构在信贷决策过程中的信息不对称风险,从而使其更愿意为企业提供优惠的融资条件和较低的利率水平。同时,良好的信用记录也是企业在融资市场中展现自身实力和信誉的重要凭证,能够增强企业的议价能力和市场竞争力,进一步降低融资成本。因此,企业应高度重视信用体系的建设和维护工作,通过加强内部管理、规范经营行为、积极履行社会责任等方式不断提升自身的信用评级和信誉度,将有助于企业在激烈的市场竞争中脱颖而出,以更低的成本获取必要的金融支持,实现持续稳健的发展。

第三节　供应链金融融资的持续优化路径

一、加强供应链信息整合与共享

(一)建立统一的信息平台标准与协议

在供应链管理中,信息平台的标准与协议统一性显得尤为重要,它是实现高效信息整合与共享不可或缺的基石。确立统一的数据格式、交换标准和通信协议,不仅确保了供应链各个环节的信息系统能够实现无缝对接,更保障了数据在各个环节之间的顺畅流通。这种标准与协议的确立,实质上是在为供应链信息流通构建一种通用的"语言",使得各环节的信息系统能够"听懂"彼此,进而实现高效的数据交互。从成本效益的角度来看,统一的信息平台标准与协议能够显著降低信息转换和处理的成本。在多元化的供应链环境中,各企业采用的信息系统可能各不相同,若无统一的标准与协议,数据交互将变得复杂且成本高昂。而通过统一标准,企业可以更加便捷地共享和交换信息,减少了因数据格式转换而产生的额外费用和时间成本。此外,统一的标准和协议还有助于增强信息的准确性和时效性。在供应链中,信息的准确性和时效性是至关重要的。准确的信息能够帮助企业做出正确的决策,而时效性的保障则能够确保企业及时响应市场变化。

(二)促进跨企业信息系统对接

通过推动供应链上下游企业的信息系统互联互通,可以打破信息孤岛,实现数据的实时共享和交换,进而提高供应链的透明度和反应速度。为了达到这一目标,企业应积极开放自身的信息系统,主动寻求与其他企业的数据对接。这种开放性和互联互通的精神,有助于构建一个开放、互联的供应链信息网络,使得供应链中的每一个环节都能及时获取到准确的信息,从而做出更加明智的决策。信息的实时共享和交换能够减少信息传递的延误和误差,提高整体运营效率。例如,在生产计划中,实时的库存和销售数据可以帮助企业更加精确地预测市场需求,进而调整生产计划,避免过剩或短缺的情况发生。在物流配送环节,实时的货物追踪信息可以帮助企业优化运输路线,减少空驶和等待时间,降低成本。

(三)提升数据质量与分析能力

高质量的数据是供应链决策的基础,而强大的数据分析能力则能帮助企业从海量数据中提炼出有价值的信息,进而指导决策和优化运营。为了实现这一目标,企业应首先建立完善的数据质量管理体系。这一体系应包括数据的采集、清洗、校验和标准化处理等环节,以确保数据的准确性和一致性。通过这一系列流程,企业可以有效地剔除错误和冗余数据,提高数据质量,为后续的数据分析提供坚实的基础。与此同时,企业还应积极引入先进的数据分析技术和工具。这些技术和工具可以帮助企业对数据进行深入挖掘和分析,发现数据背后的规律和趋势。例如,通过大数据分析技术,企业可以预测市场需求的变化趋势,为生产计划和库存管理提供有力支持,而通过机器学习等人工智能技术,企业还可以实现更加精准的个性化推荐和营销策略。

二、优化供应链金融产品设计

(一)创新融资解决方案

传统的融资方式,如银行贷款、股权融资等,虽在一定程度上满足了企业的资金需求,但在面对供应链多样化的融资需求时,往往显得力不从心。因此,持续探索和创新融资解决方案成为当务之急。深入研究供应链的运作模式和行业特点,是创新融资解决方案的基础。不同行业、不同企业的供应链有其独特的运作规律和资金需求特点,只有深入了解这些特性,才能设计出更加贴切的融资方案。例如,对于制造业,可能需要关注原材料采购、生产加工、产品销售等各个环节的资金需求;而对于零售业,则可能更注重库存管理、销售回款等方面的融资支持。结合新技术和金融理念,是创新融资解决方案的关键。随着互联网、大数据、人工智能等技术的不断发展,金融服务正逐步实现数字化、智能化。通过运用这些技术,可以更精准地评估企业的信用状况、预测资金需求、监控资金流向,从而为设计更加灵活、高效的融资解决方案提供有力支持。

(二)定制化金融服务

在供应链金融领域,定制化金融服务正逐渐成为产品设计的重要方向,每个企业因其独特的运营模式、财务状况和融资需求,对金融服务的需求也各不相同深入了解企业的实际情况是提供定制化服务的前提。金融机构需要通过与企业的深入沟通,全面了解其业务状况、财务状况以及具体的融资需求。这包括对企业的经营模式、市场竞争力、盈利能力等方面的综合评估。基于对企业的深入了解,金融机构可以为企业量身定制合适的金融产品。这些产品不仅在融资额度、融资期限、还款方式等方面与企业需求相匹配,还能在风险控制、资金利用效率等方面达到最优。例如,对于资金周转速度快的企业,可以提供短期、高灵活性的融资产品;而对于需要长期稳定资金投入的企业,则可以设计长期、低利率的融资方案。

(三)简化融资流程与降低操作成本

简化融资流程需要从减少审批环节和手续入手,金融机构应优化内部审批流程,合并或取消不必要的审批步骤,提高审批效率。同时,通过电子化、自动化的手段,减少纸质材料的传递和审核时间,进一步缩短融资周期。降低操作成本则依赖于先进技术的应用。利用大数据、云计算等技术手段,金融机构可以实现对企业融资需求的精准预测和风险评估,从而降低信息获取和处理的成本。此外,通过智能化系统实现自动化的资金划拨、还款提醒等功能,也能有效减少人工操作成本。简化融资流程与降低操作成本不仅能提高企业的融资体验,还能增强金融机构的市场竞争力,在激烈的市场竞争中,能够提供便捷、高效融资服务的金融机构往往更能吸引和留住客户。因此,金融机构应持续致力于优化融资流程、降低操作成本,以满足企业的实际需求并提升自身市场竞争力。

三、强化供应链风险管理

(一)完善风险评估体系

由于供应链涉及众多环节和参与者,其面临的风险具有多样性和复杂性,使得风险评估成为一项至关重要的任务。一个全面而健全的风险评估体系，应当能够深入识别并评估供应链中潜在的各类风险。这包括但不限于市场风险、信用风险以及操作风险等。市场风险主要源于市场需求和价格波动，信用风险则与供应链各方的履约能力紧密相关，而操作风险则可能由内部流程失误或外部事件引发。通过定期的风险评估和审计活动，企业能够系统地检视供应链中的各个环节，及时发现潜在的风险点，并据此制定有效的应对策略。此外，完善的风险评估体系还为金融机构提供了更为准确的风险定价依据。在供应链金融领域，金融机构需要依据企业的风险状况来确定融资条件和利率。一个健全的风险评估体系，不仅能够提升金融机构的风险识别能力，还有助于其更精确地量化风险，从而制定出更为合理的融资方案，促进供应链金融的健康和持续发展。

（二）实时监控与预警系统

实时监控与预警系统在供应链风险管理中占据着举足轻重的地位，鉴于供应链风险的不确定性和突发性，构建一个能够实时监控供应链各环节运行状况的系统显得尤为重要。通过高效的监控系统，企业能够实时捕捉供应链中的关键数据和信息，准确掌握各环节的运行状态，从而及时发现潜在的异常情况。与此同时，预警系统作为实时监控的重要补充，能够在特定风险指标达到预设阈值时迅速触发报警机制。这种自动化的预警功能，不仅提高了企业对风险事件的响应速度，还有助于企业在风险初露端倪时便迅速采取应对措施，从而最大程度地减轻风险带来的损失。

（三）风险应对与缓解策略

面对供应链中潜在的各类风险，企业必须制订全面且富有弹性的应对计划，以确保在风险事件发生时能够迅速而有效地做出反应。风险规避、风险降低和风险转移是企业在制定风险应对策略时常用的几种方法。风险规避策略旨在通过调整供应链结构或业务模式来避免潜在风险的发生。风险降低策略则侧重于通过改进内部管理流程、提升技术水平或加强供应链协同来降低风险发生的概率和影响程度。而风险转移策略则通常涉及利用保险、合约等金融工具将部分风险转移给其他承担者。除了上述策略外，建立风险共担机制也是供应链风险管理中的一项重要举措。通过与供应链上下游企业建立紧密的合作关系，共同分担潜在风险，企业不仅能够提升自身的抗风险能力，还能够增强整个供应链的稳定性和韧性。

四、提升供应链金融技术创新能力

(一)探索新兴技术的应用

在供应链金融的广阔天地中,对新兴技术的深入探索与应用已然成为提升技术创新能力的重要驱动力。随着科技日新月异的发展,一系列前沿技术如区块链、大数据、人工智能等,正以其独特的优势和巨大的潜力,引领着供应链金融行业的变革。区块链技术,以其去中心化、数据不可篡改的特性,为供应链金融领域带来了革命性的改变。通过区块链技术,企业能够实现供应链信息的实时更新、安全存储与高效共享,从而大幅提升数据的透明度和可信度。这不仅有助于降低信息不对称所带来的风险,还能为金融机构提供更准确、全面的信用评估依据。与此同时,大数据技术的迅猛发展也为供应链金融注入了新的活力。在海量数据的时代背景下,大数据技术能够帮助企业深度挖掘和分析供应链各环节产生的数据,从而揭示出隐藏在数据背后的价值。人工智能技术的崛起更是为供应链金融的创新发展插上了翅膀。借助先进的算法和模型,人工智能技术能够实现对供应链金融业务的智能化处理,包括信用评估、风险管理、融资决策等关键环节。

(二)智能化决策支持系统

传统的供应链金融决策过程受限于人工处理的速度和准确性,往往难以应对快速变化的市场环境和复杂的业务需求,而智能化决策支持系统的出现,为这一问题提供了有效的解决方案。该系统通过集成先进的算法、模型和数据分析技术,能够实现对供应链金融业务的自动化、智能化处理。在数据获取方面,系统能够实时采集、整合来自供应链各环节的信息,确保数据的时效性和准确性。在数据分析环节,系统则能够运用先进的算法和模型对数据进行深度挖掘和精准预测,为决策者提供科学、全面的决策依据。智能化决策支持系统的应用不仅提高了供应链金融决策的效率和准确性,还降低了决策过程中的主观性和不确定性。借助该系统,企业能够更快速地响应市场变化,制定出更具针对性和前瞻性的融资策略,从而在激烈的市场竞争中占据先机。同时,系统的智能化特性还能够帮助企业优化内部运营流程、提升客户满意度,推动供应链金融业务的持续创新和发展。

(三)技术安全与保障措施

随着信息技术的深入应用,网络安全威胁和数据泄露风险日益加剧,对供应链金融系统的稳定性和安全性构成了严峻挑战。为确保技术安全,企业需要建立一套完善的技术安全保障体系。这包括加强网络基础设施的安全建设,采用先进的防火墙、入侵检测系统等安全防护措施,确保系统免受外部攻击。同时,企业还应采用高标准的加密技术和身份认证机制,确保数据传输和存储的安全性,防止数据被非法窃取或篡改。除了上述措施外,定期的安全漏洞检测和修复也是必不可少的环节。企业应组织专业的安全团队对系统进行全面的安全检测,及时发现并修复潜在的安全漏洞,确保系统的持续稳定运行。此外,加强员工的信息安全意识培训也是提升整体安全防范能力的重要手段。

五、构建供应链金融生态圈

(一)拓展多元化合作网络

供应链金融作为一个涉及多个环节和多方参与者的复杂系统,其高效运作离不开各参与方的紧密合作与协同。因此,构建一个多元化的合作网络,不仅是提升供应链金融服务质量和效率的重要举措,更是推动整个供应链金融生态圈持续健康发展的关键所在。

具体而言,拓展多元化合作网络需要广泛联合各类金融机构、物流企业以及信息平台等,形成优势互补、资源共享的合作伙伴关系。这种多元化的合作模式有助于打破传统供应链金融中的信息壁垒和资源限制,促进资金流、信息流和物流的高效融合。通过与不同类型合作伙伴的深度融合与协作,可以共同打造更加完善、高效的供应链金融服务体系,从而更好地满足市场多样化、个性化的需求。此外,拓展多元化合作网络还能够有效分摊风险,提升整体抗风险能力。在供应链金融领域,风险具有传导性和放大性,单一机构或企业难以独自应对。而通过构建多元化的合作网络,各方可以共同分担风险,形成风险共担、利益共享的机制,不仅有助于降低单一机构或企业的风险暴露程度,还能够提高整个供应链金融生态圈的稳定性和抗风险能力。

(二)促进协同与共赢发展

在传统的供应链金融模式中,各方往往处于零和博弈的状态,难以形成真正的合作与协同。然而,在供应链金融生态圈内,通过促进各方的协同与共赢发展,可以打破这种僵局,实现共同创造价值的目标。具体而言,促进协同需要各方在信息共享、资源整合和优势互补等方面进行深入合作。通过搭建高效的信息共享平台,实现供应链各环节数据的实时更新与共享,从而提高整个供应链的透明度和协同效率。同时,各方还应积极整合自身资源,发挥各自优势,共同推动供应链金融业务的创新与发展。这种协同不仅有助于优化业务流程、降低运营成本,还能够提升服务质量、增强市场竞争力。而共赢发展则强调在协同的基础上实现各方利益的共同增长,通过构建合理的利益分配机制,确保各方在供应链金融生态圈中能够获得公平、合理的回报。

(三)营造良好的生态环境

在供应链金融生态圈构建过程中,营造良好的生态环境是至关重要的一环,一个健康、稳定的生态环境不仅能够吸引更多优质企业和金融机构加入,还能够促进生态圈的良性发展,为各方提供持续、稳定的合作机会。为了实现这一目标,政府、监管机构以及行业协会等应共同发挥作用。政府可以制定相关法规政策,为供应链金融生态圈的发展提供有力保障和支持;监管机构则应加大对市场的监管力度,维护市场秩序和公平竞争环境;而行业协会则可以发挥桥梁纽带作用,加强行业自律和诚信体系建设,推动行业健康发展。同时,各方参与者也应积极履行社会责任和义务,共同维护良好的生态环境,通过加强合规意识、提升风险管理能力、推动创新发展等措施,为供应链金融生态圈的长远发展贡献力量。

第九章　电子商务供应链金融融资的市场需求与趋势

第一节　电子商务供应链金融融资模式的现状与挑战

一、电子商务供应链金融融资模式现状

(一)融资模式多样化

在电子商务迅猛发展的时代背景下,供应链金融融资模式展现出了显著的多样化特征,不仅体现在融资方式的种类上,更在于其能灵活适应不同企业的独特需求和供应链的特定环境。以应收账款融资为例,该模式通过为上游供应商提供资金回笼的捷径,有效地缓解了其资金流转的压力,进而保障了供应链的持续稳定。而预付账款融资方式则为下游经销商提供了扩大采购规模、捕捉市场先机的资金支持,进一步增强了其市场竞争力。这些多元化的融资模式,不仅精准地满足了企业各异的融资需求,更在深层次上促进了整个供应链的稳定性和运作效率。通过这些模式,供应链的各个环节得以更加紧密地协同合作,共同应对市场的动态变化,从而实现了整个供应链的高效运转。

(二)数字化技术应用广泛

1. 大数据技术

大数据技术在电子商务供应链金融领域的应用已逐渐成为行业发展的关键驱动力,通过对供应链各环节所产生的海量数据进行深度挖掘与细致分析,金融机构能够获取更为全面、准确的企业运营信息,从而更精确地评估企业的信用状况及融资需求。这种评估的精准性不仅提升了金融机构的风险管理能力,而且为风险定价提供了更为科学的依据。在大数据技术的支持下,金融机构可以更加细致地划分风险等级,制定相应的风险溢价,进而实现个性化的融资方案设计,满足企业的差异化融资需求,该过程不仅提高了金融资源的配置效率,也为企业提供了更为贴心的金融服务,推动了供应链金融的健康发展。

2. 云计算技术

云计算技术以其强大的数据存储和处理能力,在电子商务供应链金融中

扮演着重要的支撑角色。通过云平台,供应链金融的各参与方能够实时地共享关键信息,这不仅提高了供应链的透明度,也大幅提高了各环节之间的协同效率。云平台的弹性扩展特性使得其能够轻松应对供应链金融业务不断增长所带来的数据处理需求,确保了业务的连续性和稳定性。同时,云计算技术还提供了灵活的数据分析工具,帮助金融机构更深入地理解市场动态和企业行为,从而做出更为明智的决策。

3. 区块链技术

区块链技术为电子商务供应链金融交易带来了革命性的变革,其去中心化的特性使得交易记录不再依赖于单一的、可能存在篡改风险的中心化数据库,而是分布在网络中的众多节点上,每个节点都拥有完整的交易记录副本。这种分布式账本的设计大大提高了数据的真实性和可信度,因为任何对交易记录的篡改都需要同时修改网络中超过半数的节点数据,这在实际操作中几乎是不可能的。因此,区块链技术有效地降低了金融机构在风险评估过程中的成本,提高了融资效率。同时,智能合约等区块链衍生技术的应用进一步简化了交易流程,减少了人为干预和错误的可能性,为供应链金融交易带来了前所未有的安全性和便捷性。

(三)参与主体多元化

1. 电商平台在供应链金融中的核心地位与功能

电商平台在供应链金融体系中占据核心地位,主要得益于其庞大的用户基础与丰富的数据资源。这些资源为电商平台提供了深入了解供应链各环节运作的窗口,进而能够为供应链中的企业量身定制融资服务。通过与金融机构的紧密合作,电商平台不仅扩大了自身的服务范围,更增强了用户黏性,形成了一个良性的商业生态循环。电商平台的这种角色定位,使其成为连接供应链各方与金融机构的重要桥梁,有效地促进了资金流、信息流和物流的高效整合。

2. 金融机构在供应链金融中的资金支持与风险管理

金融机构在供应链金融体系中扮演着资金支持者的关键角色,它们通过与电商平台的合作,不仅拓展了业务渠道,降低了单一融资项目的风险,更利用数字化技术大幅提升了风险管理水平。这种精准授信的模式,使得金融机构能够更加高效地评估融资项目的风险与收益,从而做出更为明智的信贷决策。金融机构与电商平台的这种合作模式,无疑为供应链金融的稳健发展提供了强有力的支撑。

3. 物流企业在供应链金融中的多元角色与价值

物流企业在供应链金融中的作用远不止于货物的运输和仓储,它通过提供实时的物流信息,为金融机构进行风险评估和授信决策提供了宝贵的数据支持。此外,物流企业还利用其独特的资源开展质押监管等业务,这不仅增加了其自身的收入来源,也为供应链金融的安全运行提供了额外的保障。可以说,物流企业在供应链金融中扮演着多元且不可或缺的角色。

4. 核心企业及其上下游中小企业在供应链金融中的互动与支持

核心企业在供应链金融中扮演着关键节点的角色,它们通过与上下游中小企业的紧密合作,共同构建了一个稳定的供应链网络。在这个过程中,核心企业不仅利用自身信用为中小企业提供担保或融资支持,更通过这种方式促进了整个供应链的稳定发展。对于上下游中小企业而言,参与供应链金融不仅缓解了其资金压力,更提升了其在市场中的竞争力,这种互动与支持的关系,使得供应链金融成为一个多方共赢的生态系统。

二、电子商务供应链金融融资模式面临的挑战

(一) 风险管理难度加大

1. 供应链复杂性对风险识别难度的影响

在电子商务快速发展的背景下,供应链的不断延伸和复杂化已成为一个显著趋势,随着涉及的企业和环节日益增多,供应链中的风险点也呈现出指数级增长,这无疑加大了风险识别的难度。任何一个环节的失误或问题,都可能通过供应链的连锁反应被放大,最终对整个供应链造成重大冲击。这种冲击不仅可能损害供应链中各参与方的利益,还可能影响供应链金融的稳定性和安全性,甚至引发系统性风险。因此,对于金融机构而言,如何在复杂的供应链环境中准确识别并有效管理风险,已成为其开展供应链金融业务的重要挑战。

2. 多样化融资模式带来的新风险点

电子商务供应链金融融资模式的多样化为企业提供了更为灵活和多元化的融资选择,这无疑有助于缓解企业的融资约束,促进其业务发展。然而,与此同时,这种多样化的融资模式也带来了新的风险点。不同的融资模式在运作机制、风险特征和控制措施等方面存在显著差异,这就要求金融机构在开展供应链金融业务时,必须具备更高的风险管理能力和专业水平。具体来说,金融机构需要针对不同融资模式的特点和风险点,制定相应的风险管理策略和措施,以确保业务的安全性和稳健性。此外,随着供应链金融业务的不断创新

和发展,金融机构还需要不断学习和适应新的风险挑战,以持续提升其风险管理能力。

(二)法律法规体系不完善

1. 缺乏针对性法律法规支持

在当前的法律环境中,针对电子商务供应链金融的法律法规体系存在显著的不足,这一领域尚未形成专门的法律法规来全面规范和保障其有序发展。这种法律空白的存在,使得电子商务供应链金融在实际操作中可能遭遇多种法律风险。由于缺乏明确的法律指引和规范,市场参与者在开展业务时往往难以判断自身行为的合法性,这不仅增加了业务运营的不确定性,也可能导致潜在的法律纠纷。长此以往,这种情况将对供应链金融的健康发展构成严重威胁,甚至可能阻碍整个行业的创新与进步。因此,建立健全针对电子商务供应链金融的法律法规体系,已成为当务之急。

2. 监管政策不明确

除了法律法规的缺失外,监管政策的不明确也是当前电子商务供应链金融面临的一大挑战。至今,监管机构对于这一新兴领域的监管态度和标准尚未给出明确指引。这种模糊性导致市场参与者在日常运营中难以准确把握合规要求,进而增加了运营风险。具体来说,由于缺乏明确的监管政策,企业可能在不知不觉中触犯相关法规,进而面临法律制裁或行政处罚。此外,监管政策的不明确还可能引发市场中的不正当竞争行为,破坏市场秩序。因此,为了促进电子商务供应链金融的稳健发展,监管机构亟须出台明确、具体的监管政策,为市场参与者提供清晰的合规指南。这样不仅能降低企业的运营风险,也有助于维护市场的公平竞争环境。

(三)信息技术安全与隐私保护问题

1. 数据安全与防护的挑战性

在电子商务供应链金融领域,数据安全与防护问题显得尤为重要。由于该领域涉及大量的交易数据和企业敏感信息的共享与传输,因此面临着数据泄露和被恶意攻击的潜在风险。这种风险的存在对数据安全和防护技术提出了更为严苛的要求。数据的保密性、完整性和可用性是信息安全的三个基本属性,而在供应链金融环境中,这些属性的保护难度显著增大。为了确保数据安全,必须采用先进的加密技术、访问控制机制和安全审计措施。同时,还需建立完善的数据备份和恢复计划,以应对可能的数据丢失或损坏情况。此外,持续的安全培训和意识增强也是必不可少的,以确保所有参与方都能充分认识到数据安全的重要性,并采取相应的防护措施。

2. 隐私保护与合规性的难题探讨

随着公众对数据保护意识的日益增强,隐私保护已成为当今社会的一个重要议题,在供应链金融领域,隐私保护问题尤为突出。如何在合规的前提下收集、使用和保护企业数据以及个人信息,避免侵犯他人隐私和触犯相关法律法规,是当前该领域面临的一个重要难题。这要求参与方在处理个人信息时必须遵循相关的隐私保护原则和法规要求,如告知同意原则、最少够用原则和数据安全原则等。同时,为了确保信息共享的合法性和合规性,以满足监管要求并保护各方利益,还需要在技术、法律和管理等多个层面进行综合考虑和应对。例如,可以利用匿名化、伪匿名化等技术手段来保护个人隐私。在法律层面,应明确数据所有权、使用权和经营权等,为数据共享提供法律保障。在管理层面,应建立完善的数据管理制度和操作流程,确保数据的合规使用和传播。

第二节　市场需求分析与消费者行为影响

一、市场需求分析概述

(一)市场需求定义

市场需求作为一个经济学领域的核心概念,是指在特定的时间框架和既定的价格体系之下,市场中全部消费者对于某种特定商品或服务所展现出的购买意愿与实际购买能力的综合体现。这一概念深刻地揭示了消费者对于某一产品或服务的需求强度,以及他们在经济层面上的购买力水平。从更深层次的学术视角来看,市场需求不仅是一个量化的指标,它更是一个动态变化的体系,受到多种因素的影响。这些因素包括但不限于消费者的收入水平、价格敏感度、消费偏好,以及市场整体的经济环境等。进一步,市场需求的形成和变动,也反映了市场机制的运作效率。在理想的市场环境下,需求与供给之间能够达到一种动态的平衡状态,从而确保资源的优化配置和经济的持续健康发展。因此,深入研究和准确把握市场需求,对于理解市场运行机制、指导企业决策,以及促进整个经济体系的稳定运行都具有重要的意义。

(二)市场需求分析的重要性

进行市场需求分析是企业制定各项市场策略、推动产品研发、安排生产计划以及策划营销活动的基石。通过深入的市场需求分析,企业能够全面而精准地掌握市场的当前状况,包括市场规模、消费者偏好、竞争格局等关键信息。此外,市场需求分析还具备预测未来的功能,帮助企业洞察市场趋势,从而及时调整战略方向,抓住潜在的市场机会。在这个过程中,企业不仅能够增强自身对市场变化的敏锐度和适应性,还能有效规避市场波动带来的各种风险。同时,不可忽视的是,市场需求分析在企业与消费者之间搭建了一座沟通的桥梁。通过深入分析消费者的需求、期望和购买行为,企业能够更加精准地理解消费者的内心世界,从而为消费者提供更加贴心、符合期望的产品或服务。这种以消费者为中心的经营理念,不仅有助于提升企业的品牌形象和市场竞争力,还能够促进企业与消费者之间建立长期、稳定的关系。

(三)市场需求分析的主要内容

市场需求分析是一个多维度的研究过程,它涵盖了多个关键方面。其中,市场规模分析是首要环节,这一步骤的核心在于对目标市场的总体容量进行科学估算,同时对其潜在的增长空间进行预测。通过这一分析,企业能够了解到市场的整体需求规模以及未来的扩张潜力。市场结构分析则是又一个重要维度,它着重于探究市场中不同消费群体、消费层次以及消费区域的分布特性。这一分析有助于企业明确其目标市场细分,从而更加精准地定位其产品或服务。此外,市场趋势分析致力于预测市场未来的发展方向和变化趋势。这要求分析师结合历史数据、行业动态以及宏观经济因素,对市场未来的走向进行合理预测,以便企业能够提前布局,抢占先机。市场竞争格局分析也是不可或缺的一环,它主要评估主要竞争对手在市场中的地位、竞争优势和劣势,通过这一分析,企业能够明确自身在市场中的定位,并制定相应的竞争策略。最后,消费者行为分析深入消费者的购买动机、决策过程、消费习惯以及满意度等方面。这一分析为企业提供了宝贵的消费者洞察,有助于企业更好地满足消费者需求,提升市场竞争力。

二、消费者行为对市场需求的影响

(一)消费者行为的基本要素

1. 消费者需求与动机

消费者需求是指个体在特定情境下对某种产品或服务的渴望或需要,它是消费行为发生的根本驱动力。需求通常源于消费者的内在状态与外界环境的交互作用,可能受到生理、心理或社会因素的影响。动机则是激发和维持消费者行为的心理力量,它解释了为什么消费者会产生特定的购买意愿。动机可能源于对某种功能的需求,如对食物、住所的基本需求,也可能是追求更高层次的心理满足,如对社会地位、个人成就感的追求。深入了解消费者的需求和动机,对于企业制定营销策略、开发新产品或服务具有重要意义。

2. 消费者决策过程

消费者决策过程是一个复杂且动态的心理过程,涉及信息搜索、评估选择、购买决策以及购后评价等多个阶段。在信息搜索阶段,消费者会通过各种渠道收集与购买决策相关的信息,如产品价格、品质、口碑等。在评估选择阶段,消费者会根据自己的需求和偏好,对收集到的信息进行筛选和比较,形成对产品的整体评价。在购买决策阶段,消费者会综合考虑产品的性价比、自身经济状况等因素,做出最终的购买决定。在购后评价阶段,消费者会对购买的产品或服务进行实际使用后的评价,这一评价将影响消费者的后续购买行为和口碑传播。因此,理解消费者决策过程的各个阶段及其影响因素,对于企业优化产品设计、提升服务质量以及构建品牌形象至关重要。

3. 消费者购买行为模式

消费者购买行为模式是指消费者在购买过程中所表现出的具有规律性的行为方式。这种行为模式不仅受到消费者个体特征(如年龄、性别、收入水平等)的影响,还受到社会文化、市场环境等外部因素的制约。例如,不同年龄段的消费者可能表现出不同的购买偏好和消费习惯,不同社会文化背景下的消费者可能对同一产品有不同的接受度和评价标准。因此,探究消费者购买行为模式需要综合考虑多种因素。对于企业而言,掌握消费者购买行为模式有助于更精准地定位目标市场、制定差异化营销策略以及提升客户满意度和忠诚度。通过深入分析消费者的购买决策路径、购买频率以及品牌选择等行为特征,企业可以更好地满足消费者需求并实现营销目标。

(二)消费者行为对市场需求的具体影响

1. 消费者偏好与市场需求的关系

消费者偏好是指消费者对特定产品或服务的喜好程度,它在很大程度上决定了市场需求的方向和强度。当消费者对某种产品或服务表现出强烈的偏好时,这种产品或服务在市场上的需求往往会相应增加。反之,如果消费者对某种产品或服务不感兴趣或存在负面评价,其市场需求自然会减少。因此,了解和分析消费者偏好,对于预测市场需求变化、制定产品开发策略和营销策略至关重要。企业需要通过市场调研和数据分析,准确把握消费者偏好,以便及时调整产品和服务,满足不断变化的市场需求。

2. 消费者购买力与市场需求的关联

消费者购买力是指消费者在一定时期内用于购买商品或服务的货币支付

能力,购买力的高低直接影响着市场需求的大小。当消费者购买力提高时,他们更有可能增加对商品和服务的消费,从而推动市场需求的增长。相反,购买力下降则可能导致市场需求的萎缩。因此,消费者购买力的变化是市场需求波动的重要因素之一。企业需要密切关注消费者购买力的动态变化,以便及时调整产品定价、促销策略等,以适应市场需求的变化。

3. 消费者心理与市场需求的波动

消费者心理是指消费者在购买过程中表现出的心理状态和倾向,包括对产品的认知、态度、情感等。消费者心理的变化往往会导致市场需求的波动。例如,当消费者对某一类产品产生恐慌或担忧时(如食品安全问题),市场需求可能会急剧下降;而当消费者对某一类产品持积极态度时(如追求健康、环保的生活方式),市场需求则可能迅速上升。因此,企业需要密切关注消费者心理的变化,及时调整营销策略,以应对市场需求的不确定性和波动性。同时,通过塑造积极的品牌形象、提供优质的售后服务等方式,提高消费者对产品的信任度和满意度,也是企业稳定市场需求的重要手段。

三、市场需求分析方法

(一)定性分析方法

1. 深度访谈与焦点小组讨论

(1)目标受众选择与访谈技巧。在深度访谈与焦点小组讨论中,目标受众的选择是至关重要的第一步。针对深度访谈,目标受众通常是对研究主题有深入了解或丰富经验的个体。在选择时,应关注其背景、经验和知识,以确保他们能提供有价值的信息。而在焦点小组讨论中,目标受众的选择应更具代表性,以反映更广泛的观点和态度。在访谈技巧方面,深度访谈要求访谈者具备良好的倾听和引导能力,以鼓励受访者深入分享。焦点小组讨论则需注重平衡小组内的讨论氛围,确保每位成员都有机会发言,且讨论内容不偏离主题。

(2)数据收集与整理流程。在深度访谈中,数据收集主要通过详细的对话进行,访谈者应记录受访者的每一句话,捕捉其观点和情感。在焦点小组讨论中,数据收集则更侧重于群体动态和共识的形成过程。在数据整理阶段,深度访谈的内容需要被详细转录并编码,以便后续分析。焦点小组的讨论内容同样需要整理,但更注重提炼群体意见和观点的变化。这两种方法产生的数据都需要经过严格的清洗和分类,以确保信息的准确性和研究的可靠性。

(3)结果解读与策略建议。结果解读是连接数据与分析的桥梁。在深度访谈中,结果的解读更注重个体经验的深入挖掘,以理解受访者的真实想法和感受。这种解读能够帮助研究者深入了解目标受众的内心世界。而在焦点小组讨论中,结果的解读则更侧重于群体共识和差异的分析,以揭示目标受众的普遍态度和趋势。基于这些解读,策略建议的提出需要具有针对性和实用性。对于深度访谈,建议可能更侧重于满足个体的特定需求或解决其独特问题。而对于焦点小组讨论,建议可能更关注如何通过产品或服务的改进来满足更广泛的市场需求。

2. 德尔菲法(Delphi Method)

(1)专家选择与咨询过程。德尔菲法中的专家选择是决定预测质量的关键因素,在选择专家时,应考虑其专业领域、经验水平及对该问题的了解程度。通常,专家应具备深厚的专业知识和丰富的实践经验,以确保其提供的意见具有高度的可信度和参考价值。咨询过程中,应保持与专家的有效沟通,明确咨询的目的和要求,确保专家能够充分理解并给出有价值的反馈。此外,专家的数量也要适中,既要保证意见的多样性,又要避免过多的意见导致信息冗余和混乱。

(2)迭代反馈与共识达成。德尔菲法的核心在于通过多轮迭代反馈,使专家的意见逐渐趋于一致,在每一轮咨询后,需要对专家的意见进行汇总和分析,然后将结果反馈给专家进行下一轮的评估。这个过程中,专家可以根据前一轮的反馈调整自己的意见,直至达成共识。迭代反馈不仅有助于减少个体偏见,还能使预测结果更加科学、准确。通过不断的迭代和反馈,德尔菲法能够促进专家之间的信息交流,最终形成一个相对一致的预测或决策意见。

(3)预测结果的可靠性评估。德尔菲法的预测结果可靠性主要通过几个方面来评估,首先是专家的代表性,即所选专家是否能全面反映问题领域的各个方面。其次是专家意见的收敛程度,如果经过多轮咨询后,专家的意见能够趋于一致,则说明预测结果具有较高的可靠性。此外,还可以通过分析专家意见的稳定性和一致性来评估预测结果的可靠性。为了进一步增强可靠性,可以在咨询过程中引入统计分析方法,对专家的意见进行量化处理和分析。

(二)定量分析方法

1. 问卷调查法

(1)问卷设计与样本选择。在问卷调查法中,问卷设计是确保数据质量的关键环节,问卷应围绕研究目的,明确调查主题,并设计出结构合理、内容全面的问题。问题的表述需简洁明了,避免歧义,同时考虑受访者的认知能力和回答意愿。样本选择则直接关乎研究的代表性和可靠性。在选择样本时,应依据研究目标确定目标总体,采用科学的抽样方法,如随机抽样、分层抽样等,以确保样本的多样性和广泛性。同时,样本规模也要适中,既要满足统计分析的需要,又要考虑调查的成本和效率。

(2)数据收集与处理。在收集数据时,应确保问卷发放的广泛性和回收的有效性,同时保护受访者的隐私。收集到的数据需经过严格的处理,包括数据清洗、编码和录入等步骤。数据清洗旨在剔除无效问卷和异常值,确保数据的准确性和一致性。编码则是将问卷中的文字信息转化为可分析的数字形式。录入过程需严谨细致,防止数据录入错误,为后续的统计分析奠定坚实基础。

(3)统计分析与结果呈现。统计分析是问卷调查法的重要环节,旨在从收集到的数据中提炼出有用的信息和结论。根据研究目的和数据类型,可选择适当的统计方法,如描述性统计、推论性统计等。通过统计分析,可以揭示数据背后的规律和趋势,验证研究假设。结果呈现则是将统计分析的结果以直观、清晰的方式展示出来,如表格、图表等。呈现结果时,应注重客观性和准确性,避免误导性解读,同时结合研究背景进行深入讨论,提升研究结果的应用价值。

2. 市场数据分析

(1)历史销售数据与市场趋势。市场数据分析中,历史销售数据是洞察市场趋势的基石,通过分析过往销售数据,企业能够掌握产品或服务在不同时间段的表现,识别出销售峰值与谷值,从而揭示出市场需求的季节性、周期性变化。此外,长期销售数据的积累还能帮助企业发现市场的整体增长或衰退趋势,为战略规划提供有力支撑。通过对历史销售数据的深入挖掘,企业不仅能够理解市场的过去和现在,更能预测市场的未来走向,从而做出更加明智的决策。

(2)竞争对手分析与市场份额。在市场竞争激烈的环境下,对竞争对手的深入分析至关重要,通过收集和分析竞争对手的销售数据、市场策略、产品特点等信息,企业能够准确评估自身在市场中的定位,以及与竞争对手之间的优劣势对比。同时,市场份额的计算和追踪不仅展示了企业在市场中的实际占有率,还是衡量企业竞争力和市场地位的重要指标。通过对竞争对手和市场份额的持续监控,企业能够及时调整市场策略,抓住市场机遇,提升竞争优势。

(3)数据挖掘与预测模型构建。通过对海量数据的深入挖掘,企业能够发现隐藏在数据背后的关联规则、客户偏好、市场细分等有价值的信息。这些信息为企业精准营销、产品创新等提供了有力支持。同时,基于历史数据构建的预测模型能够帮助企业预测未来市场的走势,包括销售量、市场需求等关键指标。通过不断优化预测模型,企业能够增强决策的前瞻性和准确性,从而在激烈的市场竞争中保持领先地位。

四、消费者行为研究方法

(一)观察研究方法

1. 自然观察法

自然观察法是在不对被观察者产生干扰的前提下,系统地记录和分析其在自然环境中的行为表现。这种方法强调观察的自然性,即观察者不介入被观察者的日常活动,从而确保所收集数据的真实性和客观性。在自然观察法中,观察者通常利用特定的观察工具或技术,如行为记录表、时间取样法等,来详细记录被观察者的行为频次、持续时间以及行为之间的关联。通过这种方法,研究人员能够深入了解消费者的实际购买行为、使用习惯以及消费偏好,为市场营销策略的制定提供有力依据。

2. 参与观察法

参与观察法要求观察者积极参与到被观察者的活动中,通过亲身体验和观察来收集数据。这种方法使得观察者能够更直接地接触和理解被观察者的行为动机、决策过程以及消费体验。在参与观察法中,观察者不仅作为数据的收集者,还作为活动的参与者,与被观察者进行互动和交流。这种互动有助于观察者获得更为深入和全面的信息,也有助于建立与被观察者之间的信任和合作关系。通过参与观察法,研究人员能够更准确地把握消费者的需求和心理,为产品和服务的改进提供有力支持。

(二)调查研究方法

1. 线上调查研究

线上调查研究是利用互联网技术进行数据收集和分析的一种方法,这种方法具有覆盖范围广、成本低、效率高以及数据收集方式灵活多样等优点。在线上调查研究中,研究人员通常通过设计在线问卷、发起网络调查等方式来收集消费者的意见和反馈。借助各种在线调查工具和平台,研究人员能够轻松地触达大量目标受众,并快速收集到大量有效数据。这些数据不仅有助于了解消费者的消费习惯、购买意愿以及品牌认知,还能为市场细分、产品定位以及营销策略的制定提供重要参考。

2. 线下调查研究

线下调查研究是指在实体环境中进行的数据收集和分析活动,这种方法通常包括面对面访谈、纸质问卷调查、实地观察等多种形式。与线上调查研究相比,线下调查研究更注重与消费者的直接交流和互动,有助于建立更为紧密和信任的关系。通过线下调查研究，研究人员能够深入了解消费者的真实想法和感受，捕捉到更为细致和全面的信息。同时，线下调查研究也适用于那些互联网普及率较低或需要实地考察的地区和人群。通过结合线上和线下调查研究方法，研究人员能够更全面地了解消费者行为，为企业的决策提供更为准确和全面的支持。

五、市场需求与消费者行为的互动关系

(一)市场需求对消费者行为的影响

市场需求，作为经济学中的核心概念，深刻反映了消费者在一定时期和特定价格水平下的购买意愿与能力。其变化不仅体现了宏观经济的波动，更对微观层面的消费者行为产生显著影响。当市场需求增加时，意味着消费者对某类商品或服务的兴趣与需求上升，这通常伴随着商品种类的增多和价格竞争的加剧。在此情境下，消费者面临的选择空间扩大，促使他们在购买决策中展现出更高的自主性和选择性。他们会更加细致地比较不同产品之间的性价比，以寻求最优的购买方案，满足自身效用最大化。相反，在市场需求减少的环境下，消费者的购买行为往往趋于保守，对价格的敏感度提升，同时更加关注产品的实用性和长期价值，以确保购买决策的稳健性。

(二)消费者行为对市场需求的塑造

消费者行为，作为市场需求形成的微观基础，其多样性和动态性对市场需求产生着深远影响。消费者的购买决策、消费习惯以及品牌偏好等，都是塑造市场需求的重要因素。例如，随着消费者对环保和健康问题的日益关注，他们的消费观念逐渐转向绿色、有机和可持续发展。这种消费趋势直接推动了市场上绿色、有机产品的需求增长，促进了相关产业的发展和创新。此外，在数字化时代，消费者的口碑传播和社交媒体分享等行为，也极大地放大了个体消费选择对市场需求的影响。积极的消费者评价能够迅速扩散，引发更多潜在消费者的兴趣和购买意愿，从而推动市场需求的扩张。

(三)市场需求与消费者行为的动态平衡

市场需求与消费者行为之间存在的动态平衡关系，是市场经济运行中的基本规律之一，这种平衡不是静态的，而是随着时间和环境的变化而不断调整。市场需求的变化会引导消费者行为的调整，消费者会根据市场信号的反馈，如价格变动、产品供应情况等，来调整自己的购买计划和消费习惯。同时，消费者行为的变化又会作为市场需求的直接体现，反过来影响市场的供需关

系和价格机制。这种相互影响、相互制约的关系,使得市场和消费者之间保持着一种动态的、自适应的平衡状态。在这种平衡状态下,企业需要密切关注市场动态和消费者需求的变化,灵活调整产品策略、营销策略等,以适应不断变化的市场环境并保持竞争优势。同时,政府和社会组织也应通过合理的政策引导和宣传教育,促进市场需求和消费者行为的健康发展,推动经济的持续增长和社会福利的全面提升。

第三节　供应链金融融资的行业发展趋势预测

一、行业规模持续扩大

(一)市场规模增长数据分析

近年来,供应链金融市场的规模增长数据呈现出引人瞩目的上升趋势,据权威统计数据揭示。该行业的交易量与融资规模均表现出逐年递增的态势,这深刻地反映出市场对于供应链金融服务的需求正处于不断攀升的状态。此种增长并不仅仅局限于总体的交易金额,更为显著的是融资笔数的显著增多。这一现象清晰地表明,随着市场认知的加深和需求的驱动,越来越多的企业正积极地采纳供应链金融解决方案,以期实现资金流的高效优化。从更宏观的视角来看,这一趋势预示着供应链金融行业正迎来前所未有的发展机遇,其市场潜力和增长空间不容小觑。

(二)行业参与者数量增加

伴随着供应链金融市场的迅猛发展和广阔前景,行业参与者的数量也呈现出显著的增长态势。这一变化不仅体现在传统金融机构如银行等的积极参与上,也包括了物流企业和技术提供商等多个领域的跨界融合。具体而言,传统银行和金融机构正通过不断创新金融产品和服务,以更加灵活和多样化的方式满足市场需求,从而积极抢占市场份额。与此同时,众多科技公司凭借其深厚的技术积累和创新能力,为供应链金融领域提供了智能化的解决方案。这些科技公司的加入,不仅为行业注入了新的活力,也极大地推动了供应链金融行业的技术进步和效率提升。从整体上看,这种多元化的参与者结构正在共同推动供应链金融市场的繁荣与发展。

(三)服务范围与覆盖领域拓展

供应链金融的服务范围近年来展现出了显著的拓展趋势。初期,该领域主要聚焦于应收账款融资和存货融资等相对传统的融资模式。然而,随着市场需求的不断演变和行业创新的持续推进,供应链金融的服务形式已逐步扩展至预付账款融资、设备融资租赁等更为多元化的融资方式。这一变化不仅丰富了供应链金融的产品线,也为企业提供了更为灵活和个性化的融资解决方案。同时,值得注意的是,供应链金融的服务领域也在悄然发生变革。传统的制造业和零售业作为其主要服务对象的历史正在被改写,农业、服务业等多个新兴行业正逐渐成为供应链金融的重要服务领域。这种跨行业的拓展不仅彰显了供应链金融服务的广泛适用性,也反映了其对于不同行业资金流优化需求的深刻理解和积极响应。

(四)全球供应链金融趋势对比

在全球范围内审视供应链金融的发展趋势,可以观察到一种普遍的积极动态,与中国的情况相类似,众多国家和地区均在积极探索和创新供应链金融服务模式,以期在日益激烈的市场竞争中占据有利地位。通过深入的对比分析,不难发现,全球供应链金融市场在多个维度上均呈现出显著的增长态势。具体而言,无论是市场规模的扩大、参与者的增多,还是服务范围的拓展,全球供应链金融市场都展现出了蓬勃的发展活力。更为值得一提的是,各国之间的合作与交流也在日益加强,这不仅促进了先进经验和最佳实践的共享,也为全球供应链金融的协同发展奠定了坚实的基础。综合来看,全球供应链金融市场的繁荣与发展正成为推动全球经济增长的重要力量之一,其未来的发展前景值得期待。

二、金融科技助力效率提升

(一)金融科技应用案例解析

在供应链金融的广阔领域中,金融科技的应用实例正不断涌现,为行业带来了新的活力和可能性。举例来说,部分行业领军者已开始巧妙地利用大数据与人工智能技术,对供应链中的上游供应商和下游客户进行精细化分析,进而绘制出他们的精准画像,并据此进行信用评估。这一创新举措极大地提升了融资的效率和风险管理的精准度。通过这些成功案例,不仅可以看到金融科技对于提升供应链金融整体效率的显著作用,更能洞察到其在优化融资流程、降低交易成本以及提升风险控制能力等方面的巨大潜力。

(二)数据驱动的风险评估与决策

数据驱动的风险评估与决策流程已然成为供应链金融领域的一种显著趋

势,在现代信息技术的支持下,金融机构能够系统地收集并分析供应链中的多样化数据,包括但不限于交易记录、物流信息以及企业财务状况等。这些数据为金融机构提供了深入洞察企业信用状况和具体融资需求的窗口,进而指导他们做出更为明智和精准的决策。这种以数据为核心的风险评估方法,其优势在于能够显著增强评估的准确性和时效性。同时,通过深度挖掘数据价值,金融机构还能更为敏锐地识别出潜在的风险点,并据此优化融资结构,以应对可能的风险挑战。这一趋势不仅体现了数据科技在金融领域的广泛应用,也预示着供应链金融行业正朝着更为智能化和精细化的方向发展。

(三)智能化信息平台建设进展

智能化信息平台的建设在提升供应链金融效率方面扮演着举足轻重的角色,近年来,随着云计算、物联网等前沿技术的迅猛发展和广泛应用,供应链金融领域内越来越多的企业开始致力于构建智能化信息平台。这些平台通过集成先进的信息技术,实现了供应链各环节信息的实时共享与高效流通,从而极大地促进了供应链金融业务的顺畅运作。智能化信息平台的建立,不仅有效地降低了由信息不对称所引发的各类风险,更在提升供应链各参与方之间的协同效率和响应速度方面发挥了显著作用。可以预见,随着技术的持续进步和应用深度的不断拓展,智能化信息平台将成为推动供应链金融持续创新和发展的重要基石。

(四)区块链技术在供应链金融中的应用

区块链技术凭借其去中心化、数据不可篡改等独特特性,在供应链金融领域正展现出越来越广阔的应用前景。通过引入区块链技术,供应链金融企业能够构建一个更加透明、可信的交易环境,从而确保交易数据的真实性和完整性得到有力保障。这不仅有助于降低因数据欺诈或篡改所带来的风险,还能够显著提升交易各方的信任度。此外,区块链技术的运用还能够有效简化烦琐的交易流程,降低交易成本,并进一步提高融资效率。随着区块链技术的不断成熟和更多应用场景的探索与开拓,其在供应链金融领域所发挥的作用将更加凸显,有望为行业的持续健康发展注入新的动力。

三、多元化融资模式创新发展

(一)新型融资模式案例介绍

在供应链金融的实践中,新型融资模式的涌现正为行业注入源源不断的创新活力,以基于应收账款的融资模式为例。该模式巧妙地将企业手中的应收账款转化为即时的现金流,从而有效地缓解了企业在运营过程中可能遇到的资金短缺问题。这一创新性的融资方式不仅提高了企业的资金周转率,还为其提供了更为灵活的资金运用空间。另一个值得关注的案例是存货融资模式,它允许企业以其库存商品作为抵押,从而获得必要的融资支持。这一模式不仅有效地盘活了企业原本沉睡的库存资产,还为其开辟了一条全新的融资渠道。这些新型融资模式的广泛应用,不仅极大地丰富了供应链金融的产品和服务体系,更为众多企业提供了多样化、个性化的融资解决方案,有力地推动了整个行业的持续健康发展。

(二)供应链金融与产业互联网的融合

在数字化浪潮的推动下,供应链金融与产业互联网的深度融合已成为行业发展的必然趋势,借助先进的互联网平台,供应链金融能够更为高效地打通产业链上的各个环节,实现信息的无缝对接与实时共享。这种融合模式不仅显著提升了供应链金融服务的响应速度和精准度,更在优化资源配置、降低交易成本等方面展现出了巨大潜力。同时,通过与产业互联网的紧密结合,供应链金融还能够更好地助力产业链的协同创新和转型升级,为整个产业生态的繁荣与发展注入强劲动力。可以预见,在未来的发展中,供应链金融与产业互联网的融合将进一步深化,共同推动行业迈向更高层次的发展阶段。

(三)跨境供应链融资模式探索

在全球经济一体化的趋势下,跨境供应链融资模式的探索与实践日益显现其重要性,此种融资模式深度整合了国际金融市场的多元资源,旨在为跨境贸易活动提供高效且便捷的融资服务。举例而言,借助国际保理、福费廷等金融产品,企业能够妥善解决跨境交易过程中可能出现的资金短缺难题,并有效降低因汇率波动而带来的财务风险。这些金融创新举措不仅极大地促进了国际贸易的繁荣与发展,更为众多有志于拓展海外市场的企业提供了坚实的金融支持。通过跨境供应链融资,企业能够更好地应对国际市场的复杂多变,进而实现更为稳健与可持续的全球业务拓展。

(四)绿色金融在供应链中的应用

伴随着全球环保意识的日益增强,绿色金融在供应链金融领域的应用正逐渐受到社会各界的广泛关注。绿色金融的核心思想是将环境保护与可持续发展的理念深度融入金融业务之中,以此推动绿色、环保产业的蓬勃发展。在供应链金融的实践中,绿色金融发挥着举足轻重的作用。通过对那些致力于环保、节能等绿色项目的企业提供有力的融资支持,绿色金融正积极引导着整个产业链朝着更加环保、可持续的方向迈进。此种金融模式的推广与实施,不仅有助于增强企业的社会责任感,塑造良好的企业形象,更为企业带来了前所未有的商业机遇与广阔的发展空间。

四、政策环境持续优化

(一)政府支持政策概览

近年来,政府在深入洞察供应链金融行业的发展潜力与面临的挑战后,有针对性地推出了一系列支持政策。这些政策覆盖了财政补贴、税收优惠以及融资便利化等多个层面,旨在为企业打造更为优越的经营环境。具体而言,财政补贴政策能够有效减轻企业在初创期和扩张期的资金压力,为其提供更多的资金支持;税收优惠则通过降低企业的税负,提升其盈利能力,从而进一步激发其市场活力。此外,政府还积极推动融资便利化措施的实施,通过简化融资流程、降低融资成本,帮助企业更为高效地获取所需的金融资源。这些政策的综合运用,不仅显著降低了企业的经营成本,提高了其融资效率,更为供应链金融行业注入了强劲的发展动力,推动了整个行业的健康、可持续发展。

(二)监管框架的完善与优化

在供应链金融行业迅猛发展的背景下,监管框架的完善与优化显得愈发重要。为此,政府相关部门加大了对行业的监管力度,通过制定和实施一系列监管政策和指导意见,旨在规范市场秩序,有效防范和化解金融风险。这些监管政策不仅明确了行业的准入门槛和运营标准,还对各类市场行为进行了细致的规范,从而确保了行业的公平竞争和稳健运行。同时,监管机构还积极推动行业自律机制的建设,鼓励企业自觉遵守行业规则,加强内部风险管理,实现合规经营。以上举措共同为供应链金融行业营造了一个更加稳定、透明、可预期的监管环境,有力地促进了行业的健康发展。

(三)行业标准化与合规性提升

为了提高供应链金融行业的整体标准化水平和确保行业合规性,政府与行业组织已经采取了多项积极措施。他们认识到,标准化是推动行业健康发展的关键,因此致力于制定和实施一系列统一的标准和规范。这些标准和规范不仅涵盖了业务流程、数据管理、风险控制等核心环节,还确保了行业内企业所提供的产品与服务能够达到既定的质量要求。通过这一系列的努力,市场的透明度和公平性得到了显著提升,从而为消费者和企业营造了更加可靠的市场环境。此外,为了强化行业的合规文化,政府和行业组织还加大了合规性培训和宣传的力度。他们通过组织各类培训活动,向企业员工普及合规知识和风险防范技能,从而有效地提升了整个行业的合规意识和风险防范能力。

(四)国际合作与政策对接进展

在全球经济深度融合的大背景下,供应链金融行业的国际合作与政策对接显得尤为重要。为此,政府积极寻求与其他国家和地区的深度交流与合作,共同推动供应链金融领域的国际规则与标准的制定和完善。通过参与多边和双边合作机制,政府不仅为本国企业拓展海外市场提供了有力的政策支持,更为国际供应链金融市场的稳定和繁荣做出了积极贡献。同时,政府还鼓励国内企业积极参与国际竞争与合作,通过跨国并购、设立海外分支机构等方式,不断提升自身在国际市场中的份额和影响力。

五、风险防范机制不断完善

(一)风险评估方法与模型更新

在供应链金融的实践中,风险评估方法与模型的持续更新和优化,对于确保行业的稳定与健康发展具有不可替代的重要性。随着数据科学及机器学习技术的日新月异,这些先进技术被广泛应用于供应链金融的风险评估过程中。通过引入更为复杂且精确的算法,风险评估模型现在能够更深入地挖掘供应链中潜在的风险点,这包括但不限于信用风险、市场风险以及操作风险等。这些模型能够高效地处理和分析海量的实时数据,从而生成更为准确的风险预测结果,不仅为金融机构提供了强有力的决策支持,也帮助企业更全面地了解自身的风险状况,进而制定出更为合理且有效的风险管理策略。

(二)风险预警与监控系统建设

在供应链金融风险管理的体系中,风险预警与监控系统的建设无疑是一项至关重要的任务。这类系统通过综合运用先进的信息技术和数据分析方法,实现了对供应链中各类交易数据、物流信息以及财务状况的实时监测。一旦系统检测到任何异常或偏离预设阈值的情况,它将立即触发预警机制,确保相关信息能够在第一时间传达给相关的金融机构和企业。这种实时、动态的监控方式不仅显著提升了风险识别的速度和准确性,而且为应对措施的制定和实施赢得了宝贵的时间窗口。通过这种方式,金融机构和企业能够在风险事件真正发生之前就采取有效的防范措施,从而最大限度地降低潜在损失,保障供应链金融活动的安全稳定进行。

（三）行业自律与风险共治机制

行业自律组织在供应链金融生态中占据着举足轻重的地位,它们在风险防范和管理方面发挥着至关重要的作用。这些组织通过精心制定一系列行业标准,确保行业内的各项活动均能在合规、安全的框架内进行。同时,它们还积极推广最佳实践,鼓励企业学习和借鉴先进的风险管理经验,从而提升整个行业的风险管理水平。此外,行业自律组织还致力于加强行业间的沟通交流,通过定期举办研讨会、论坛等活动,为各方提供了一个分享经验、共商对策的平台。这种开放、包容的交流氛围不仅有助于增进彼此的了解与信任,更为行业的健康发展注入了新的活力。与此同时,风险共治机制的建立也标志着供应链金融风险管理进入了一个新的阶段,在这一机制下,金融机构、企业和政府部门被紧密地联系在一起,共同参与到风险管理的全过程中。

（四）应对突发事件的风险管理策略

在供应链金融的日常运营中,突发事件如自然灾害、政治动荡等虽不常见,但一旦发生,其对供应链的冲击却是巨大的。因此,制定科学、有效的应对突发事件的风险管理策略显得尤为重要。这些策略的核心在于建立一套完善的应急响应机制,确保在突发事件发生时能够迅速启动应急预案,最大限度地减轻风险带来的损失。同时,业务连续性计划的制订也是关键一环,它旨在确保企业在面临突发事件时能够保持业务的持续运营,避免因中断而造成的重大损失。此外,加强供应链韧性建设也是不可或缺的一部分,它要求企业通过多元化供应渠道、提升库存管理水平等措施来提升供应链的抗风险能力。

第四节　未来融资模式的战略建议与前景展望

一、数字化驱动的融资模式创新

（一）大数据与人工智能在融资中的应用

在数字化浪潮的推动下,大数据与人工智能技术在融资领域的应用日益凸显其重要性,大数据技术的核心在于对海量数据的收集、整合与深度分析,这一特性使得金融机构能够获取到更为详尽、全面的企业信息。通过对这些数据的挖掘,金融机构可以构建出更为精准的企业画像,从而更准确地评估企业的信用状况及融资需求。这种基于数据的信用评估方式,不仅增强了评估的准确性,也为金融机构在风险控制方面提供了有力支持。与此同时,人工智能技术的运用进一步提升了融资决策的效率与精度。借助先进的机器学习算法,人工智能可以自动化地处理大量烦琐的数据分析工作,从而在短时间内为金融机构提供科学的决策依据。这种智能化的决策方式,不仅大幅降低了人为干预的可能,也确保了融资决策的客观性与公正性。

(二)供应链金融的数字化转型路径

供应链金融作为连接产业链上下游的重要金融服务,其数字化转型对于提升整个行业的运行效率具有关键意义。通过引入物联网、云计算等尖端技术,供应链金融得以实现全方位的数字化转型。这种转型不仅体现在对供应链各环节实时监控的能力上,更在于通过这些技术确保资金流、信息流和物流的高度协同。具体而言,物联网技术的应用使得供应链中的每一个节点都能被实时追踪与监控,从而确保了信息的实时更新与共享。而云计算则提供了强大的数据处理能力,使得金融机构能够在短时间内对海量数据进行深度分析,进而更精确地评估供应链中的潜在风险。此外,数字化转型还为中小企业提供了更为便捷的融资服务。通过数字化的信用评估体系,金融机构能够更准确地把握中小企业的融资需求与风险状况,从而为其提供更为合适的融资产品与服务。

(三)区块链技术在融资模式中的创新与实践

区块链技术以其独特的去中心化、分布式账本及数据不可篡改的特性,正在融资模式中引发深刻的变革。传统的融资模式往往受限于中心化机构的数据处理能力和信任机制,而区块链技术的引入则有效解决了这些问题。通过区块链,金融机构能够确保每一笔交易数据的真实性和安全性,从而显著降低欺诈风险,增强系统的整体稳健性。更进一步,智能合约作为区块链技术的重要应用之一,正在融资过程中发挥着越来越重要的作用。智能合约能够自动执行预设的条款和条件,使得融资过程更加自动化和高效。这不仅减少了人为干预的可能性,也大幅提升了资金流转的速度和效率。综合来看,区块链技术的创新实践正在深刻重塑融资行业的信任机制,在这种新型的信任机制下,参与方能够更加透明、高效地开展合作,共同推动融资行业的持续健康发展。

(四)智能化风险评估与决策支持系统构建

随着金融科技的飞速发展,智能化风险评估与决策支持系统已成为融资领域不可或缺的重要工具,这类系统充分利用了机器学习、深度学习等前沿技术,能够对企业数据进行全面、深入的分析,从而精准预测信用风险,并为金融机构提供科学、合理的决策建议。智能化风险评估系统的构建,不仅提升了金融机构的风险识别能力,也为其在复杂多变的市场环境中提供了有力的决策支持。通过这类系统,金融机构可以更加全面地了解企业的经营状况、财务状况及市场前景,进而制定出更为合理的融资策略和风险控制措施。同时,决策支持系统的引入还进一步优化了金融机构的决策流程。系统能够自动分析大量数据,生成可视化的报告和图表,帮助决策者更加直观地了解各种方案的优劣,从而做出更为明智的决策。这不仅提高了决策的效率,也确保了决策的科学性和准确性。

二、绿色金融与可持续发展融资

(一)绿色金融理念及国际标准解读

绿色金融作为一种新兴的金融理念,其核心在于实现金融活动与环境保护、可持续发展的和谐统一。这一理念强调,在金融决策的制定与执行过程中,必须充分考虑环境因素的影响,以确保金融资源能够高效、合理地流向那些低碳、环保、可再生的项目和产业。通过这种方式,绿色金融不仅有助于推动经济的绿色转型,还能为生态环境的保护和改善提供有力的资金支持。在国际层面,为了引导和规范绿色金融的发展,一系列国际标准应运而生。其中,赤道原则作为最具代表性的国际标准之一,为金融机构在环境保护和社会责任方面提供了明确的指导原则。这些原则要求金融机构在进行投融资活动时,必须对项目可能产生的环境和社会影响进行全面的评估,并确保这些活动在促进经济发展的同时,不损害环境和社会的长远利益。

(二)绿色金融产品创新与市场发展

随着绿色金融理念的广泛传播和深入人心,金融市场正迎来一波绿色金融产品创新的浪潮,这些创新产品不仅体现了金融机构对环保和可持续发展的高度关注,也反映了市场对这一领域的强烈需求。以绿色债券为例,这种债券的发行旨在筹集资金用于支持环保项目,如清洁能源、节能减排等。通过购买绿色债券,投资者能够在获得经济回报的同时,为环境保护事业贡献自己的一份力量。此外,绿色基金、绿色保险等金融产品的推出,也进一步丰富了绿色金融市场的产品线,为投资者提供了更多的选择。这些绿色金融产品的创新不仅有助于满足市场对可持续发展的需求,也为金融机构开辟了新的业务领域和增长点。随着市场的不断发展和完善,绿色金融有望成为未来金融业的重要发展方向之一,为推动全球经济的绿色转型和可持续发展发挥更加积极的作用。

（三）环保产业融资需求与策略分析

环保产业,作为推动绿色发展和生态文明建设的关键力量,正日益显现出其巨大的发展潜力。然而,这一产业在融资环节上所面临的挑战亦不容忽视。由于其资本密集型和技术密集型的特性,以及投资回报周期相对较长的事实,环保产业在寻求资金支持时常常遭遇困难。因此,深入剖析环保产业的融资需求,并制定相应的融资策略,对于促进其持续健康发展具有重要意义。针对环保产业的特性,金融机构需要设计出一系列具有针对性的融资产品和服务。例如,通过设立政府引导基金,可以吸引更多的社会资本投入环保产业,从而形成多元化的融资渠道。同时,绿色信贷作为一种创新的融资方式,能够为环保企业提供低成本、长期稳定的资金支持,有助于缓解其资金压力,推动技术研发和项目落地。

（四）可持续发展目标下的融资模式优化

在全球可持续发展的大背景下,优化融资模式不仅关乎经济、社会、环境三大领域的协调发展,也是金融机构实现自身转型升级的必由之路。为了实现全球可持续发展目标,必须从多个维度对现有的融资模式进行深化改革和创新拓展。一方面,推动绿色金融产品的创新与发展是关键所在。通过研发更多符合可持续发展理念的金融产品,如绿色债券、绿色基金等,可以引导更多的资金流向绿色低碳领域。另一方面,加强政府、金融机构和企业之间的合作也是不可或缺的环节。这种跨界合作有助于形成政策引导、市场主导、社会参与的多元化融资体系,从而为可持续发展提供强有力的资金支持。此外,提高公众对绿色金融的认知度同样重要。通过加强宣传教育,普及绿色金融知识,可以激发社会各界参与绿色投资的热情,进一步拓宽融资渠道。优化融资模式不仅有助于实现全球可持续发展目标,也为金融机构提供了新的商业机遇。在推动经济绿色转型的同时,金融机构也能实现自身业务的拓展和升级,达到经济效益与社会效益的双赢局面。

三、普惠金融与中小企业融资支持

（一）普惠金融政策导向及实施效果评估

普惠金融政策作为现代金融发展的重要方向,其核心目标在于确保金融服务能够全面、深入地覆盖社会的各个阶层与群体。这一政策导向不仅体现了金融的普惠性质,更彰显了其在促进经济增长和社会公平方面的积极作用。通过对中小企业和弱势群体的重点关注,普惠金融政策力求打破传统金融服务中的壁垒,使得更多人能够享受到便捷、高效的金融服务。在评估普惠金融政策的实施效果时,需要从多个维度进行考量。首先,服务覆盖面的扩大程度是衡量政策效果的重要指标之一。通过考察金融服务是否真正触及了更广泛的社会群体,可以对政策的普及程度有一个直观的了解。其次,中小企业融资难题的缓解情况也是评估的重点。普惠金融政策是否真正降低了中小企业的融资门槛,增强了其融资可得性,是判断政策实效性的关键。最后,金融服务质量和效率的提升也是不可忽视的方面,包括金融服务的便捷性、透明度以及成本效益等多个方面。

(二) 中小企业融资难题剖析与解决方案

中小企业融资难题作为制约其发展的重要因素,已引起全球范围内的广泛关注,深入分析这一难题的成因,发现信息不对称、抵押品不足以及风险较高等因素共同构成了中小企业融资的主要障碍。这些问题不仅加剧了中小企业的融资难度,更在一定程度上制约了其创新能力和市场竞争力。为解决这些问题,需要从中小企业的经营特点和融资需求出发,为其提供定制化的金融产品和服务。这包括开发符合中小企业特点的信贷产品、建立灵活的担保机制以及提供全方位的金融服务等。通过这些措施,可以有效降低中小企业的融资门槛,提高其融资可得性。同时,加强信用体系建设也是解决中小企业融资难题的关键环节。通过完善信用记录、增强信用评级的准确性和公信力,可以为中小企业打造更加透明、高效的融资环境。

(三) 创新型金融产品助力中小企业融资

在金融科技日新月异的背景下,创新型金融产品如雨后春笋般涌现,这些产品为中小企业融资开辟了崭新的道路。供应链金融、应收账款融资、股权众筹等创新型金融产品,正是其中的佼佼者,它们以其独特的运作机制和灵活性,有效地缓解了中小企业的资金困境。供应链金融,通过整合产业链上下游资源,以核心企业的信用为背书,为中小企业提供融资服务,从而降低了融资门槛。应收账款融资则允许中小企业将其应收账款作为抵押,提前获得资金,提高了资金周转率。而股权众筹则为中小企业提供了一个展示项目、吸引投资的平台,让更多有潜力的项目得到资金支持。这些创新型金融产品通过降低融资门槛、简化融资流程、提高融资效率,使得中小企业能够更便捷地获得所需资金,从而助力其稳健发展。

(四) 合作机制建设提升中小企业融资效率

中小企业融资效率的提升,离不开多方合作机制的构建,政府在这一过程中发挥着至关重要的作用。通过加强与金融机构、中小企业的沟通与合作,政府能够更准确地把握市场需求,制定出更具针对性的优惠政策,从而引导资金流向中小企业,促进其健康发展。金融机构之间的合作同样不可忽视。通过加强信息共享和风险共担,金融机构能够降低在中小企业融资过程中的信息不对称风险,进而降低融资成本,提高融资效率。此外,产学研合作也是提升中小企业融资效率的重要途径。通过推动产学研深度融合,可以帮助中小企业提升技术水平,增强其市场竞争力,进而提高其融资能力。

四、跨境融资与国际化发展

(一)跨境融资市场现状及趋势分析

跨境融资市场作为当今全球金融格局中的关键一环,其发展现状与未来趋势备受瞩目。伴随着全球化步伐的加快,企业对于资金的需求日益旺盛,而国际资本市场则为企业提供了更为广阔的融资舞台。当前,跨境融资市场已呈现出鲜明的多元化与灵活化特征,这主要得益于金融创新的不断推进以及市场参与者的日益多样化。各类创新型融资工具和渠道如雨后春笋般涌现,为企业提供了更为丰富的选择空间。展望未来,跨境融资市场有望在技术的持续革新与监管政策的逐步完善下,继续保持蓬勃发展的态势。一方面,金融科技尤其是区块链、大数据等技术的深入应用,将极大提升跨境融资的便捷性与效率,降低交易成本,从而进一步激发市场活力。另一方面,随着各国对于跨境融资监管政策的逐步明确与完善,市场将更加规范、透明,为投资者提供更为稳健的投资环境,进而促进市场的长期健康发展。

(二)国际资本市场资源利用策略

国际资本市场以其庞大的资金池和多元化的融资方式,为企业提供了宝贵的资源。然而,如何有效利用这些资源,则考验着企业的智慧与策略。深入探究国际资本市场的运作机制与投资者偏好,是企业制定融资策略的首要任务。通过精准把握市场动态与投资者心理,企业能够更有针对性地调整自身的融资结构、方式和时机,从而提高融资成功率并降低融资成本。同时,积极拓展多元化的融资渠道也是企业利用国际资本市场资源的关键一环。无论是股票发行、债券融资还是并购贷款等,各种融资方式都有其独特的优势与适用场景。企业应根据自身的发展阶段、财务状况和市场环境等因素,综合评估并选择最适合的融资路径。此外,与国际投资者的有效沟通与互动亦不容忽视。通过加强信息披露、增进投资者关系管理以及积极参与国际交流活动等手段,企业能够提升自身的国际知名度和信誉度,从而为未来的融资活动奠定坚实的基础。

（三）金融机构国际化布局与优化

在全球化金融市场的大背景下，为了更好地服务全球客户并持续拓展业务边界，金融机构必须积极寻求在国际舞台上的合理布局与深度优化。这一过程涉及在海外关键金融节点设立分支机构，以更贴近当地市场，深入理解并响应客户需求。同时，拓展国际业务线也是关键一环，通过提供多元化的金融产品和服务，金融机构能够满足不同国家和地区客户的差异化需求。此外，加强与国际金融同行的合作与交流同样不可或缺。通过合作，金融机构可以共享资源、技术和经验，从而提升自身的业务能力和创新能力。在布局优化的过程中，金融机构还需对自身的业务结构和服务模式进行持续调整和完善。这要求金融机构具备敏锐的市场洞察力和灵活的应变能力，以适应不同金融环境和市场需求的动态变化。通过国际化布局与优化，金融机构不仅能够提升自身在全球金融市场的竞争力和影响力，还能更好地服务于实体经济，推动全球经济的持续健康发展。

（四）跨境融资风险防范与监管合作

跨境融资作为企业获取国际资金的重要途径，虽然带来了前所未有的机遇，但也伴随着复杂多变的风险挑战。为了有效应对这些风险，企业需要从根本上加强内部风险管理体系的建设，确保各项风险控制措施得到有效执行。这包括完善风险评估机制、强化风险监测和报告系统，以及提升风险应对和处置能力等方面。与此同时，各国政府在跨境融资监管方面的合作也显得尤为重要。面对全球化趋势下的金融犯罪和违规行为，单一国家的监管力量往往显得捉襟见肘。因此，加强国际监管合作成为增强跨境融资市场安全性和稳定性的关键所在。通过深化信息共享机制、协调监管政策与标准，以及共同建立风险预警和应急响应体系，各国能够形成合力，共同打击跨境金融犯罪，维护市场秩序和投资者利益。

参 考 文 献

[1]李婷婷.电商环境下双渠道供应链管理问题研究[M].大连:东北财经大学出版社,2022.

[2]陈修齐.电子商务物流管理[M].5 版.北京:电子工业出版社,2023.

[3]赵晶,朱镇,王珊,等.企业电子商务管理[M].北京:高等教育出版社,2016.

[4]潘文安.电子商务情境下供应链服务能力、运营风险及渠道效率研究[M].杭州:浙江工商大学出版社,2020.

[5]孙萍萍.跨境电商供应链管理研究[M].长春:吉林出版集团股份有限公司,2022.

[6]吴安波.电子商务环境下供应链竞争与协调研究[M].北京:知识产权出版社,2021.

[7]许应楠,凌守兴.电子商务与现代物流[M].北京:人民邮电出版社,2015.

[8]王叶峰.供应链管理[M].北京:机械工业出版社,2021.

[9]禹海波,李媛.行为供应链博弈与供应链社会责任管理研究[M].北京:科学出版社,2017.

[10]王丽颖.具有二级市场的供应链管理研究[M].北京:经济管理出版社,2019.

[11]王鹏.基于供应链金融的企业融资模式研究[J].全国流通经济,2024(15):165-168.

[12]夏征,郭春雪.供应链金融融资模式分析[J].全国流通经济,2023(22):177-180.

[13]鲍曼,孙华.基于跨境电商平台的供应链金融融资模式探究[J].投资与创业,2023,34(21):4-6.

[14]潘燕艳.供应链金融融资模式及其信用风险管理[J].全国流通经济,2022(26):116-118.

[15]张文婷.供应链金融融资及融资担保机制研究[J].全国流通经济,2022(22):131-134.

[16]许婧妍.商业银行供应链金融融资模式研究——以中信银行、平安银行、中国工商银行为例[J].物流工程与管理,2022,44(7):140-143.

[17]苏伟炜.企业融资视角下供应链金融风险防控研究[J].中国乡镇企业会

计,2021(6):10-11.

[18]陈尾云.出口跨境电商供应链金融融资模式研究分析[J].中国商论,2021(7):112-114.

[19]董兴林,聂乐杰.区块链+B2B线上供应链金融的运作模式及收益分配[J].财会月刊,2021(7):44-51.

[20]杨明,杨鑫,马明勇.互联网视角下供应链金融的新发展[J].金融发展研究,2021(2):73-79.

[21]谢文静,鲍新中,高鸽.基于电商平台的供应链金融:模式、典型案例与特征分析[J].科技促进发展,2021,17(1):97-105.

[22]李健,王亚静,冯耕中,等.供应链金融述评:现状与未来[J].系统工程理论与实践,2020,40(8):1977-1995.

[23]刘小梅.供应链金融融资分析与风险控制[J].全国流通经济,2020(19):150-151.

[24]童年成,黄圣杰.基于电子商务的供应链金融融资模式探讨[J].商业经济研究,2019(20):150-154.

[25]林永民,冯宏薇.供应链金融"脱核"融资创新模式比较[J].财会月刊,2024,45(23):89-95.

[26]王艺霖.基于供应链金融融资模式的企业信用法律风险评价研究[J].产业创新研究,2024(17):90-92.

[27]洪恬恬,秦川.数字技术赋能绿色供应链金融融资决策分析——基于演化博弈的数值仿真视角[J].科技管理研究,2024,44(17):198-211.

[28]胡豪.供应链金融背景下浙江跨境电商生态圈优化研究[J].中国商论,2024,33(16):39-43.

[29]徐颖.供应链金融视角下的企业融资模式选择与优化[J].全国流通经济,2024(16):117-120.

[30]邢雪.论供应链金融的融资方式及应用策略[J].商展经济,2024(15):97-100.